JN287725

入門 現代経済学
Introduction to Modern Economics

坂井 吉良・藪下 武司
Sakai Yoshinaga　Yabushita Takeshi

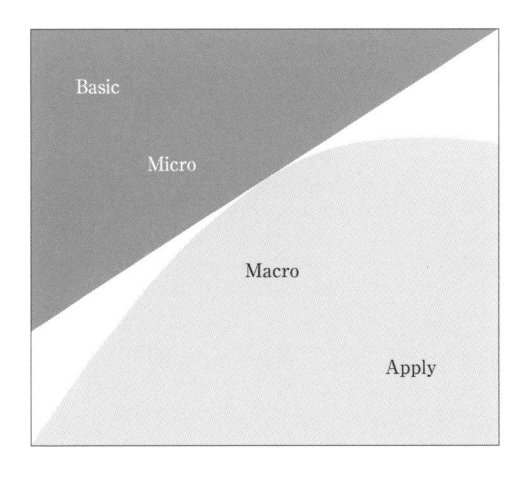

Basic
Micro
Macro
Apply

税務経理協会

はしがき

　本書は，現代社会の仕組みを探求し，望ましい経済社会を実現する政策を導出するための基本的分析枠組みを紹介する現代経済学の入門書です。

　本書は，経済現象や経済の仕組みを理解するだけでなく，物事の本質を現代経済学の知識に照らして理解する能力を養うことを期待して書かれています。その理由は，経済学は，人々ないしは社会が選択可能な中からある1つのことを選択した場合，その選択した価値は最も価値あるものであるという，前提において議論をすすめていることです。この議論の重要なことは，選択した価値は，選択せずに犠牲にした価値よりも劣ることはないということであります。この理論的手順を踏まえることによって，企業や消費者や政府の行動を理論的に予想することができるのです。したがって，経済学の基本的分析方法の修得は，物事の本質を理解するだけでなく，その選択についての説明責任が果たせるのです。著者は本書から経済学の魅力と特徴を理解し，現代社会の仕組みを解きほぐす現代経済学の分析方法を修得することを望んでいます。

　現代経済学は，経済現象や経済構造やそのメカニズムを解明し，社会改善のための最適政策手段を導出するという使命を担っています。そして，現代経済学は，対象と理論体系が異なる2つの経済学に大別できます。ひとつは，消費者や労働者や企業の行動や個々の財・サービスの市場を分析対象とし，資源配分や所得分配のメカニズムの解明とその改善をテーマとしているミクロ経済学であります。もう一つは，経済全体を分析対象として，経済全体のメカニズムの解明と経済全体のパフォーマンスの改善をテーマとするマクロ経済学です。

　現代ミクロ経済学の特徴は，理論の精緻化は勿論ですが，その対象が拡大していることがあげられます。公的部門や情報や異時点間さらには結婚や安全保障など，従来の経済学の対象を超えて，社会学や政治学などさまざまな分野に

その基本的分析枠組みが用いられています。その基本的分析枠組みとは，経済主体は何らかの制約条件の下で，自己の目的を達成するように行動するという行動仮説を設定し，消費者や企業や政府の行動を解明することです。ミクロ経済学の特徴は，他の条件を所与として，極めて単純化した世界を描き出し，理論を構築していることにあります。したがって，その理論命題は，図に描くことができます。しかし，そこに描かれている直線や曲線は，他の条件が変化した場合には変化するという性質をもっています。ミクロ経済学の修得は，制約条件と目的をよく理解することであり，制約条件の変化が個人や社会の選択をどのように変化させるかを理解することが重要なポイントとなっています。

　一方，現代マクロ経済学は，ミクロ経済学的基礎を踏まえたマクロ経済学へと発展していることに特徴があります。したがって，マクロ経済学は，ミクロ経済学の基本的分析枠組みを利用しています。そして，経済全体を1つの生産物，1つの資産，1種類の労働から構成されているというように，経済全体を極めて単純化し，それらの変数の相互依存関係を解明するということに特徴があります。このようにマクロ経済学における多くの図は，他の経済諸要因の変化を意図して描かれています。それゆえに，マクロ経済学の修得は，経済的諸要因を常に意識した学習が不可欠となりますが，ミクロ経済学の他の条件は一定という分析枠組みを理解することによって，自ずと可能となります。

　以上から，ミクロ経済学とマクロ経済学のいずれかを先に学ぶべきかについては，ミクロ経済学を勧めます。本書は，第Ⅰ編の基礎編，第Ⅱ編のミクロ経済学，第Ⅲ編のマクロ経済学，第Ⅳ編の応用編の4編から構成されています。読者には，この順番に読み進めることと各章の問題を解くことを提案します。

　本書の構成と内容は，Begg, David／S. Fischer／R. Dornbusch（2005），*Economics*, 7th, McGraw-Hill を参考にしています。本書は，同書と同様に，現代経済学を簡単に，明確に，やさしく説明するという，基本理念から数学は使用していませんが，若干の数式を使用しています。この「はしがき」で，すでに読者が現代経済学の魅力に引き込まれていることを期待しています。

　本書の出版に際して，㈱税務経理協会の峯村英治氏にお世話していただきま

した。また，岩渕正美さんには校正と索引作成のご協力をしていただきました。両名のご理解とご尽力に心から深謝申し上げます。

　2007年3月

　　　　　　　　　　　　　　　　　　　著者を代表して，坂井　吉良

目　次

はしがき

第Ⅰ編　基　礎　編

第1章　経済学と経済 …………………………………… 3
第1節　経済学と基本的経済問題 …………………………… 3
経済学とは　3　　社会の財・サービス　4　　基本的経済問題　4
第2節　資源制約と社会の生産可能性 ………………………… 6
生産可能性と収穫逓減の法則　6　　社会の生産可能性　7
機会費用と費用逓増　9
第3節　市場機構と経済問題 …………………………………… 11
経済体制　11　　市場機構　12　　市場機構と経済循環　13
第4節　経済学の対象と分類 …………………………………… 14
ミクロ経済学とマクロ経済学　14　　実証経済学と規範経済学　15
価値判断　16
第5節　科学としての経済学 …………………………………… 16
ノーベル経済学賞　16　　科学の条件　17
経済学と私的利益および社会的利益　18　　実証的論理　19
経済学を学ぶ目的　20
第6節　経済学の誕生と現在 …………………………………… 21
経済学の誕生　21　　アダム・スミス　21　　カール・マルクス　22
ジョン・メイナード・ケインズ　23
ポール・アンソニー・サミュエルソン　23　　ジョン・ナッシュ　24
ロバート・ルーカス　25
要　約 ……………………………………………………………………… 26
練習問題 …………………………………………………………………… 26

第2章　経済学の基礎 …………………………………………27

第1節　経済学の特徴 …………………………………………27
限界と平均　27　　機会費用　29　　相互依存関係　29
他の事情が一定　30

第2節　価格と価値の概念 ……………………………………31
名目変数と実質変数　31　　絶対価格と相対価格　32
価格と限界評価　33

第3節　経済学の分析方法 ……………………………………34
経済モデル　34　　経済主体の最適化行動　35
仮説の妥当性と経済理論の妥当性　35　　内生変数と外生変数　36
現実の経済状態と均衡状態　37　　経済学命題の導出　38
現実経済と経済理論　38

要　約 ………………………………………………………………39
練習問題 ……………………………………………………………40

第3章　需要と供給と市場機構 ………………………………41

第1節　市　　　場 ……………………………………………41
部分均衡分析　41　　需　要　41　　供　給　42
市場均衡と均衡価格　43

第2節　需要曲線と供給曲線 …………………………………45
需要曲線　45　　供給曲線　45　　市場均衡と価格の機能　46

第3節　需要と供給の背景要因 ………………………………47
需要に与える要因　47　　供給に与える要因　48

第4節　需要曲線と供給曲線のシフト ………………………48
均衡価格の変化と外生変数　48　　需要曲線のシフト　49
供給曲線のシフト　50　　基本的経済問題と市場　51

要　約 ………………………………………………………………51
練習問題 ……………………………………………………………52

第 4 章　経済循環と一国経済の活動水準の測定················53
第 1 節　経済循環と GDP ················53
　経済循環　53　　市場機構と GDP　54
　循環フローにおける貯蓄と投資　55
第 2 節　産出量と物価 ················56
　GDP と計測　56　　最終生産物と付加価値　58
　付加価値と分配国民所得　59
　名目 GDP と実質 GDP と GDP デフレーター　60
第 3 節　政府部門と国民経済計算················62
　経済循環と GDP の三面等価の原則　62　　支出の構成要素　63
　GDP と国民所得と個人所得　64
要　　約················66
練 習 問 題················66
第 I 編　参 考 文 献················68

第 II 編　ミクロ経済学

第 5 章　家計の行動················71
第 1 節　家計の予算制約 ················71
　家計の消費行動とは　71　　消費者の制約条件と予算　71
　予算線と消費可能領域　72　　予算線の変化　73
第 2 節　家計の選好順序················74
　選好順序に関する仮定　74　　効用と効用関数　75
　選好順序と無差別曲線　76　　無差別曲線の基本的な性質　77
　特殊な無差別曲線　79
第 3 節　家計の消費決定················79
　効用最大化と最適消費選択　79　　最適消費選択の経済的意味　80
第 4 節　所得と価格変化に対する調整················81
　所得変化の効果　81　　需要曲線の導出　83

所得効果と代替効果　84
要　約 ……………………………………………………………………86
練習問題 …………………………………………………………………87

第6章　企業の行動 ……………………………………………………89
第1節　利潤最大化と企業の技術 …………………………………89
企業の行動原理　89　　企業の短期と長期の選択　89　　生産関数　90
限界生産物と平均生産物　91　　等量曲線　91
規模に関する収穫法則　92
第2節　利潤最大化と最適選択 ……………………………………93
利潤最大化と最適選択　93　　等利潤線と短期の利潤最大点　93
利潤最大化の条件　95　　生産物の供給曲線　95
生産要素の需要曲線　96
第3節　企業の費用 …………………………………………………97
生産のための費用構造　97　　Ｓ字型の生産関数と費用構造　99
限界費用と平均費用　100
第4節　供給量の決定 ……………………………………………101
短期の利潤最大化と最適選択　101　　供給量の決定と供給曲線　102
第5節　企業の長期費用曲線 ……………………………………103
短期総費用曲線と長期総費用曲線　103
短期平均費用曲線と長期平均費用曲線　104
短期限界費用曲線と長期限界費用曲線　105
要　約 …………………………………………………………………106
練習問題 ………………………………………………………………107

第7章　市場均衡 ……………………………………………………109
第1節　均衡の安定性 ……………………………………………109
個人の需要曲線と市場の需要曲線　109

企業の供給曲線と市場の供給曲線　109

　　市場均衡と安定性　110　　市場価格と数量の変化　111

　　ワルラスの調整過程　112　　マーシャルの調整過程　112

　　蜘蛛の巣の調整過程　113

　第2節　需要と供給の価格弾力性 …………………………………115

　　需要の価格弾力性　115　　直線の需要曲線と価格弾力性　116

　　弾力性と支出額　117　　需要の価格弾力性一定の需要曲線　118

　　供給の価格弾力性　119

　第3節　不完全競争市場 ……………………………………………119

　　不完全競争市場　119　　独占の理論　120

　　独占企業の均衡点　121　　独占的競争　122

　　独占的競争企業の均衡　123　　寡占市場　124

　　寡占企業の同時数量決定　124

　要　約 ………………………………………………………………126

　練習問題 ……………………………………………………………126

第Ⅱ編　参考文献 ………………………………………………………128

第Ⅲ編　マクロ経済学

第8章　マクロ経済学と有効需要の原理 ……………………131

　第1節　マクロ経済学とGDP ………………………………………131

　　マクロ経済学とテーマ　131　　失業と完全雇用　132

　　インフレーションとデフレーション　133

　　数量調整経済と価格調整経済　134　　短期経済と長期経済　135

　　現代マクロ経済学と経済政策　136

　第2節　有効需要の原理 ……………………………………………137

　　総需要と総供給　137　　消費関数と貯蓄関数　137

　　投資支出　139　　均衡国民所得と現実の国民所得　139

　　均衡国民所得の決定　142　　図による均衡国民所得の解法　143

貯蓄のパラドックス　144
第3節　乗数効果 …………………………………………………………145
投資乗数　145　　均衡国民所得と完全雇用　147
第4節　政府部門の導入 …………………………………………………148
政府の行動と均衡国民所得　148　　政府支出の効果と課税の効果　150
租税制度と自動安定化装置　152
要　約 ………………………………………………………………………153
練習問題 ……………………………………………………………………154

第9章　貨幣市場 ………………………………………………………155
第1節　貨幣の機能と信用創造 …………………………………………155
貨幣の機能　155　　貨幣の形態　156　　貨幣供給と金融政策　157
ハイパワードマネー　159　　信用制度　160
第2節　貨幣の需要 ………………………………………………………161
貨幣の取引需要と予備的需要　161　　貨幣需要とGDPと物価　162
貨幣の機会費用　163　　債券価格と貨幣需要　164
第3節　貨幣市場の均衡 …………………………………………………165
流動性選好説と利子率の決定　165　　金融政策と利子率　167
要　約 ………………………………………………………………………168
練習問題 ……………………………………………………………………168

第10章　財市場と貨幣市場と財政金融政策 ………………………169
第1節　財市場の均衡とIS曲線 …………………………………………169
投資関数　169　　財市場の均衡：IS曲線　171
IS曲線の勾配と財政政策　172　　IS曲線の導出　173
第2節　貨幣市場の均衡とLM曲線 ………………………………………174
貨幣市場の均衡：LM曲線　174　　LM曲線の傾きと金融政策　175
LM曲線の導出　176

第3節　国民所得と財政金融政策 …………………………………177
　財市場と貨幣市場の同時均衡　177　　財政政策の効果　178
　金融政策の効果　180
第4節　マクロ経済と財政金融政策の有効性 ………………………181
　財政政策と金融政策の有効性　181
　財政政策の有効性と$IS・LM$曲線　181
　金融政策の有効性と$IS・LM$曲線　183
　財市場と貨幣市場の同時均衡解の導出とLM曲線　184
要　約 …………………………………………………………………185
練習問題 ………………………………………………………………185
第Ⅲ編　参考文献 ……………………………………………………186

第Ⅳ編　応　用　編

第11章　市場機構と限界 …………………………………………189
第1節　市場経済の効率性 ……………………………………………189
　市場機構と資源配分　189　　消費者余剰と生産者余剰　190
　価格の資源配分機能とパレート最適　191
第2節　競争の不完全性と政府の役割 ………………………………192
　労働供給の選択と労働供給曲線　192　　市場均衡と労働市場　194
　政府の市場介入政策　195　　間接税の効果　197
第3節　公共財の配分 …………………………………………………198
　市場機構の限界　198　　費用逓減　199
　公共財　200
第4節　外部経済と不確実性 …………………………………………201
　外部効果　201　　不確実性と情報の非対称性　202
　道徳的危険　203
要　約 …………………………………………………………………204
練習問題 ………………………………………………………………205

第12章　物価と雇用とインフレーション……207
第1節　総需要曲線と総供給曲線……207
総需要曲線　207　　総供給曲線　209

一時均衡と失業の原因　211
第2節　短期の総供給曲線と物価水準……212
物価水準と GDP の決定　212　　市場の不完全性と市場の調整　213
第3節　インフレーションと失業……215
インフレーションと失業のトレードオフ　215

供給サイドとフィリップス曲線　217

人々の期待形成と短期均衡と長期均衡　218

要　約……220

練 習 問 題……220

第13章　国際経済学……221
第1節　国 際 貿 易……221
比較優位と絶対優位　221　　自由貿易の利益　223

貿易政策　224　　貿易理論　225
第2節　貿易と均衡国民所得の決定……228
GDP と国際収支の均衡　228　　経常収支と資本収支　230

均衡国民所得と輸出乗数　231　　需要の変化と経常収支の変化　232
第3節　為替レートと均衡国民所得……233
グローバリゼーションと国際的相互依存関係　233

国際収支均衡線　234　　金融政策の効果と国際的波及　235

財政政策の効果と国際的波及　236

要　約……237

練 習 問 題……238

第14章　ゲームの理論 ……………………………… 239
第1節　合理的行動とナッシュ均衡 ………………… 239
ゲームの戦略と利得　239　　ナッシュ均衡　240
ナッシュ均衡の特徴　241　　囚人のジレンマ　242
第2節　ゲーム理論の展開 …………………………… 244
繰り返しゲーム　244　　2人ゼロ和ゲーム　245
コイン合わせゲーム　247
第3節　ゲーム理論と寡占市場 ……………………… 247
展開ゲーム　247　　新規参入ゲーム　249
要　約 ……………………………………………………… 250
練習問題 …………………………………………………… 250
第Ⅳ編　参考文献 ……………………………………………… 252

練習問題解答 ………………………………………………… 253
索　引 ………………………………………………………… 261

第Ⅰ編　基　礎　編

第1章　経済学と経済

第1節　経済学と基本的経済問題

経済学とは

　社会にとっての基本的な問題は，人々の**財・サービス** goods and services に対する限りのない欲求と不足している**資源** resources との間の矛盾をどのように調和させるかであります。

　労働や**土地**や**資本** capital などを資源といいます。資源は**希少性** scarcity をもっており，それを利用して生産される財・サービスも希少性をもっています。人々の限りのない欲求と資源の希少性という根本的事実から，社会は，人々が自由に利用できる十分な財・サービスを提供することができないのです。

　それゆえに，いかなる社会も，どんな財・サービスを生産するのか，それらをどのように生産するのか，財・サービスをどのように分配するのかという問題を解決しなければならないのです。

　経済学は，何を生産し，それをどのように生産し，それらを誰のために生産するのかを，社会がどのように決定しているかについて研究する学問です。

　また，経済学は人間活動を研究し，説明する社会科学のなかに位置づけられます。経済学は人間行動の理論を展開し，財・サービスの生産活動，交換活動，消費活動等を説明しています。そして，それらを事実と照らしてテストします。しかし，これは経済学の主題ではありません。経済学が人間活動を研究するのは，社会の構成メンバー間の相互関係や社会全体との関連を解明し，社会改善という使命を負っているからであります。経済学は他の諸科学と同様に科学的

アプローチを用いて，経済現象と経済のメカニズムを解明するとともに，所与の社会目標を達成するための最適政策手段を導出するという社会科学であります。

社会の財・サービス

財は米や本のような物的な商品であります。そして，**サービス**は旅行や医療サービスのようにそれらが提供されると同時に消費され，または享受されるような活動であります。すなわち，人々にとって有益な行為がサービスであり，在庫が不可能であることが特徴です。現在の先進諸国が産出する財・サービスは，そのほとんどがサービスであります。2003年のGDP比率において，日本は農業が1，サービスが68，その他が30であり，アメリカのそれは2，75，23となっています。アフリカのタンザニアは，45，39，16，中国は15，33，52です（World Bank, *World Development Report* (2003))。

資本は2つの意味で使われます。ひとつは資金の意味で使われ，**金融資本** financial capital である資本金はこの意味で使われます。もうひとつは資本財 capital goods の意味で使われ，これは生産された生産手段であり，機械，建物，工場，輸送用車両などです。それは労働や土地という本源的な生産要素を利用して生産された生産手段であり，**物的資本** physical capital といいます。

基本的経済問題

日本は国土が狭く，しかも山間部が多く，耕地面積が少ない国です。まさに土地は希少です。この希少な土地をどのように利用するかを決定しなければならないのです。また，日本は豊かな社会であり，家庭には家電製品や衣類が豊富にあり，かつ，豊かな食生活をおくっています。しかし，所得の上昇や嗜好の変化によって，快適な環境や広い住宅や大きな車や安全な食品さらにはもっと多くの休暇，というように新しい必要性やニーズが生まれています。したがって，現在そして将来においても，工業製品かサービスか，道路整備か鉄道整備か，初等教育の充実か老人福祉の充実か，少子化対策か高齢者対策か，防衛か

防災か，治安の回復か自然環境の回復かというように，日本だけでなくいかなる社会も資源の希少性と人々の欲望が無限という事実から，いかにして希少な資源を競合している諸用途に配分するかの問題に直面しています。

このように経済社会に課せられている資源の希少性という根本的な制約は，どのような財をどれだけ生産するのか，また，どのような資源をどれくらい利用して生産するのか，さらには，生産した生産物は誰が最終的に享受するのか，という**基本的経済問題**をわれわれの社会に課すことになるのです。換言するならば，財・サービスの種類と数量の選択，生産手法の選択，そして生産物の最終的享受は所得の分配に依存するので所得分配方法の選択という，3つの選択がいかなる社会にも存在しているのです。

また，この3つの問題は，「何をどれだけ」(what)，「どのように」(how)，「誰のために」(for whom) 生産するのか，と要約することができます。この3つの問題の最初の2つは，希少な生産要素を生産する財・サービスの間にどのように配分するかであり，**資源配分** resource allocation に関する問題であります。そして，3つ目の問題は，所得は誰がどれだけ受け取るのかであり，**所得分配** income distribution に関する問題といえます。

したがって，経済学は希少な資源をどのように利用して，どんな財をどれだけ生産するのかという，資源配分に関する問題と，所得を人々にどのように分配するのかという，所得分配に関する問題を研究対象とする学問です。

結局，資源の希少性と人々の欲望の非飽和性は，どのような経済体制を選択するかに関係なく，あらゆる社会が人々の必要としている諸々の財・サービスの種類と数量を決定し，かつ，その生産のために利用する労働や土地や機械設備の組合せや数量を決定し，生産を行わなければならないのです。さらには，その生産した生産物を社会の構成員に分配するという，所得分配の決定を行わなければならないということです。したがって，経済学には，この根本的問題を解いている経済メカニズムの解明とともに，資源配分や所得分配のあり方を改善するための政策手段を提示する，という使命が課せられているのです。

6　第Ⅰ編　基　礎　編

第2節　資源制約と社会の生産可能性

生産可能性と収穫逓減の法則

　資源の希少性という根本的事実が，あらゆる社会に選択問題を課すということについて，より具体的に明らかにしてみることにします。

　いま，米と車の2財のみを生産している経済を仮定します。この2財は農産物と工業製品，民間財と公共財，あるいは民需品と軍需品でもかまいません。

　表1.1は，この経済の労働の上限が5千万人であるときの労働投入量と米の産出量と労働投入量と車の産出量の可能な組合せを示しています。この表は，労働投入量によって産出できる上限が存在すること，そして，労働投入量の増加とともに産出量は増加するが，追加的労働投入量による産出量の増加は次第に小さくなるという事実が示されています。

表1.1　労働投入量と生産可能性（生産関数と収穫逓減）

労働者数（千万人）	0	1	2	3	4	5
米の産出量（百万トン）	0	8	14	18	20	21
労働者数（千万人）	0	1	2	3	4	5
車の産出量（百万台）	0	5	9	12	14	15

　前者は生産要素投入量と産出量の技術的関係を記述するものであり，これを**生産関数**といいます。後者は技術的関係が**収穫逓減の法則** law of diminishing of return に従うといいます。このような技術的関係が成立するのは，資源が希少であるからです。それは資源制約から，生産量の増加とともに能力の高い労働者の確保が次第に困難となるからです。それゆえに，生産のために投入される労働の追加1単位当たりの産出物（これを**限界生産物**という）は次第に小さくなるのです。このように他の生産要素を所与とした場合，私たちの社会の生産可能性は，収穫逓減という技術的関係によって制約されているのです。

社会の生産可能性

表1.1の経済は労働資源のすべてを利用して，米だけを生産するという選択もできるし，逆に，車だけを生産するという選択も可能です。この両極端の選択をはじめとして，2財の数量の組合せは無数に考えられます。

表1.2は，先の表1.1にもとづき，現在の技術的知識と土地，資本の現存している資源を所与として，この社会の労働投入量の上限5千万人と米と車の生産可能量の組合せを示したものです。

表1.2 米と車の生産可能な組合せ

可能な組合せ	A	B	C	D	E	F
労働者数（千万人）	5	5	5	5	5	5
米（百万トン）	0	8	14	18	20	21
車（百万台）	15	14	12	9	5	0

Aの組合せは，この経済が米の生産を全くせず，すべての資源を利用して車を15百万台生産したときの米と車の2財の組合せです。一方，Fの組合せは，車の生産を全くせず，米のみを21百万トン生産した場合であります。このような極端な組合せを含めて6つの組合せが示されています。

図1.1の曲線は，横軸に米の生産量を，縦軸に車の生産量を測り，表1.2の6つの組合せをとり，それを結んで描いたものです。この曲線を**生産可能性曲線** production possibility frontier といいます。この曲線上の点は，この経済が現存の資源と技術的知識の下で生産できる2財の組合せのすべてを示しています。言い換えれば，資源制約の下でこの経済が実現できる2財の最大生産量の組合せです。曲線の外側は，この経済にとって実現不可能な領域です。したがって，この曲線は資源の希少性ゆえに，われわれの必要としている生産物の生産の上限が存在し，希少性をもつことを明らかにしています。

また，あらゆる経済社会が何らかの経済活動を営む限りにおいて，この曲線上のある1点の組合せを選択していることを意味しています。したがって，こ

図1.1 生産可能性曲線

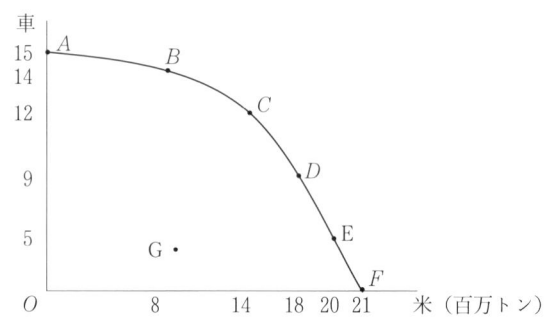

の曲線は，希少性という事実がいかなる社会にも，「何を，どれだけ」生産するか，という選択の問題を課していることを明らかにしています。われわれが農産物を多く得たいならば，工業品の生産量を減少させなければなりません。また，政府が公共財のために資源を多く利用するならば，民間財のための資源利用は制限されるというように，生産可能性曲線の制約の下で選択することになります。このように，この曲線は，希少性の事実と社会が選択しなければならない生産物の種類と数量のメニューを示しているのです。

また，生産可能性曲線の1点を選択するならば，労働者の配分も決定されます。どのように生産されるかの生産要素投入量は2財の産出量に応じて配分されています。たとえば，社会がCの組合せを選択するならば，5千万人の労働者は米の生産に2千万人，車の生産に3千万人が投入されたのです。

いま，この経済が生産可能性曲線上のC点からD点の生産量の組合せに変更させるという選択を行ったものとします。するとこの経済は，米を14百万トンから18百万トンに増加させるためには，車の生産量を12百万台から9百万台に減少させなければなりません。すなわち，C点からD点への経済選択の変更は，この経済が米の生産を増加させることを選択し，そのためには車の生産量を犠牲にしなければならないのです。このように，ある生産物を増加させるために，他の生産物を犠牲にしなければならない状態のことを，**完全雇用** full employment または**パレート最適** Pareto optimum，あるいは**効率** efficiency を実現して

いるといいます。したがって，この生産可能性曲線上のすべての点は，パレート最適であり資源を有効に利用している効率的状態となっています。

一方，生産可能性曲線の内側の G 点は，**不効率**な状態であり，資源利用に無駄が存在し改善の余地があります。この経済が G 点から C 点の方向に移動した場合，米の生産を犠牲にすることなく，車の生産量を増加させることができます。また，G 点から E 点の方向に移動した場合には，車の生産を犠牲にすることなく，米の生産量を増加させることができます。このように，G 点から東北方向への移動は，他の生産物を犠牲にすることなく，生産量を拡大することができるのです。このことは，曲線の内側の領域は，パレート最適ではなく，**失業者**が存在しているような資源配分が不効率となっている状態です。

機会費用と費用逓増

経済学における価値や費用は，その経済社会あるいは経済主体がある選択によって犠牲にした生産物や所得で測られています。この費用の概念を**機会費用** opportunity cost といいます。この機会費用を用いて，表1.2の米や車を生産するための費用を明らかにし，生産量と費用との関係について説明します。

まず，米の生産量をゼロから8百万トンに増加させたとき，この経済は車を15百万台から14百万台に減少させなければなりません。米，8百万トン生産するために，車を百万台犠牲にしたのです。この犠牲となった百万台の車が米を8百万トン生産するための費用です。このように経済学の費用は，ある選択によって失った生産物で測られるのです。

同様に，米の生産を8百万トンから14百万トンに増加させたとき，この経済は車を14百万台から12百万台に減少させなければなりません。さらに米6百万トン生産するために，車を2百万台犠牲にしたのです。この生産をあきらめた2百万台の車が，新たに米を6百万トン生産するために必要な費用です。このように生産物を1単位多く生産するために必要となる費用を**限界費用** marginal cost といいます。この限界費用は，米の生産量が14百万トンから18百万トンのときは，車3百万台の生産量が減少します。したがって，米1トンの限

界費用は車0.75台です。この限界費用は米の生産量が増加していくに従って，増加していることがわかります。このことを**費用逓増の法則** law of increasing of cost といいます。この費用法則は，図1.1の生産可能性曲線からも確認することができます。すなわち，この曲線の上の勾配が限界費用であり，その曲線の勾配は右に移動するほど大きくなっています。原点に対して生産可能性曲線が凹となるのは，米の生産費用が逓増しているからです。

また，米の総費用は，米を生産するために失った車の総生産量ですが，それは車の限界費用の和となっているのです。たとえば，米18百万トン生産するために，車の生産を6百万台減少させる必要があります。この車6百万台が米18万トンの総費用です。この総費用は，米3万トンまでの限界費用の和（1+2+3=6）の6万トンと一致しています。総費用が限界費用の和となっていることが，表1.3に示されています。

米を生産する費用が車で測られたように，車を生産する費用は米で測ることができます。その車の費用が，表1.1の米と車の組合せから求められます。

まず，車5百万台生産するのに，米百万トンを犠牲にしており，この米百万トンが，車を生産する費用です。そして，米と同様に，車の総費用も生産量の増加とともに増加しています。このように，われわれの必要とする財・サービスを社会の構成員に提供するために負担しなければならない費用は，生産量とともに増加するという関係にあるのです。この生産物を生産する費用が逓増するという制約によって，「どのように生産するか」，という選択は，最小費用となる生産方法を社会に選択させることになるのです。

表1.3 米の費用（車で測る機会費用）

米の生産量（百万トン）	0	8	14	18	20	21
米の追加生産量（百万トン）	0	8	6	4	2	1
車の減少量（車百万台）	0	1	2	3	4	5
米の限界費用（台／トン）	0	1/8	1/3	3/4	2	5
米の総費用（車百万台）	0	1	3	6	10	15

第3節　市場機構と経済問題

経済体制

現代社会は，何を，どのように，誰のために生産するかという**基本的経済問題**を解決するために，**市場機構** market mechanism（市場経済）というシステムを利用しています。もちろん，市場経済システムは，この基本的問題を解決するための唯一絶対的という万能の経済システムではありません。世界には昔から決まった生産物を，昔ながらの生産方法で生産し，それを昔ながらの方法で分配するという，伝統的ないし慣習による方法で解決する国もあります。

また，中央集権による国（行政府）の命令・強制的な資源配分と所得分配方法を選択している国もあります。旧社会主義国家，戦時下の日本や軍事国家などは，この命令・強制的なシステムを利用した選択を行ってきたのであり，現在も世界の一部で利用され続けています。命令経済の特徴は，中央政府が何を生産するのか，どのように生産するのか，誰のために生産するのかを決定し，それにもとづく詳細な命令指導書が家計や企業に通達・配付されています。したがって，個人の自由な選択や所有は制限され，命令や配給によるシステムです。

このように基本的問題を解決する方法は1つではないですが，世界の大部分の国々は，生産要素の私的所有や市場に参加する自由を個人や企業に認めて，かつ市場で財・サービスを売買するためには，市場参加者間の競争に勝たねばならない，という市場を利用して資源配分と所得分配の問題を解決しています。

現在，どの経済社会（国）の経済システムも，純粋な慣習，命令，市場のシステムとはなっていません。この3つが混合されたものです。日本も昔から文化や慣習を重んじた伝統行事が数多く残されており，その行事のために必要不可欠な財を生産し利用し，国民や地域住民の福祉の充実に貢献しているのです。また，市場システムでは供給できない治安・消防・一般国道などの**公共財**は，政府が命令・強制的に配分しています。政府は課税，補助金，規制，介入や政府支出を通して，資源配分や所得分配の決定に影響を及ぼしています。さらに，

個人の自由意思で購入している財・サービスに対して，安全基準や表示義務をはじめとして幅広い規制を行っています。このように各国は，一部の伝統的部分を残し，「経済的自由を認めながら，政府が課税等を通じて，経済変動や所得の不平等や国民が必要とする財の供給不足に陥ってしまうという市場経済の欠陥を補う」，という**混合経済** mixed economy 体制を採用し，資源配分に関する選択と所得分配の問題を解決しているのです。

市場機構

　市場は，ある財の買い手と売り手とが出会う抽象的場であります。魚，野菜，米，株式など様々な財・サービスの取引量と価格が，個々の市場において決定されています。市場は特定の場所をさしているのではありません。金，原油のように世界各国を対象として開かれている国際市場もあります。また，中古品のように個人と個人の2人という市場も形成されているのです。

　市場機構 market mechanism は，無数の市場を形成し，その相互作用により資源配分や所得分配の問題を解く経済体制です。このシステムの特徴は，市場への参加の自由を経済主体に認め，競争を通して財・サービスの配分と所得分配を解決していることにあります。このような経済運営や経済思想を**自由放任主義** laissez-faire といいます。

　このような自由放任主義が支持され維持されているのは，価格が重要な機能を果たしているからです。価格が市場に参加する意思決定の目安や行動の**指針**となり，価格の高低が市場参加者の参入・脱退や勝者・敗者を決定します。さらに，市場参加者の利害は異なっているゆえに，価格は売買を成立させるための**調整**という役割も果たしているのです。たとえば，市場参加者が売買しようとする価格と数量とが一致せず，取引が成立しないならば，価格が変化し，市場参加者が売買しようとする価格と数量に収斂するような価格調整が作用するのです。このような市場機構における価格の役割から，市場機構を**価格機構** price mechanism ともいいます。市場機構は，市場参加者が経済全体のことを意識することなく，市場の秩序が保たれ，かつ，市場参加者がともに満足す

る市場取引を実現するからです。このような価格の役割をアダム・スミスは，**神の見えざる手** invisible hand と呼んだのです。彼は価格の役割から，経済主体の利己心にもとづく合理的行動が，管理や命令による場合よりも望ましい経済状態を実現するという，命題を二世紀前に導き出したのです。

市場機構と経済循環

　図1.2はわれわれの経済体制である市場機構を描いた鳥瞰図です。経済活動をする主体を，または，経済の構成員を**経済主体**といいます。**家計**と**企業**の経済主体から経済が構成され，家計は財市場の需要者と生産要素市場の供給者として，また，企業は財市場では供給者，生産要素市場では需要者であることが示されています。図の上半分が本やパソコンや旅行サービスなどの財・サービスを売買する**財市場** goods market，または**生産物市場** product markets です。そして，図の下半分には，労働，土地，資本の生産要素を売買する**生産要素市場** factor markets が示されています。

　このように家計は，企業に労働や土地などの生産要素を提供し，その対価に賃金や地代や利潤や配当などの所得を得て，その所得の制約のもとで，日々の生活に必要な財・サービスを企業から購入していることが理解できます。また，企業は家計から労働や資本などの生産要素を購入し，それを利用して家計が必要とする財・サービスを生産販売するという経済活動を行っています。

　この家計と企業の経済主体の行動が，生産要素利用の報酬としての賃金，地代や利潤などの所得の支払いを通して，企業から家計に所得を移動させています。その所得は家計の財・サービスの購入を通して，家計から企業に移動しています。このようにお金が企業から家計に，家計から企業にというように所得（お金）が経済主体間を，時計の針と同じ方向に循環しているのです。したがって，このお金の移動とは反対方向に，財・サービスが家計から企業，企業から家計へと循環しているのです。このようにお金や所得や財・サービスが経済主体間を循環していることを**経済循環** economic circular といいます。

　血液循環は人体の構造を理解するのに，大気の循環は地球の構造や地球環境

14　第Ⅰ編　基　礎　編

図1.2　市場機構と経済循環

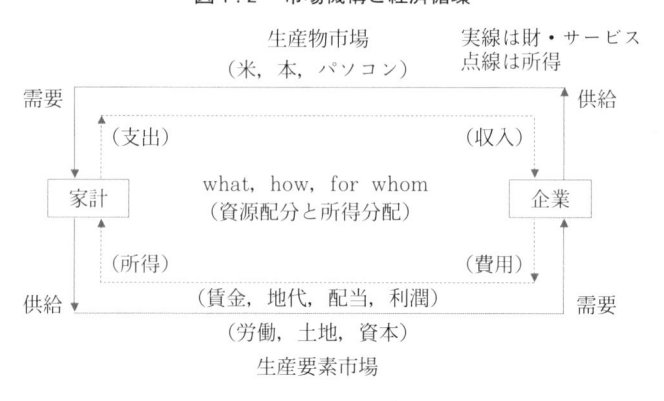

```
                    生産物市場            実線は財・サービス
                 (米, 本, パソコン)        点線は所得
      需要 ┌─────────────────────┐ 供給
           ┊(支出)              (収入)┊
           ┊                          ┊
      ┌──┐   what, how, for whom   ┌──┐
      │家計│   (資源配分と所得分配)   │企業│
      └──┘                          └──┘
           ┊(所得)              (費用)┊
      供給 └─────────────────────┘ 需要
              (賃金, 地代, 配当, 利潤)
                 (労働, 土地, 資本)
                    生産要素市場
```

を把握するために不可欠な循環メカニズムとなっています。同様に，この経済循環は経済のメカニズムを理解するのに不可欠なものです。また，この経済循環は経済政策を立案するための基本的枠組みを提供するものとなっています。

第4節　経済学の対象と分類

ミクロ経済学とマクロ経済学

現代経済学には，対象と方法と理論体系が異なる**ミクロ経済学** microeconomics と**マクロ経済学** macroeconomics の2つの経済学があります。前者のミクロ経済学の対象は，経済主体の行動と市場および市場の相互関係であり，後者のそれは，一国全体の総産出量（GNP）や失業率や物価水準や貨幣量および国際収支の決定・変動およびその相互依存関係であります。

ミクロ経済学は，消費や生産などの経済活動を行う家計（消費者）や企業の行動および個々の財・サービスの価格決定や市場構造などが分析対象です。特に，ミクロ経済学は，経済が個々の企業や家計という最小単位の経済主体から構成されているという前提にたっています。これは古典物理学において，自然界が原子から構成されているという前提に類似しています。ミクロ経済学は経済社会を顕微鏡で観察するようなものであり，消費者や農家や独占企業などの

経済行動の動機づけを明らかにし，個々の経済主体がどのような経済行動をとるかを解明することにあります。そして，米や野菜やガソリン，さらには独占企業や寡占企業の生産する財や公共財などの様々な財・サービスの価格が，どのように決定されるかを明らかにし，市場メカニズムを解明することです。

一方，マクロ経済学は，その対象が一国経済の経済集計量（GDP，雇用量，物価，貨幣量，為替レートなど）であり，マクロ経済変数の決定と変動およびその相互依存関係を解明します。不況と好況の循環，失業とインフレーションのトレードオフの関係，経済成長，金融政策や財政政策の効果などは，マクロ経済学の代表的なテーマです。マクロ経済学の特徴は，経済には1つの財であるGDP（GNP），1種類の労働，それらの価格である物価および賃金，そして1種類の資産の貨幣のみが存在する，という抽象化した経済を想定していることにあります。このような抽象化が景気の状況把握や動向，政府の景気政策の効果，為替レートの変化の経済への影響などを考察するのに極めて有効です。

実証経済学と規範経済学

経済学には，分析対象による分類と分析目的による分類とがあります。前者は，マクロ経済やミクロ経済を対象とするマクロ経済学やミクロ経済学であり，または，国際経済や労働経済を対象とする国際経済学や労働経済学などです。

経済学の分析目的の1つは，現実経済のメカニズムや経済現象を解明することであり，事実を解明し説明することにあります。これを実証分析あるいは**実証経済学** positive economics といいます。もう1つの経済学の分析目的は，現実経済はこうあるべきであり，または，この経済状態は好ましくなく改善すべきである，という主張に明確な科学的根拠を与えることです。換言すれば，経済体制を含め望ましい経済体制や望ましい経済状態を明らかにすることであり，経済の理想状態を提示することが経済学のもう1つの分析目的です。これを**規範経済学** normative economics といいます。**厚生経済学** welfare economics や**公共経済学** public economics は代表的な規範的経済学です。

価値判断

経済学が理想の経済体制や理想経済状態を語る場合，何らかの**価値判断**にもとづくことが不可欠となります。それは経済学に限定されることなく，望ましいとか良い・悪い，というように，あることがらについて判断を下す場合，何らかの価値規準 value criterion が設定されていなければならないからです。

経済学が理想状態について語る場合は，最も弱い価値規準にもとづき議論します。経済学は，特定の集団が支持する価値判断ではなく，すべての国民が支持し得る価値判断をもって，望ましい経済状態を描きだすのです。その弱い価値判断とは，国民の大多数が支持し得る自明の価値判断ないしは経済目標であり，その妥当性に関しては，疑問の余地がないものと仮定されています。

資源配分の**効率性** efficiency，**経済的自由** Economic freedom，課税や所得分配の**公平性** equity，雇用や物価や国際収支の**安定性** stability，そして**成長** growth は，国民がその実現を望む経済目標であり，それらが達成されている経済状態を望ましい経済とか理想的経済状態と考えています。この５つのことは，国民の大多数が支持する自明な経済目標と考えられます。

第５節　科学としての経済学

ノーベル経済学賞

物理学，化学，医学，文学，平和の分野に毎年ノーベル賞が授与されてきました。1969年に新設されたノーベル経済学受賞者は，ラグナー・フリッシュとヤン・ティンバーゲンでした。２人は経済学と統計学と数学の３つの学問が一体である**計量経済学**の先駆者であり，以後の経済学は統計学と数学の三位一体となった学問となって発展してきました。2024年までに96人がノーベル経済学賞を受賞しています。

人類は貧困や欠乏，戦争による破壊や組織的な迫害や恐怖，戦後の混乱や経済変動を経験してきました。ノーベル経済学賞は，経済学が人間を取り巻く経済の世界を様々な視点から解きほぐし，経済をもっと深く理解することに貢献

し，正確な情報と科学的な分析により，所得の増加や経済安定の促進，そして政策を提示実行するということに寄与してきたという，世界共通認識の結果ともいえると思います。

科学の条件

科学というとき，または科学の条件というとき3つのことが指摘されます。第一に，その理論が**普遍性**ないし一般性をもっていることです。その理論が時間（時代），場所（社会），人（民族）を超えて説明可能でなければなりません。ニュートン法則が日本とロシアでは異なって説明されることはありえません。物理学をはじめとする自然科学とはこの普遍性の条件を満たしています。したがって，諸外国における大学の自然科学の教科書は日本の大学のそれと大幅に異なっているとは予想できません。しかし，社会科学における教科書は日本と外国では異なっていることが予想されるし，事実異なっています。少し前の日本の大学の経済学の教科書は様々でありました。同じキャンパス内で，同じ科目名の経済学の授業内容が異なっていることは，ごく当然のこととして受け入れられてきました。

現在においては，経済学の対象・方法・理論体系に関して経済学者の意見がほぼ一致しています。日本の大学で利用されている多くの経済学の教科書は，諸外国で利用されているものとほとんど同じ内容であります。

第二は，その学問が**客観性**をもっていることです。その理論が社会の大多数の人々に支持され，共有され，利用されていることを意味します。すなわち，学問が社会的に有用である，役立つという認識がなされていることです。

確かに多くの未解決の問題が多く，経済学の挑戦すべきテーマは多くあります。このことは医学をはじめとして他の諸科学と同様です。重要なことは，現代経済学が現象の解明の科学であるだけでなく，適切な政策措置を提示する政策科学のスタイルを整えていることであり，その挑戦をしていくための社会システムが構築され，社会的に支持されていることです。

第三は理論の**検証**です。科学の普遍性はその方法についても，科学的分析方

法という確立された方法があります。それは現実経済の観察（データ）—仮説—命題—検証（データ）というプロセスです。

科学的方法とは，仮説が現実的妥当性をもっているかどうかを実際のデータによって検証するのではなく，仮説から導かれる理論命題ないしは予想が，実際のデータによって検証される手順のことをいいます。すなわち，科学的方法とは，実際のデータによって**反証可能な命題**を導出することです。自然科学は実験室での実験によってこの方法を確立してきました。経済学は社会実験をするのではなく，経済社会からその検証するためのデータを収集し，それを理論命題と対比させるというテストを行うのです。このテストにより命題が棄却されるならば，再度，観察—仮説—命題—検証という手順を踏まえるのです。

カール・ポッパーは『歴史主義の貧困』において，従来の社会科学の歴史的アプローチを批判しました。以後経済学はポッパーの反証主義を積極的にとりいれ，社会科学と非科学（イデオロギー）の線引きを行うことによって，分析技術を磨き，理論の精緻化をすすめるとともに，豊富な実証分析の蓄積がなされてきました。特に，統計データの整備とコンピュータ技術の進歩により，理論を検証する実証研究とデータの検証をうける理論研究の一体化，ないしは相互研究が可能となり，経済学の有用性を飛躍的に高めてきたといえます。

経済学と私的利益および社会的利益

経済学はどちらかといえば，私的利益との結びつきの弱い学問です。経済学は企業行動，消費者行動，労働提供，産業構造やさらには金融資産選択に関する分析を行います。これらの経済学の分析方法やそれから得られる理論的推論ないしは予想は，私的利益と密接な関係をもっているといってよいでしょう。

しかし，経済学が企業や消費者の行動を分析するのは，両者の相互関連や社会全体との関連を明らかにし，経済社会全体のメカニズムの解明を主題としているからです。同様に政策も個々の経済主体のための政策というよりは，国民全体，社会全体に関する政策に関心が向けられています。したがって，経済学は「誰にも関係があることをテーマとしていますが，誰も強い関心をひかない

ようなテーマを学問対象としている」ともいえるのです。

　経済学は私的利益のための学問ではなく，社会全体に関わるメカニズムや経済現象を解明し，人々が望む理想的経済社会を実現するための政策を提示することであり，社会改善や経済的進歩に貢献するための学問です。したがって，経済学が役立つという意味や必要性に関しては，個人的観点からではなく，社会的観点から判断すべきことであります。

　日本や世界がよりよい社会を構築するためには，現代社会が抱えている課題やそれに応えるための経済学の基本的分析枠組みを理解した，高い知性と教養をもつ人々が社会の構成員となる必要があります。希少な資源を有効に活用し，効率的で公平かつ豊かな社会を実現すためには，経済学は不可欠な学問です。

実証的論理

　経済学は，しばしば法学と比較対照されています。その法学の論理は，結論を正当化するための理由づけである，といわれたりすることがあります。一方，経済学の論理は，因果法則に従う論理であり，それは事実によって反証可能な実証的な論理である，ということができます。この法学の論理を駆使して，結論を正当化する集団の1つに，日本の官僚や政治家がしばしば登場します。

　「理屈は後から貨車で来る」という。これは，米価審議会における農林省食料庁の官僚の米価についての発言です。米価審議会の委員であった元慶應大学加藤寛教授は，「貨車の積荷の立派さとその速度には皮肉ではなく感心した」と，日本の官僚のどんな結論でも正当化してしまう超能力に驚嘆しています。

　日本の政策決定は，首相や政治家よりも，官僚が政策決定権をもっているといわれています。事実の論理にもとづかない官僚や政治家の提案を点検するだけでなく，国民は自己防衛のためにも，そして社会全体の利益のためにも，科学的方法にもとづく事実の因果関係である，経済のメカニズムや経済現象を解明し，政策がどのような効果を社会にあるいは国民にもたらすかを明らかにする，という経済学を修得する必要があります。したがって，個人的観点だけでなく，社会的観点において経済学を学ぶことが必要であり，極めて重要です。

経済学を学ぶ目的

　経済学を学ぶ目的について，ケインズ（J. M. Keynes）の『雇用・利子および貨幣の一般理論』（1936）から以下の有名な文章が引用されてきました。

　「経済学者や政治哲学者の思想は，それが正しい場合にも間違っている場合にも，ふつう考えているよりは，はるかに強力なものである。事実，この世界はそうした思想によって支配されているといってもよい。自分はどのような知的影響からも無縁であると信じている実際家たちも，すでに過去のものとなったいずれかの経済学者の奴隷であるのが常である。権力の座にあって天の声を聞くと自称する気違いじみた連中も，実は，数年前の三文学者の書いたものから狂気をひきだしているにすぎない。私は，思想が次第にその効力を発揮するのに比べると，既得権益のもつ支配力はあまりにも誇張されすぎていると思う。もちろん，思想の効力といっても，それは即座に発揮されるものではなく，ある一定期間をおいてのことである。なぜならば，経済哲学や政治哲学の分野では，25歳ないし30歳後に新しい理論の影響をうけることは決して多くはなく，したがって，官僚や政治家さらには扇動家たちさえが時事問題でもとだす思想は，最新のものではない可能性があるからである。しかし，良きにつけ悪しきにつけ危険なのは，結局のところ，既得権益ではなく思想である」。

　この文章は経済学を学ぶすべての者に大いなる刺激を与えるものです。特に，経済学者は，時の権力者が奴隷であることに快感します。しかし，この場合，誰が時の権力者の天の声となっているのでしょうか。そして，もっと重要なことは，われわれが現在直面している様々な課題を認識し，挑戦していく頭脳が最新のもではないということであります。

　ケインズが指摘するように，官僚や政治家の提案する政策哲学は，「最新のものではない可能性がある」。また，経済的自由主義の立場からは，われわれの現在と未来を，「政府の知性とモラルに託す」ことの危険性を強調しています。このように政府の経済的役割やその政策に対して，疑問や危惧が指摘されています。いつの時代も経済学は，国を超えて重要な学問なのであります。

　「科学者として私が学んださびしい事実のひとつは，古い科学者が決して新

しい理論には転向しないことだ。いわば葬式のたびごとに科学は進歩しているが，それは古い学者が新しい思想に転向することによってではなく，むしろ新しい世代が成長することによってもたらされるのがつねである」。これはノーベル物理学賞受賞者で量子力学の発展に貢献したプランク M. Prank の自叙伝の一節です。すなわち，事実は理論を否定することができません。理論の抹殺者は新しい理論そのものではなく，新世代が新理論を誕生させているのです。科学は若い世代のものであり，若い世代が挑戦することに価値があります。

第6節　経済学の誕生と現在

経済学の誕生

アダム・スミス Adam Smith が1776年に『諸国民の富』を世に著すことによって，経済学は学問として誕生できました。以後，経済学は経済現象の解明や人類の貧困と欠乏からの解放および経済安定・成長という課題に挑戦してきました。この挑戦において多大な功績のあった経済学者は，ノーベル経済学受賞者をはじめとして多くあげられますが，スミス，マルクス Karl, Marx, ケインズ，サミュエルソン Paul Anthony Samuelson, ナッシュ John Nash とルーカス Robert E. Lucas Jr. の6人を紹介します。

アダム・スミス

スミスは市場経済を経済学の対象として，経済現象の因果関係の解明を科学的に分析した最初の経済学者です。このことから彼は経済学の母と呼ばれています。スミスは，経済主体が個人の意思で行動する合理的行動と市場の自己調整機能が，経済を望ましい状態に導くという命題を導出しました。個人の自由な経済活動と競争が，他の方法よりもすぐれた経済成果を実現するというこの命題は，現在の経済社会のメカニズムを理解させる助けとなっています。レッセフェールや神の見えざる手は，彼の経済学への貢献を的確に表す言葉です。

スミスの研究の約1世紀後，「限界革命」に貢献したワルラス Walras

(1874) は，諸市場の相互依存関係を前提とする一般均衡分析により，すべての市場価格と数量が同時的に決定するメカニズムを明らかにしました。その後の1951年ノーベル経済学受賞者のアロー Arrow が，市場経済の状態と国民の厚生水準が最大となる経済状態とが一致していることを証明しています。この市場経済と社会的最適とが一致する命題は，ドーフマンとサミュエルソンとソロー (1958) によって，**厚生経済学の基本定理**と呼ばれるようになりました。スミスの命題は，彼の推論から約2世紀後に厳密に証明されたのです。

カール・マルクス

マルクスは，現在では経済学者というよりは，思想家・歴史家として歴史に残る人物です。彼の経済学は，経済社会が歴史社会であると位置づけたことに最もその特徴があります。したがって，資本主義社会も当然歴史社会ですから，誕生，成長，発展，衰退，滅亡という歴史的過程をたどるという説明ができます。当時の経済的困窮や歴史上の貧困や不況から，このような説明は資本家が労働者を搾取するという分配論とともに説得力をもち，かつ支持も得ました。

マルクスは，財の価格が財1単位の労働費用を超過しているとき，資本家が剰余価値を受け取ることができるという，剰余価値説から資本主義の運動の法則を導いています。資本家による生産規模の拡大による資本蓄積が利潤率を低下させます。その結果，資本家は利潤の確保のために，労働節約的な機械の導入や労働者への搾取が行われることになります。このような資本家の行動が賃金を低下させ，労働者階級は窮乏化し，貧困と欠乏の社会となります。マルクスのいう資本主義の矛盾というこの資本主義社会の運動法則は人々が歓迎できるものではありません。彼の描いた資本主義経済の後に来るべき理想の社会は共産主義社会でありました。この社会の実現のために世界の多くの国は彼の説明にもとづき社会実験を行いました。その結果，旧ソ連や東欧諸国や中国をはじめとして多くの国々や何十億人という人々がマルクスの犠牲となったのです。

マルクスの矛盾は，労働以外の生産要素の報酬率決定や異なる労働間の賃金格差を統一的に説明できないことに気がつかなかったことであります。

ジョン・メイナード・ケインズ

ケインズは，1936年『雇用と利子および貨幣の一般理論』を著し，それまで個々の経済主体の行動や個々の市場の分析が中心であった経済学から，一国経済全体の生産，雇用，物価水準，利子率，成長率などの決定と変動の問題，いわゆるマクロ経済学が経済学の中心テーマであることを知らしめました。彼は，自己調整機能に限界のある市場経済に，国家が介入する場合についての政策に最大の関心をもっていました。ケインズは国がなすべきことを明確に示し，雇用や物価の安定という経済目標を達成するための政府の役割を強調し，その目標達成が可能であることも強調したのです。いわゆる，政府の知性とモラルのいずれも信頼し，政府による経済の操縦を託すという経済哲学を支持したのです。一時期，誰もがケインジアンであるといわれたように，以後経済学は一国の経済安定や経済成長を実現するために，政府による財政政策と金融政策という有効需要管理政策を積極的に支持する理論的・実証的分析がなされたのです。

ケインズの貢献は一国経済の活動水準が需要要因によって決定されることを明らかにしたことです。資源がネックとなり生産量が実現できないという供給制約経済ではなく，消費や投資という需要制約によって生産量が実現できないというメカニズムを解明したのです。その需要制約のゆえに生産量が過小となり，失業が生じるという**有効需要の原理** principle of effective demand にもとづく GDP の決定メカニズムの解明は，供給が自らの需要を創出するという**セイの法則** Say's law が成立するメカニズムとは根本的に異なるものであり，このコペルニクス的な経済学の誕生が**ケインズ革命**と呼ばれています。

ポール・アンソニー・サミュエルソン

サミュエルソンは，ノーベル経済学賞の受賞理由である「静態的および動態的経済理論の発展と分析水準の向上」という説明からも理解されるように，現在の科学としての経済学の確立と発展に最も貢献した経済学者のひとりです。経済学者としての名声を確立し，ノーベル賞の受賞理由ともなった著書『経済分析の基礎』（1947年）は，価値観を排除し，数学を駆使して経済理論を体系

化しました。以後経済学は,『経済分析の基礎』の序文にある「有意味な定理」,すなわち,事実によって「反証可能な命題」の導出を意図する仮説―命題―検証という科学的アプローチによる発展をとげてきたのであります。

　経済学は理論の定式化による推論とデータの検討の両者を合わせもつ研究であります。彼の研究以後,理論の精緻化だけでなく,データ整備とコンピュータ技術の発展が実証研究と理論研究の相互作用が可能となり,演繹と帰納という相互作用による経済学の科学的発展の方向を定めたのです。

　また彼は社会の基本的経済問題を,「何を」,「どのように」,「誰のために」生産するのかの3つに要約し,その経済問題を市場機構がどのように解決しているかをやさしく解説した『経済学』の教科書を著しました。この著書は世界で1千万部以上も出版され,それによって学生,経済学者,政策責任者や政治家が経済学の共通言語と共通の分析枠組みを共有することになりました。

　『経済分析の基礎』は経済学者に科学的アプローチを広く知らしめ,『経済学』は現代社会のメカニズムを解きほぐす経済学の分析方法を理解した社会の構成員を育てることに寄与したといえます。

ジョン・ナッシュ

　ナッシュは1994年,ゲーム理論の先駆的貢献によりジョン・ハーサニーとラインハルト・ゼルテンとともにノーベル経済学賞を受賞しました。ゲーム理論は数学者のノイマンと経済学者のモルゲンシュテルンの共同研究（1944）によって数学的科学の一分野として成立しました。それは利害を異にする複数経済主体間の相互依存関係を厳密に表現し,その構造を分析するものであります。

　ゲーム理論におけるナッシュの貢献は,経済学の均衡概念の**ナッシュ均衡**があげられます。ナッシュ均衡とはプレイヤーAとBがおり,Bの戦略が所与のとき,Aの選択が最適であり,かつ,Aの戦略が所与のとき,Bの選択が最適である場合,この一対の戦略のことをいいます。このナッシュ均衡が複数存在するゲームや逆に存在しないゲームがあること。さらに必ずしもパレート最適ではないという問題があります。最後が**囚人のジレンマ**といわれています。

ナッシュは，人々が利己心に従って合理的に行動すると，社会全体として好ましくない結果を生むメカニズムの存在を明らかにしたことが強調されます。ゲームの理論は，利己心にもとづく自由な経済活動が社会にとって望ましい結果を生むという，アダム・スミスの「神の見えざる手」のメカニズムとは逆に，「悪魔の見えざる手」のメカニズムの存在を明らかにしたのです。

しかし，一回限りのゲームと繰り返し行うゲームの結果は異なることが明らかにされています。ゲームが不特定回数繰り返されるならば，個人にとって最適な選択であるナッシュ均衡が社会的に最適なパレート最適と一致します。

ロバート・ルーカス

ルーカスは1995年ノーベル経済学賞を受賞しています。その受賞理由は「合理的期待仮説を発展させ，マクロ経済分析に応用することによって経済政策の有効性を高めた」というものであります。

ケインズ以後の多くの経済学者は，市場調整が不完全であるために失業が生じるケインズの経済と市場調整が完全で失業が生じないスミスの経済の2つの経済が存在し，2つの経済を説明する2つの経済学を認めていました。それがマクロ経済学とミクロ経済学です。2つを統合するための研究が1950年代から行われており，それを**新古典派総合** neo-classical synthesis といいます。

ケインズ経済学の最大の欠点は，供給サイドとマクロ経済的な関係におけるミクロ経済的基礎をあまり考慮していなかったことにあります。この2つのことを同時に解決する方法の1つが人々の期待形成を考慮することでした。経済学に期待を導入することによって，ケインズ経済学は，ミクロ経済学の基礎を踏まえた強固な理論につくりあげる道が開けたのです。ルーカスはケインズの世界とスミス世界を同じ枠組みで説明する経済学を発展させることに貢献した経済学者です。また，ルーカスは期待形成を考慮した経済モデルによる政策効果の分析の必要を強調しました。これを**ルーカス批判** (1976) といいます。

現在，経済学者は，実物変数は名目変数からは独立である，という古典派の二分法の成立とそれが短期的には崩壊することを理解しています。

【要 約】

1. 経済学は，何を，どのように，誰のために生産するかを研究します。
2. 資源（労働，土地，資本）の希少性により財・サービスの社会の生産可能性は限られており，社会は人々の無限のニーズに応えることができません。
3. 市場経済は参加の自由を認め，競争により生産する財・サービスに資源を割当てるシステムであり，所得分配システムです。
4. 市場経済には限界があり，市場は不完全な経済システムです。所得分配の是正や公共財の提供や雇用の安定などは政府の基本的役割です。
5. ミクロ経済学は消費者や企業の行動や個々の市場や価格決定を解明し，マクロ経済学はGDPや物価など経済全体に関わることを解明します。
6. 経済学は現実経済のメカニズムの解明とその現実経済を改善するための政策を提示します。
7. 経済学は仮説から命題を導出し，命題を検証するという方法を用います。

【練習問題】

1. 資源配分と所得分配の問題を要約せよ。
2. 図を4つの象限に分け，表1.1の労働者数と米の生産関数を第IV象限に描き，労働者数と車の生産関数を第II象限に描き，労働者数配分を示す直線を第III象限に描き，米と車の生産可能性曲線を第I象限に導出せよ。
3. 生産可能性曲線が外側に拡大する要因を考えよ。
4. ある個人はX財1単位に6時間の労働，Y財1単位に8時間の労働が必要である。X財1単位生産するためのY財で表される機会費用はいくらか。
5. 経済を構成する2つの代表的経済主体と2つの代表的市場を指摘せよ。
6. 市場経済における価格の役割を2つ指摘せよ。
7. 市場経済の失敗を5つ指摘し，それを改善する政府の役割を説明せよ。
8. 規範経済学と実証経済学を定義しなさい。
9. 経済学が科学であると考える理由をあげよ。または，そうでないと考える理由を説明せよ。

第 2 章　経済学の基礎

第 1 節　経済学の特徴

限界と平均

　経済学の最も特徴的で魅力ある 1 つは，経済学が**平均** average や総量 total という，絶対量 absolute quantity ではなく，**限界** marginal で考えるということであります。言い換えれば，経済学は総量や平均の尺度で考えるのではなく，物事の付加的ないしは追加的な尺度で考えるということです。

　入学試験や就職試験において，ある 1 つの特異な能力や特殊技能のみを評価して選抜を行う場合もありますが，一般的に，被選抜者は総合評価されていることが多いといえます。入学，就職，資格，認定試験だけでなく，スポーツにおいても，個人に関する成績や能力を判定する場合，平均や合計という評価指標を利用することが社会的に支持され利用されています。

　しかし，経済学における財・サービスの価値の評価や経済のメカニズムの解明に利用されているのは，平均や総合というよりはむしろ限界概念の尺度であります。もちろん，生産物 1 単位当たりの平均費用，生産物 1 単位当たりの平均収入，労働者一人当たりの平均生産物，貯蓄率などの平均の測度も経済分析にとって重要です。それに対する限界の測度である**限界費用，限界収入，限界生産物，限界貯蓄性向**などは，経済主体の行動や経済状態や相互関係などの解明にとって極めて有効な概念なのです。

　いま，横軸にある国の所得 Y を，縦軸にある国の貯蓄 S をとり，両者の関係を図示すると，図 2.1 のような貯蓄直線が描けます。この両者の関係の特

徴的なことは，貯蓄はある一定の所得水準に達するまで，正の貯蓄ができないということです。所得が Y_1 のとき，貯蓄は S_1 であり，このときの**貯蓄率**は S_1/Y_1 となります。この値は貯蓄直線上の点 E と原点とを結んだ線分の傾きとなります。貯蓄率は所得水準の上昇とともに上昇しています。

一方，所得が増加したとき，貯蓄がいくら増加するかの値が限界の測度であり，**限界貯蓄性向**です。この値は直線の傾きであり，所得水準とは関係なく一定です。貯蓄の増加は所得の増加と常に同じ比率であります。この限界貯蓄性向が経済主体の行動だけでなく，経済メカニズムの解明に重要な**概念**です。

このように平均はある変数の総量と他の変数の総量との比です。限界はある変数の変化に対する他の変数の変化との比であります。

図2.2は第1章の表1.1の労働者数と米の生産量を図示したものです。この技術的関係である生産関数は，**収穫逓減の法則**により直線ではなく曲線となります。労働者が2千万人のとき，米の産出量は1,400万トンであり，その平均生産物（平均生産性）は7トン/人です。この平均生産物も生産関数上の E 点と原点を結んだ線分の傾きです。

一方，労働者の増加に対する生産量の増加の比である**限界生産物**は，生産関数の傾きとなります。E 点における限界生産物は E 点に接する接線の傾きとなります。接線の傾きは生産量（労働）が増加するに従って小さくなっています。限界生産物は逓減しており，収穫逓減の法則が成立しているのです。

図2.1 所得と貯蓄

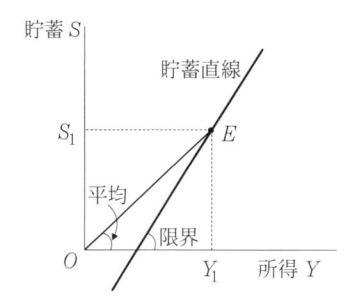

図2.2 米の収穫量と労働投入量

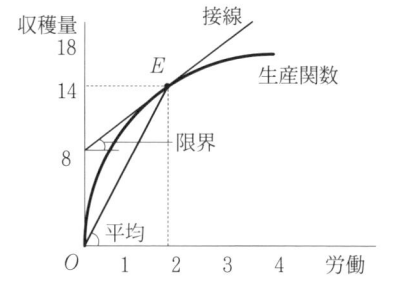

機 会 費 用

　経済学の価値や費用の概念の特徴的で重要なポイントは，それらを犠牲量で測っていることであります。経済主体が無数の選択機会のなかから，ある1つのことを選択するならば，その選択した1つのこと以外は，すべて犠牲にされたのです。この犠牲となった機会から得られる最高の収益または最高の所得のことを**機会費用** opportunity cost といいます。

　経済学はこの機会費用で価値を測るのです。それは経済主体が最善の選択をするならば，選択されたその価値は，犠牲にされた価値，または失ってしまった価値より大きいか無差別となっているからです。最善の選択は最も価値のある機会を選択しており，それが最も重要であったことを意味するものであり，**希少性** scarcely をもっていたことになるのです。このような価値の概念にもとづくならば，経済財だけでなく個人や組織が直面する選択対象のすべてについて評価することができるとともに，その選択についての意味づけが与えられるのです。経済学は，経済活動の対象となる財・サービスの価値だけでなく，市民としての個人，企業や国や地方自治体あるいは何らかの組織や団体さらには人類の行為の対象となることについても，価値を付与することができます。まず，この本を読んでいる読者の機会費用を求めてみることを提案します。

相互依存関係

　経済社会は極めて複雑です。財・サービスの種類だけでなく，経済を構成するメンバーは多く，様々な目的で行動しています。それらは相互依存関係にあって，多くの経済的諸要因が互いに影響を与えているのです。経済学はこの相互依存関係を解明する学問です。それゆえに，経済学は複雑な関係を解きほぐすための分析方法を用意しています。

　ある1つの経済要因または外的要因の変化は，他の経済変数に直接的影響を与えますが，その直接効果だけでなく，間接効果も存在しています。経済学は直接効果だけではなく，間接効果を常に考慮した解明をこころみる学問であります。経済学の修得によって，簡単な因果関係の解明だけでなく，総効果を視

野に入れた思考方法を体得することができます。

　たとえば，「物価が下がるというのは，むしろ消費者にとってはプラスになることだと思う」，これは日本銀行速水優総裁の講演内容の一部です（2003年3月21日）。ある財の価格が下落すると，人々は生活が楽になると予想するでしょう。この結論は1単位当たりの支出額が低下するために，総支出額の低下が予想されるからです。また，価格の低下が実質所得を増加させるからです。しかし，この結論はすぐに誤りであることがわかります。それは，価格が下落したために多くの数量を購入するからです。その数量の増加による支出の増加効果が，価格の低下による支出の減少効果よりも大きいならば，価格低下は総支出額を増加させ，生活苦となってしまうことも起こり得るからです。

　また，なぜ価格が低下したかも考えなければなりません。豊作や技術革新などによる価格低下と買い手の購買意欲の低下による価格低下も考えられます。後者はさらに価格の低下が考えられます。それは企業収入の確実な低下とその企業で働く従業員の報酬の引き下げが予想されるからです。その結果，消費者の所得が低下し，購買意欲はさらに低下する可能性があるからです。

　このように価格の下落は，必ずしも消費者の生活を豊かにする好都合な経済現象ではないのです。価格の変化とともに購入量や所得の変化をも踏まえて，生活水準の変化を考えなければならないのです。

　経済学は，経済全体を視野に入れ複雑な経済の相互依存関係を**一般均衡分析** general equilibrium analysis という枠組みを利用して解明しています。

他の事情が一定

　ミクロ（個人や部分）について真理であることを，マクロ（一国や全体）についても同様に真理であると考えてしまうことを，「**合成の誤謬**」fallacy of composition といいます。このような誤りをしてしまうのは，相互依存関係が存在しているとき，何らかの関係を無視していることに起因しています。

　代表的な例として，貯蓄のパラドックスがあげられます。個人が節約に努め，貯蓄を増やすという行動は，確実に個人の貯蓄残高を増加させます。しかし，

一国経済において，国民が貯蓄の増加に努め，節約した場合には，一国の貯蓄は必ずしも増加するとは限らないのです。このことは，貯蓄の増加は消費の節約ですから，一国の生産活動の低下となり，その結果として所得が減少し，貯蓄も減少してしまうという，因果関係が存在しているからです。

経済学は複雑な経済を分析対象とするゆえに，多くの経済要因が関わっています。しかし，常に，経済全体を視野に入れ，多数の経済要因を同時に考慮することは不可能でもあります。そこで経済学は**他の事情を一定** ceteris paribus，または他の事情は等しいという仮定をおいて，価格と需要量の関係，労働者数と生産量の関係，所得と貯蓄の関係など，2つの経済要因のみの関係を解明しています。

このように2つの経済要因のみを抽出することにより，2つの関係を平面に図で描くことができます。経済学の教科書に描かれている多くの図は，他の変数を所与として，2つの関係を図示したものです。したがって，他の事情が変化した場合，両者の関係は変化することを前提としているのです。このような分析を**部分均衡分析** partial equilibrium analysis といいます。

第2節　価格と価値の概念

名目変数と実質変数

経済学は価値を研究する学問でもあります。貨幣の価値の変化に対して慎重な議論をしています。それは名目変数と実質変数の区別によるものです。

名目変数 nominal variable は貨幣単位で測られ，価格の変化を調整しない変数です。円やドルなどの貨幣単位で測られ，各時点の価格で測られています。

実質変数 real variable は，物的単位や価格の変化を調整した貨幣単位で測られています。労働投入量，資本ストック，実質GDP，実質賃金，実質貨幣残高は，代表的な実質変数であり，すべて財単位で測られています。実質変数は価格が変化するために名目変数を調整しているのです。

絶対価格と相対価格

絶対価格 absolute price は貨幣単位や労働投入量で測られる価格です。ハンバーガー1個は，日本では240円，アメリカでは1ドル20セント，コンピュータ1台を生産するために必要な労働者は，日本では10人，アメリカでは15人となっていたとします。これらは絶対評価であり，前者のハンバーガーは各国の通貨単位で測り，後者のコンピュータは各国の労働者数で測っています。

相対価格 relative price は，2財の価格比率であり，2財の交換比率です。相対価格は，1単位の財を得るために失う他の財の数量であり，物理的単位で測られる価格であり，当該財の機会費用であり，そして実質変数です。

たとえば，りんご1個100円，みかん1個50円のとき，みかんの価格に対するりんごの価格の比は2です。みかんの価格を1として，りんごの価格を測っているのです。この場合，みかんを**基準財**（ニュメレール財）numeraire といい，その価格を**ニュメレール価格**といいます。

この数値2はりんご1個がみかん2個に等しいことを意味しています。りんごの価格をみかんの数量で測っているのです。1個のりんごを得るためには，みかん2個を犠牲にする必要があります。みかんの価格で測るりんごの相対価格（機会費用）が実物単位となっていることが次式から理解できます。

りんごとみかんの価格比率＝みかんで測るりんごの相対価格

$$= \frac{りんごの価格}{みかんの価格} = \frac{100円／りんご1個}{50円／みかん1個} = \frac{100円×みかん1個}{50円×りんご1個} = \frac{みかん2個}{りんご1個}$$

実質賃金も相対価格であり，労働時間単位で測った財の数量です。1時間の労働を放棄したとき，犠牲にする生産物を測っています。

このようにわれわれは，絶対価格とともに相対評価である相対価格にもとづく意思決定を行っているのです。このことを最初に科学的に説明した経済学者はリカード D. Ricardo です。

リカードはイギリスとポルトガルとの貿易財が絶対量で測られる生産物1単位の必要労働量（すなわち，絶対価格）ではなく，ある財で測られる比較生産費

（相対価格）が貿易を成立させることを証明しました。いわゆる，**比較優位の理論** theory of comparative advantage を示したのです。この理論はある組織の1人があらゆることについて抜き出ており，どんな仕事も誰にも負けることがないという場合についても，仕事を分業することが組織にとってはよい成果を生み出すというものです。この比較優位にもとづく分業は世界貿易だけでなく，国内産業，企業組織，学校，家庭においても当然当てはまるのです。その理由は簡単です。超能力者が他人の利用可能な資源をも利用することはできないという，根本的事実の存在があります。このように相対評価は，日常生活においても重要性をもっているのです。

価格と限界評価

　経済学が限界で考える，ということを理解するのに最も重要でかつよい具体例は価格です。われわれが日常の生活において購入している様々な財・サービスの価格は限界の測度なのです。

　価格は，その財の購入に際して支払ってもよいと考える購入者全員の平均価格でも，その財の提供者である企業が販売してもよいと考える全企業の平均価格でもないのです。価格は，現在の価格以上では購入することができない，という消費者が購入している財の価格です。このような消費者を**限界消費者**といいます。すなわち，限界消費者は現在の価格以上の支払いをすることの犠牲が，その財の消費から得られる享受（便益）を超えてしまうのです。

　また，価格は，現在の価格以下では市場に供給することができないという，企業の提供している財の価格です。このような企業を**限界企業**または限界供給者といいます。限界企業は目下の価格では正の利潤が確保されてはおらず，総収入と総費用とが等しいのです。換言すれば，単位当たりの収入の平均収入と単位当たりの費用の平均費用とが等しい状態となっています。それゆえに，現在の価格以下では赤字となり，操業継続や事業存続が不可能となるのです。

　このように限界消費者は選好上において，その財を購入することと，購入しないことが無差別となっているのであり，限界企業は企業経営上，その財を供

給することと，その生産中止や事業から撤退することが無差別となっているのです。限界消費者以外の消費者は，目下の価格以上でも購入することができるし，また限界企業以外の企業は，目下の価格以下でも正またはゼロの利潤を確保することができる限り，生産を継続し供給し続けることが可能となります。このように価格は，限界購入者が評価する価格であり，かつ，限界企業が提供している財の追加1単位当たりのコストとなっているのです。

第3節　経済学の分析方法

経済モデル

　経済学は，消費者が消費する財は無数であるが，消費者は2財のみに予算を配分するものとして消費者行動を説明します。また，一国経済が生産する生産物は無数であるが，それを1ないし2，3の財のみであると表し，GDPや国民所得決定や変動のメカニズムを説明します。このように経済学は，現実経済のメカニズムや経済主体の行動を説明するために，現実を極めて単純化し，または抽象化abstractするのです。このことを**モデル** model 分析といいます。

　子供の玩具である飛行機，スペース・シャトル，恐竜などのプラモデルは，形や動きは実物とよく似ており，かつ小さくし，扱いやすく，実物を理解しやすいようにできています。NASAもより精巧なスペース・シャトルのモデルを製造し，それを利用して実験を行い，観察をし，機器が正常に機能するかをチェックしたりします。このように子供も科学者も経済学者もモデルを利用する目的は共通です。モデルを利用して現実を，実際の機能を，本質的なことを理解することが目的です。経済モデルは，現実を単純化し，本質的要因を抽出し，小さくし，簡単に扱うことができるグラフや数式などによって表されます。

　モデルは，われわれが問題をどのように考えるかを組織するための枠組みであります。それゆえに，様々なモデルが考えられます。モデルの1つは，巨大で複雑な経済をいろいろな視点から切り開いた1つの断面といえます。

経済主体の最適化行動

　ミクロ経済学は経済主体の行動を解明するために経済主体の行動仮説を設定しています。このことをモデル構築するといいます。家計の行動については，家計は自己の予算（所得）制約の下で，消費量から得られる効用を最大化するように消費活動する，という**効用最大化仮説**を設定しています。この家計の行動モデルから，消費財の需要曲線や労働の供給曲線を導出するのです。

　一方，家計とともに経済を構成する企業の行動モデルは，技術的制約および市場制約の下で，収入と費用の差である利潤を最大化する**利潤最大化仮説**です。この仮説から企業の生産物の供給曲線や生産要素の需要曲線を導出します。

　いずれのモデルも自己の選択可能な範囲からベストな経済選択をするという，経済主体は**最適化原理** optimization principle をとると仮定されているのです。消費者や企業は，価格などの市場情報や自己の所得や技術を把握して，自己の目的を達成するように合理的に行動するという経済主体を仮定しています。この仮定を**合理的行動仮説**といいます。

仮説の妥当性と経済理論の妥当性

　人々は消費者行動モデルにおける効用なるものの存在を，感覚的ないしは心理的に確認できても，具体的には確認することはできないものと考えられます。すなわち，この仮説，効用最大化仮説は非現実的ともいえる仮説なのです。

　また，企業は利益優先，利潤優先などを経営理念にかかげていることはまれであり，それは地域社会への貢献や従業員福祉や地球環境との共生などです。企業行動モデルの利潤最大化仮説も，非現実的ともいえる仮説なのです。

　一時期，理論はその仮説を現実と直接比較して，その理論の現実的妥当性が検証できるという認識があり，それゆえに，非現実的仮説から導かれるそのような経済理論は非現実的であるとの批判を受けてきました。しかし，このような批判は適切なものではなく，経済学はこのような科学的アプローチによる展開を遂げ，実際の経済の仕組みや経済現象を解きほぐしてきたのです。そして，それによって経済学は社会的評価を獲得してきたのです。すなわち，この分析

方法において重要なことは，引き出された命題が現実経済（データ）にたえうるかどうかであって，その仮説ではないのです。

理論の現実的説明力は仮説の現実的妥当性を意味するものではないが，仮説の現実性を全く問わないということではありません。より現実的仮説からより一般的かつ強力な命題を導出する経済理論が，普遍的でかつ適用範囲が広く，役立つという社会的評価を獲得することができるのです。しかし，消費の理論に代表されるように，この両者はトレードオフの関係にあります。より現実的な仮説を重要視するならば，条件（数式）が多くなり，その諸仮説から命題を導出することが困難になるとともに，そこから引き出される命題は強力ではなく，現実経済や経済現象について明確に述べることはできない，という犠牲を負うことになってしまいます。理想的な仮説と命題は，より一般的である弱い仮説から，明確に言明できる普遍的な命題を引き出すことができるのです。

内生変数と外生変数

経済モデルには必ず内生変数と外生変数が含まれています。消費者行動モデルにおいて，消費者が決定する変数は消費量です。このような変数を**内生変数** endogenous variable といいます。この消費量は制約条件を形成している価格や所得の下で決定されています。この価格や所得が**外生変数** exogenous variable です。内生変数は経済モデルの未知数であり，モデル内において決定される変数です。外生変数はモデルの制約条件を構成する変数です。

企業モデルにおいて，企業が決定する変数は生産量や雇用量であり，これが内生変数となります。外生変数は価格や賃金や技術です。

このように内生変数は未知数であり，それは外生変数に依存して決定されています。しかし，内生変数は外生変数に影響を与えることはありません。外生変数は経済主体の行動や未知数からは独立であり，モデル外で決定されている既知の変数です。ただし，内生変数と外生変数の区別は，経済モデルに依存して決定され，そのモデルの分析目的によって変更されるものであります。

現実の経済状態と均衡状態

経済学は複雑かつ多様である経済現象を**均衡分析** equilibrium analysis に焦点を絞り，統一的な分析を試みています。その理由は，均衡状態において現実の経済が営まれ，経済主体が行動していると考えるからであります。現実的には不均衡状態が存在し，不均衡状態の分析も必要であり，かつ重要ではありますが，それは均衡状態の分析に比べて極めて難しいのです。

均衡は，釣り合いがとれているという意味で，2つの力のバランスが保たれています，またはその力関係が等しいという意味に使われています。**市場均衡** market equilibrium は，市場参加者の力のバランスが維持されている状態であり，購買力と販売力とが等しくなっている市場状態です。すなわち，買い手の需要量と売り手の供給量とが一致していることを意味しているのです。

また，均衡とは，経済主体が新たに行動を起こそうとする誘因が欠如している状態である，という定義も適切です。他の経済主体の選択を所与として，各経済主体が最善な選択を行っている状況です。したがって，この均衡状態では，各経済主体は満足しており，経済主体間の利害調整の必要がないのです。

経済学は，この均衡状態が現実の経済状態であると考えています。この均衡状態において，消費者は財・サービスを購入し，企業はそれを生産しかつ販売し，労働者は労働を提供し所得を得ており，企業は賃金を支払い，労働者を雇用していると想定しているのです。さらに，需要量と供給量とが等しい市場均衡において，実際の価格が決まるものと考えています。したがって，経済学は，均衡状態における消費量，生産量や価格に分析を集中させているのです。

このように経済学者は，現実経済と均衡状態とが一致しているかのように説明しています。正確な言い方は，現実経済は均衡の近傍にあり，その均衡が時間を通じて変化していると考えるのです。現実経済は動態的に変化しており，時間概念を無視した経済学の均衡分析は，現実経済のダイナミックな側面をとらえるという観点においては不十分であります。しかし，刻一刻と変化している経済状態の一コマをとらえているのが均衡分析であり，それは連続的に変化している経済を連続写真の一コマ，一コマで描写することに似ています。

経済学命題の導出

経済分析は**均衡点** equilibrium point あるいは**均衡状態** equilibrium state を確認する作業です。数学的表現では，条件付き最大（最小）問題の解を解く，または演繹によって導出された連立方程式の解を求めることであります。しかし，これが経済分析のすべてではありません。

与件として与えられた外生変数の変化が，均衡点や均衡状態にどのような影響を与えるのかの質的，量的問題が存在しています。言い換えれば，消費者や企業の制約条件付き問題の解である消費量や生産量の内生変数が，外生変数である価格や所得とどのような関係が存在しているのかを解明することが必要であります。このような分析から，経済のメカニズムや経済主体の行動に関する普遍的関係を導出することができるのです。すなわち，この因果関係の解明によって，経済現象に関する諸命題・諸定理を導き出せるのです。具体的には，価格と消費量との関係から右下がりの需要曲線が導出され，所得と消費量との関係から右上がりのエンゲル曲線が導出されます，また，価格と生産量との関係から右上がりの供給曲線を導出することができます。このような因果関係を導出する方法を**比較静学分析** comparative static analysis といいます。

比較静学分析は，ある均衡状態と別の均衡状態との比較分析であり，内生変数と外生変数との因果関係を解明するものです。

現実経済と経済理論

経済学は現実経済を解明するための科学でありますが，現実経済それ自身を描写しようとする学問ではありません。経済理論は現実経済とは大きな隔たりが存在しているといってよいと思います。このような経済理論の一側面をとらえて，「経済学は現実経済を説明していないので，役に立たない学問である」，と酷評にさらされています。しかし，経済学の研究者は，「経済理論は，現実経済とはかけ離れているから，むしろ役立つのである」と考えています。

というのは，実物大の地図は，われわれが生活している現実の生活空間そのものです。しかし，その実物大の地図が役立たないことはすぐに理解できます。

われわれの視界の範囲は別にして，隣町も観光地も隣国もそして地球を理解するのには，その実物大の地図は役立たないのです。むしろ実際と大きな隔たりのある地図が役立つのです。私たちは，ドライブには道路地図を，観光旅行には観光地図を，そして世界や地球を理解するのには，世界地図や地球儀を利用しています。これらの地図は現実を大きく歪めたものです。しかし，その現実と異なる地図を利用して，われわれは現実を理解しているのです。

　すなわち，地図は現実そのものではなく，現実を歪めており，抽象化したものです。地図は目的にそって作成され，必要な情報のみを取り出し，他の情報を意図的に無視し，人々が理解しやすいように工夫されたものです。

　経済理論やモデルも地図と同じように考えることができます。経済理論は現実経済そのものを描写しているのではなく，現実経済を抽象化したものです。それは，経済現象や経済問題を解明するために，目的に従って最も重要な要因だけを抽出し，他のことは無視しているのです。それは，経済学が現実経済を詳細に，あらゆることを描写することが可能であっても，それは現実経済を解明し理解する，という目的には有益ではないからです。私たちにとって役立つ情報は，現実を歪めた，現実とは大きな隔たりのある抽象化された経済理論や経済モデルです。

　経済学は複雑な経済社会のメカニズムや多様な行動をとる経済主体の行動を観察することにより，最も重要かつ普遍的な要因を抽出し，経済主体の行動や経済のメカニズムの一般化を試みるものです。その理論的推論によって経済の動きや人間の行動をある程度予測することが可能となるのです。したがって，経済学が役立っていないということの正確な解答は，「経済学が役立たないのではなく，そのことを説明する妥当な経済理論や経済モデルが存在していないかその適用を誤った」，ということです。

【要　約】

1　経済学は物事の付加的ないしは追加的な尺度である限界概念で考えます。財・サービスの価値は選択したために犠牲にした所得で測ります。

2 経済学は複雑な経済を解明するのに、一般均衡分析と部分均衡分析を利用します。経済学の多くの図は他の変数を所与として描かれています。

3 相対価格は2財の価格比率であり、1単位の財を得るために失う他の財の数量であり、物理的単位で測られる当該財の機会費用であり、実質変数です。貨幣単位で測られる価格は絶対価格であり、名目変数です。

4 経済モデルは現実を単純化し、本質的要因を抽出し、小さくし、簡単に操作可能なグラフや数式で表し、内生変数と外生変数から構成されます。

5 経済学は経済主体の行動を解明するために、自己の選択可能な範囲からベストな選択をするという、最適化原理（合理的行動）を仮定します。

6 経済学は経済主体が満足している状態や需要量と供給量が等しい均衡に焦点を絞り、統一的分析を試みます。均衡状態と別の均衡状態との比較分析により、経済現象や経済メカニズムに関する普遍的命題を導出します。

【練習問題】

1 本書から限界概念を5つ、また代表的モデルを5つあげよ。

2 大学4年間の機会費用を求めよ。また、90分授業の価値はいくらか。

3 時給1,000円で働き、1時間に200円の食パンを5斤作ることができる労働者の1時間当たりの実質賃金を求めよ。

4 日本のX財とY財の1単位の生産に必要な労働者数は、2人と4人、米国は4人と10人である。2国のX財とY財の相対価格を求めよ。

5 以下の記述において、正しいものを1つ選択せよ。

 (1) 経済現象を説明する経済理論は現実そのものの描写と記述である。

 (2) 経済理論や経済モデルの現実的妥当性が問われるのは、その仮説の現実的妥当性のみであって、仮説から導出される命題ではない。

 (3) 均衡は需要量と供給量とが等しく、市場参加者がともに満足しており、新たに行動を起こそうとする誘因が欠如している状態である。

 (4) 合理的行動仮説（効用最大化仮説や利潤最大化仮説など）から導出される命題は、実際のデータによって検証することはできない。

第3章　需要と供給と市場機構

第1節　市　　場

部分均衡分析

　本章ではケーキの市場をとりあげ，他の財・サービスの価格や生産量など経済諸要因を所与とする，「他の事情が一定 ceteris paribus」という**部分均衡分析** partial equilibrium analysis による市場機構の解明を行います。

　現代社会は，何を，どのように，誰のために生産するかという基本的経済問題を市場に大きな比重をおいた解決方法を採用しています。社会は希少な資源を競争的利用者に配分することに関して市場に信頼を託しています。需要という買い手の行動と供給という売り手の行動の相互作用が，生産される財の数量とその財が販売されかつ購入される価格が決定されています。価格と数量は独立ではなく，同時に決定されています。本章ではこの価格と数量の決定メカニズムを簡単に説明します。また，より詳細な説明は第7章でします。

需　要

　需要 demand は，与えられた価格の下で，買い手がすすんで購入しようとする数量の組合せのことをいいます。この需要は買い手の行動を記述するものであり，**需要計画表**というのが正確な記述です。需要量 quantity demanded は，買い手が各価格に対してすすんで購入しようとする購入量です。

　表3.1の第1行目にケーキの価格が示され，第2行目に各々の価格で需要される1日当たりのケーキの需要量が示されています。このケーキの価格とケー

表3.1　ケーキの需要と供給

価格（円／個）	0	100	200	300	400
需要量（万個／日）	800	600	400	200	0
供給量（万個／日）	0	200	400	600	800
市場状態	超過需要	超過需要	均衡	超過供給	超過供給
価格の調整	上昇	上昇	変化なし	下落	下落

キの需要量との関係がケーキの需要です。

　ケーキの価格が低いとき需要量は多く，ケーキの価格が高いときケーキ需要量が少ない。ケーキの価格が下落するとケーキの需要量が増加し，ケーキの価格が上昇するとケーキの需要量が減少する関係が示されています。他の事情が等しい限りこの関係は成立します。その理由は，人々は価格の下落によって多くを購入し，価格下落がケーキを購入する新たな買い手が現れるからです。

　このようにケーキの需要量 x はケーキの価格 p の関数となっており，両者の間には負の関係が存在しています。表3.1の関係は，価格が100円上昇すると，需要量は1日200万個減少するという直線の関係となっています。それは次式の関係になります。

　(3.1)　需要量 $= 800 - 2 \times$ 価格 $(x = 800 - 2p)$

供　給

　供給 supply は，所与の価格の下で，売り手がすすんで販売しようとする数量の組合せのことをいいます。この供給は売り手の行動を記述するものであり，供給は**供給計画表**というのが正確な記述です。供給量 quantity supplied は，売り手が各価格に対してすすんで販売しようとする販売量です。

　表3.1の第3行目に各々の価格で供給される1日当たりのケーキの供給量が示されています。このケーキの価格と供給量との関係がケーキの供給です。

　ケーキの価格が低いとき供給量は少なく，ケーキの価格が高いときケーキ供給量が多くなります。価格が低いとき，供給量はゼロです。ケーキの価格が上昇するとケーキ供給量が増加し，ケーキの価格が下落するとケーキ供給量が減少する関係が示されています。他の事情が等しい限り，この関係は成立します。

その理由は，売り手は価格の上昇によってより多く生産販売し，また，価格の上昇がケーキを生産販売する新たな売り手を生み出すからです。

このようにケーキ供給量xはケーキの価格pの関数となっており，両者の間には正の関係が存在します。表3.1の関係は，価格が100円上昇すると，供給量は1日200万個増加するという直線の関係となっています。それは次式で表すことができます。

(3.2)　供給量＝2×価格　（$x=2p,\ p \geq 100$）

需要と需要量の区別は特に重要です。需要は買い手の行動を表しています。各価格に対して需要される数量が需要量です。また，供給は売り手の行動を表し，供給量は各価格に対して供給される数量です。

市場均衡と均衡価格

以下で需要（買い手）と供給（売り手）の相互作用により，生産される数量と購入される数量と価格が同時に決定されるという市場の機能が解明されます。

表3.1において，ケーキの価格が低いとき（たとえば100円）は，ケーキの需要量は供給量を超過しています。このような市場状態を**超過需要** excess demand といいます。ケーキの数量は買い手にとっては不足しているのです。逆に，価格が高いとき（たとえば300円），ケーキの供給量は需要量を超過しています。このような市場状態を**超過供給** excess supply といいます。ケーキの数量は売り手にとっては過剰となっています。

買い手が購入しようとする数量と売り手が販売しようとする数量が等しくなる価格を**均衡価格** equilibrium price といいます。表3.1において，ケーキの価格が200円であるとき，需要量と供給量はともに400万個／日です。この200円の価格のとき，ケーキの数量は過不足なく，需要量と供給量とが等しくなっています。このときケーキ市場は**一掃** clear されるといいます。

均衡価格は市場を一掃させる価格であり，**市場価格** market price といいます。この需要量と供給量が等しい市場状態を**市場均衡** market equilibrium といい，その均衡における数量を**均衡数量** equilibrium quantity といいます。

市場は自動的に均衡を実現するのでしょうか。もし，価格が400円ならば，需要量はゼロであるために，超過供給量は800万個／日です。売り手は売れ残りによるリスクを回避するために価格を引き下げようという誘因が生じます。このような状態では，売り手間の競争と買い手の強い立場が価格を引き下げるように作用します。いわゆる，市場は買い手の立場が強い**買い手市場**となります。価格の引き下げは需要量を増加させ，供給量を減少させることになるのです。この結果，超過供給量は小さくなります。価格引き下げと供給量の減少という売り手の行動は，超過供給状態が解消するまで継続します。したがって，価格の引き下げと供給量および需要量の調整は，価格が均衡価格と等しくなることによって終了するのです。

　逆に，価格が100円のとき，需要量は600万個，供給量は200万個であり，超過需要量は400万個です。このような状態では，買い手はケーキを手に入れるために，高い価格での購入を提案し，売り手は価格の引き上げが可能と考えられます。買い手間の競争と売り手の強い立場が価格を引き上げるように作用します。市場は売り手の立場が強い**売り手市場**となります。価格の引き上げは供給量を増加させ，需要量を減少させることになります。この結果，超過需要量は小さくなるのです。価格引き上げと需要量の減少および供給量の増加は，超過需要状態が解消するまで継続します。価格の引き上げと供給量および需要量の調整は，価格が均衡価格と等しくなることによって終了します。

　一時的に価格が均衡価格ではない場合があります。このような市場では，需要量と供給量が等しくなく，数量の過不足が生じています。この過不足の存在が，市場参加者に価格と数量を調整させ，過不足を解消しようとする誘因を引き起こします。ケーキ市場において，200円の価格では，買い手が購入しようとする数量と売り手が販売しようとする数量が等しく，買い手と売り手はともに，価格と数量を調整しようとする誘因はありません。このように経済主体が新たに行動を起こすという動機が欠如している状態を均衡といいます。市場参加者の行動の相互作用が，価格を均衡価格に導くことになるのです。この均衡価格の成立によって，財の価格と数量が同時に決定され取引が終了します。

第2節　需要曲線と供給曲線

需要曲線

　表3.1における買い手と売り手の行動およびその相互作用による均衡価格の決定は，図を利用して説明することができます。

　価格と需要量の関係を図示したものが**需要曲線**です。需要は需要曲線全体のことであり，需要曲線は買い手の行動を記述したものです。

　図3.1は縦軸に価格が，横軸に数量が測られています。右下がりの直線がケーキの需要曲線です。この需要曲線は表3.1の価格と需要量の組合せをプロットした点を結んだものであり，(3.1)式を図示したものです。この需要曲線は縦軸の切片が400円，横軸の切片が800万個／日，その傾きが－0.5(50円÷100万個)の直線です。価格1円の上昇が需要量を2万個減少させるという関係が図示されています。この需要曲線は，所与の価格の下で買い手がすすんで購入しようとする需要量の軌跡であり，買い手の購入計画を表しています。

供給曲線

　表3.1の価格と供給量の関係は，需要曲線と同様にグラフで表すことができます。価格と供給量の関係を図示したものが**供給曲線**です。供給は供給曲線全体のことであり，供給量は所与の価格に対応する売り手の販売計画量です。

　図3.1の右上がりの直線がケーキの供給曲線です。この供給曲線は表3.1の価格と供給量をプロットした点を結んだものであり，(3.2)式を図示したものです。この供給曲線は縦軸の切片が原点，その傾きが0.5(50円÷100万個)の直線です（原点から(100, 200)の座標までは供給曲線はありません）。

　供給曲線から価格が100円までは供給量がゼロであること。そして，価格と供給量は正の関係であり，価格1円の上昇が供給量を2万個増加させるという関係が容易に理解できます。この供給曲線は，所与の価格の下で売り手がすすんで購入しようとする供給量の軌跡であり，売り手の販売計画を示しています。

図 3.1　ケーキの市場

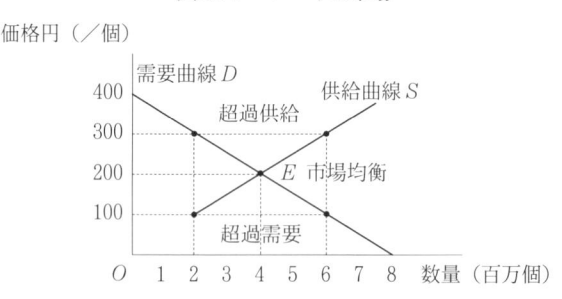

価格円（／個）

需要曲線 D　　供給曲線 S

400
300　超過供給
200　　　　E　市場均衡
100
　　超過需要

O　1　2　3　4　5　6　7　8　数量（百万個）

市場均衡と価格の機能

　価格が300円のとき，需要量＜供給量であり，市場はケーキが400万個の過剰という，超過供給の状態です。また，価格が100円のとき，供給量＜需要量であり，ケーキが400万個不足している超過需要の状態です。価格が200円のときをのぞき，ケーキは過不足の状態です。価格が200円のとき，需要量＝供給量であり，**市場均衡**が成立しています。価格が200円と異なる場合が生じても，価格は均衡価格の200円に戻るのです。それは買い手と売り手の相互作用が，価格を200円に，数量を400万個に決定するのです。

　市場均衡は需要曲線と供給曲線の交点 E です。その交点の均衡価格と均衡数量が，実際に取引が成立している価格と数量です。買い手は200円の価格ですすんで400万個を購入し，売り手は200円の価格ですすんで400万個を販売しています。この結果，ケーキは一掃されて，市場は一掃されるといいます。

　均衡価格と均衡数量は，(3.1) と (3.2) 式の連立方程式の解です。

　市場経済における価格と数量は，買い手の購入計画である需要と売り手の販売計画である供給の両者によって決定されています。そして，その価格と数量は，市場参加者のすべてを満足させており，均衡価格と均衡数量を調整しようとする誘因が欠如しています。価格は買い手と売り手の行動の**指針** signal（みえざる手）となっており，同時に需要量と供給量を**調整** adjustment するという役割を果たしているのです。

第3節 需要と供給の背景要因

需要に与える要因

　需要曲線と供給曲線は，他の事情は一定として，価格と数量の関係が描かれています。ここでは需要と供給に与える価格以外の要因について考えてみます。

　ケーキの価格と需要量の関係はケーキの価格以外の要因を所与として考察してきました。今度は，ケーキの価格を所与として，ケーキの需要に与える要因を考えてみることにしましょう。

　ケーキの価格が200円のとき，ケーキの需要量が400万個から500万個に増加することが予想されます。これが他の事情が変化したということです。この他の事情のひとつは所得です。所得の増加は，各価格でのケーキの需要量を増加させます。このことは所得の増加がケーキの**需要を増加**させるといいます。逆に，所得の低下はケーキの**需要を減少**させることになります。

　つぎに，ケーキの価格が200円であり，かつ所得も一定であるとき，ケーキの需要量が400万個から500万個に増加したことを予想しましょう。この場合の他の事情は，ケーキと密接な関係にある価格です。もし，和菓子またはアイスクリームの価格が上昇するならば，ケーキの需要量は400万個から500万個に増加することが予想されます。ケーキの需要は増加するのです。逆に，このような価格が下落するならば，ケーキの需要を減少させます。このように他の財の価格が上昇したとき，ケーキの需要が増加するならば，ケーキは他の財の**代替財** substitutes であるといいます。逆に，他の財の価格が上昇したとき，ケーキの需要が低下するならば，ケーキは他の財の**補完財** complements であるといいます。前者の代替財は他の財の価格とケーキの需要量は正の関係であり，後者の補完財は他の財の価格とケーキの需要量は負の関係となっています。

　以上の他の事情を所与として，さらに需要が変化することが考えられます。ひとつは買い手の嗜好の変化です。また，直接税の課税もあげられます。

供給に与える要因

需要と同様に，ケーキの供給量と価格の関係を，ケーキの価格以外の要因を所与として考察してきました。今度は，ケーキの価格を所与として，ケーキの供給に与える要因を考えてみることにしましょう。

ケーキの価格が200円のままで，ケーキの供給量が400万個から500万個に増加することが予想されます。これが供給の他の事情が変化したということであります。この他の事情の1つはケーキを生産するために必要な**生産要素**の費用です。生産要素の費用の低下は，各価格でのケーキの供給量を増加させます。このことを生産要素費用の低下が，ケーキの**供給を増加**させるといいます。逆に，生産要素費用の上昇は，ケーキの**供給を減少**させることになります。

この生産要素費用の代表は労働者の賃金です。そして，小麦粉や砂糖やクリームや卵などのケーキの原材料費用も生産要素費用です。これらの要素価格の変化が生産費用を変化させ，供給を変化させるのです。

つぎに，ケーキの価格が200円であり，かつ要素価格も一定のとき，ケーキの供給量が400万個から500万個に増加したことを予想しましょう。この場合の他の事情は，ケーキを生産する技術的変化が予想されます。生産方法の改善または流通や輸送革新という生産コストを削減する**技術進歩**です。

以上の他の事情を所与として，さらに供給が変化することが考えられます。ひとつは政府の政策や市場への介入です。**間接税**（消費税）課税は供給を変化させる代表例であります。

第4節　需要曲線と供給曲線のシフト

均衡価格の変化と外生変数

需要や供給に与える価格以外の要因の変化は，需要計画表や供給計画表を変化させるので，需要の増加（減少），供給の増加（減少）となります。この需要の増加（減少），供給の増加（減少）は，需要曲線と供給曲線をシフトさせます。需要曲線と供給曲線をシフトについて調べてみることにします。

経済学は，需要曲線と供給曲線の交点の均衡点において，実際の経済活動が行われているものとして，市場経済を描き出しています。さらに，経済学は，その均衡点が刻々と変化しているのが現実経済であるとも想定しているのです。この市場均衡点の変化は，価格の変化と数量の変化を引き起こすのです。価格変化や数量の変化は，市場均衡点の変化によって起こる経済現象です。その変化を生み出す原因は，需要曲線と供給曲線のシフトの2つに大別されます。

価格変化は，需要曲線と供給曲線が移動する諸要因によって引き起こされています。また，財の価格差や国際間の価格差は，需要曲線と供給曲線の位置を決定する諸要因に依存しているのです。この需要曲線と供給曲線の移動要因またはその位置を決める要因は，その財の価格以外の経済諸要因である**外生変数**に依存しています。以下で部分均衡分析の枠組みを利用して，需要曲線と供給曲線のシフトによる価格と数量の変化を検討しましょう。

需要曲線のシフト

需要曲線の背後にある要因は，所得と関連する財の価格と嗜好などでありました。これらの外生的要因が変化するならば，需要曲線はシフトします。

需要曲線のシフトは，市場均衡点を変化させ，価格と数量を変化させます。市場均衡がどのように変化するのかの分析を**比較静学分析** Comparative static analysis といいます。これは需要曲線と供給曲線の交点である旧均衡点と新均衡点の比較分析です。この分析により，市場環境の変化が市場にどのような影響を与えているかを明らかにすることができます。

所得の増加，代替財の価格の上昇，補完財の価格の低下，および嗜好の変化による選好の高まりは，需要曲線を右にシフトさせます。この結果，供給曲線がシフトしないならば，価格は上昇し，数量は増加します。

図3.2は，需要曲線がDからD_1に右にシフトしたときの均衡点と価格と数量の変化を示しています。均衡点はEからE_1に変化し，価格はp_eからp_1に上昇し，数量はq_eからq_1に増加しています。このように需要曲線が右にシフトする場合，必ず，価格は上昇し，数量は増加します。したがって，ケーキ市場

図3.2 需要曲線のシフト

図3.3 供給曲線のシフト

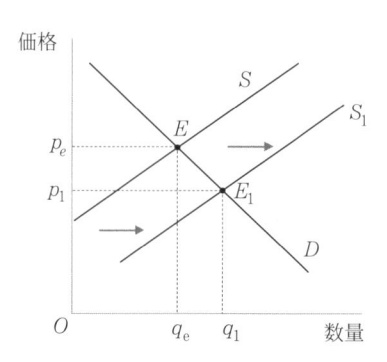

全体の売上額は必ず増加します。

逆に，需要曲線が左にシフトする場合，必ず，価格は下落し，数量は減少します。したがって，ケーキ市場全体の売上額は必ず減少します。

供給曲線のシフト

供給曲線の背後にある要因は，生産要素価格である賃金や原材料価格，技術，間接税課税などでありました。これらの外生的要因が変化するならば，供給曲線がシフトします。需要曲線のシフトと同様に，供給曲線のシフトは，市場均衡点を変化させ，価格と数量が変化します。

賃金の低下や原材料価格の低下，技術進歩や間接税率の引き下げは，供給曲線を右にシフトさせます。この結果，需要曲線がシフトしないならば，価格は低下し，数量は増加します。

図3.3は，供給曲線がSからS_1に右にシフトしたときの均衡点と価格と数量の変化を示しています。均衡点はEからE_1に変化し，価格はp_eからp_1に低下し，数量はq_eからq_1に増加しています。このように供給曲線が右にシフトする場合，必ず，価格は低下し，数量は増加します。このような市場の変化によるケーキ市場全体の売上額の変化について，明確に述べることはできません。

賃金の上昇や原材料価格の上昇，間接税率の引き上げは，供給曲線を左にシ

フトさせます。この結果，価格は上昇し，数量は減少します。やはり，市場全体の売上額の変化について，明確に述べることはできません。

需要曲線のシフトは，価格と数量がともに同じ方向に変化しますが，供給曲線のシフトは，価格と数量が逆方向に変化します。したがって，供給曲線のシフトが市場の売上額に与える影響は，簡単に予想することができないのです。しかし，供給曲線のシフトは，売上増加と下落と一定の場合が予想されます。

需要と供給の背景要因は様々であり，かつその変化の時期や程度も多様です。それゆえに，需要曲線と供給曲線のシフトは複雑となり，価格差や価格変動の原因を解明することが困難となります。しかし，需要曲線と供給曲線のシフト要因は，この複雑な経済現象を解く重要な外生変数です。

基本的経済問題と市場

市場は，社会が**基本的経済問題**（何を，どのように，誰のために生産するか）を解決するためのひとつの方法です。本章で，市場が希少な資源を競争的利用者にいかに配分しているかをみてきました。

どのような財がどれだけ生産されるかは，財の需要量と供給量とを等しくする価格をみいだすことによって決定されています。市場均衡では，生産される財の数量がその財の価格で需要される数量となります。

誰のために生産するかの市場の答えは，その財を均衡価格ですすんで購入する消費者です。また，誰が生産しているかは，その財の均衡価格ですすんで販売しようとする生産者です。

【要　約】
1　需要は買い手が各々の価格ですすんで購入する需要量の組合せであり，価格と需要量は負の関係です。需要曲線は需要を表し，右下がりです。
2　需要曲線は他の条件が一定の状態の価格と需要量の関係を示しています。
3　供給は売り手が各々の価格ですすんで販売する供給量の組合せであり，価格と供給量は正の関係です。供給曲線は供給を表し，右上がりです。

4 供給曲線は他の条件が一定の状態の価格と供給量の関係を示しています。

5 需要量＝供給量のとき，市場は均衡し一掃します。需要曲線と供給曲線の交点の価格と数量が同時に決定されます。価格が均衡価格より低いとき，市場は超過需要，価格が均衡価格より高いとき，市場は超過供給です。

6 需要の増加は需要曲線の右へのシフトを意味します。所得上昇や代替財の価格上昇や補完財の価格低下は需要曲線を右にシフトさせ，価格は上昇し，数量も増加します。

7 供給の増加は供給曲線の右へのシフトを意味します。賃金低下や技術進歩は供給曲線を右にシフトさせ，価格は下落し数量は増加します。

【練習問題】

1 市場均衡を定義し，均衡を実現する価格の役割について説明しなさい。

2 需要曲線が左にシフトする理由をあげ，均衡価格と均衡数量に与える効果を説明しなさい。

3 供給曲線が左にシフトする理由をあげ，均衡価格と均衡数量に与える効果を説明しなさい。

4 牛肉の需要が増加する理由を以下から選択せよ。

　イ．牛肉価格低下　　　ロ．豚肉価格低下

　ハ．ワイン価格低下　　ニ．所得低下

5 供給曲線が右上がり，需要曲線が垂直である市場を考えなさい。

6 需要曲線が右下がり，供給曲線が垂直である市場を考えなさい。

7 需要曲線が $Qd=200-P$，供給曲線が $Qs=-100+2P$ です。

　(1) 均衡価格と均衡数量はいくらか。

　(2) 価格が120円のとき，(イ)市場は超過供給か超過需要か，また，(ロ)価格は上昇するか，下落するか。

　(3) 政府がこの市場に最高価格80円の規制を行った。数量はいくらか。

　(4) 政府がこの市場に1単位当たり15円の間接税を課税したときの供給計画表（供給曲線）と均衡価格と均衡数量と税収をもとめよ。

第4章　経済循環と一国経済の活動水準の測定

第1節　経済循環とGDP

経済循環

　血液が体内を循環している血液循環があります。また，現在注目されている大気の循環があります。雨や雪が降り，大地に水分が吸収され，河川の水量や海水が増加します。そして，大地や海が太陽で熱せられ上昇気流を形成し，それが雲となりやがて雨や雪あるいは豪雨となり陸上や海に戻ります。このような大気の循環メカニズムの解明は自然現象の解明や地球環境の改善に役立つとともに，人々の自然に対する畏敬の念とともに，人々の自然に対する恐怖を少なからず緩和してきました。

　血液循環や大気循環のように，経済においても同様な循環があります。家計や企業という経済主体間を財・サービスや所得やお金が移動することを**経済循環** circular flow of economic system といいます。この経済おける循環の理解は，経済のメカニズムの解明や経済現象の解明，さらには経済の安定や効率性の実現という経済政策の導出にとって極めて重要であります。

　本章ではこの経済循環を理解して，一国経済全体の経済活動状態や豊かさの指標であるGDPや物価水準がどのように作成されているかを説明します。そして，経済循環とGDPの計測から**民間投資**と**民間貯蓄**とが一致していることを説明します。また，政府部門が含まれる場合には，民間投資と**国民貯蓄**が一致していることを説明します。

市場機構と GDP

　家計と企業からなる単純な経済を考えてみます。図 4.1 は市場経済を鳥瞰したものであり，所得（貨幣）のみの循環を示した経済循環です。この図は先の図 1.2 に左側中央の**金融市場**と右側の**投資財市場**を加えたものです。したがって，家計は生産要素を提供し，その反対給付として労働所得や配当を得て，財・サービスを企業から購入支出し，貯蓄もしていることが示されています。

　一方，企業は生産要素を利用して財・サービスを生産し，それを家計に販売し，販売収入から賃金等の要素費用を支払い，資本設備への追加の機械や輸送用車両の投資財を他の企業から購入し，また他の企業にも販売しています。そして資金不足のときは金融市場から資金調達していることが示されています。

　GDP はこの経済循環における生産量や所得や支出の一定期間の循環のフロー（流れ）を測定したものです。このように一国経済全体の経済活動状態を表す経済変数である GDP は，**総所得**と**総支出**の両方を測っているのです。

　図の上半分におけるフローは家計から企業と企業から企業への循環であり，家計の消費支出額と企業の投資支出額の合計が企業収入となる企業へのお金の流れを示しています。この循環フローは生産量や支出を測っています。

　図の下半分における左へのフローは，企業から家計への循環であり，消費財と投資財による企業収入は，生産要素利用に対する支払いとして，家計への所

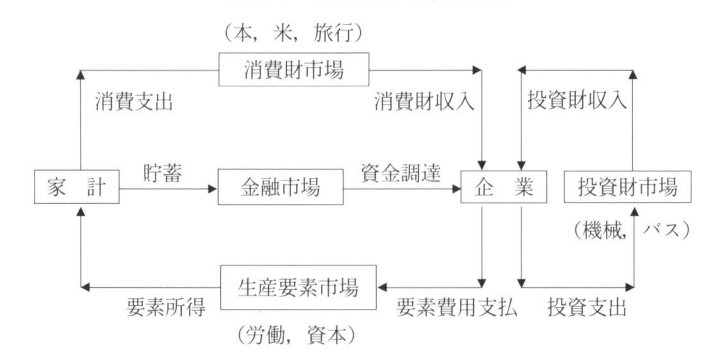

図 4.1　経済循環（所得循環）

得の流れを示しています。この循環フローは費用や所得を測っています。

そして，家計が所得の一部を貯蓄した資金は金融市場を経て企業に融資され，または家計が直接企業に投資しています。この貨幣は企業から右下への移動を示す，投資財に対する投資支出として企業間を移動しています。

以上の循環から企業が財を生産した生産段階で計測する総生産額と企業が報酬として家計に支払い分配した段階で計測する総所得と家計や企業の支出段階で計測した総支出額が一致しています。このことをGDPまたは国民所得の**三面等価の原則**といいます。図4.1の循環は企業が生産した生産額と等しい所得が家計と企業を経て再び企業に戻るという所得循環となっています。

循環フローにおける貯蓄と投資

企業の生産した消費財と投資財の生産額は，生産要素の支払いに充当される**要素所得**となり，その所得は消費と貯蓄に分けられています。**総生産額**GDPは**消費**と**貯蓄**の和に等しく，これが図の左側下方の循環フローを示しています。

(4.1)　総生産額＝消費＋貯蓄

図の左右の上方循環フローから，家計の消費支出と企業の投資支出の和が**総支出額**であり，それは企業の総収入となっています。したがって，生産物に対する支出は消費と**投資**に分けられます。

(4.2)　総支出額＝消費＋投資

以上の経済循環における上方フローの総支出額と左下方フローの総生産額が等しいことから，家計の貯蓄と企業の投資が等しくなる関係が導かれます。

(4.3)　貯蓄＝投資

このことは重要な意味をもっています。いかなる経済も生産手段である生産設備を生産するためには，貯蓄が必要であることを示しているのです。

ただし，以上の関係は，企業が生産しようと計画している段階や家計が消費しようと計画している段階での事前的関係ではなく，生産が実現し，消費支出が行われた段階における事後的な関係であります。

第 2 節　産出量と物価

GDP と計測

　GDP（GNP）は，国が一定期間において生産した財・サービスの最終生産物の価値額です。**国内総生産物** Gross Domestic products と**国民総生産物** Gross National products の相違は，前者が国内領土，後者は居住者（領土内に 6 ヶ月以上居住している主体）にもとづく一国の経済活動水準の指標です。GDPは日本の国内領土において生産活動している生産者の生産した最終生産物の総額であり，外国企業の在日子会社は含まれますが，日本企業の海外支店は含まれていません。一方，GNP は日本人の生産活動により生産した最終生産物の総額であり，外国企業の在日子会社は含まれませんが，日本企業の海外支店は含まれます。GDP と GNP は以下の関係が成立しています。

　　（4.4）　GDP＝GNP－海外からの要素所得（雇用者報酬＋投資収益などの財産所得）の受け取り＋海外への要素所得の支払い

　GDP（GNP）の経済量の特徴は以下の 4 つに要約することができます。

1．一定期間 flow の経済量であり，一時点 stock の経済量ではありません。

　前者は GDP や消費や貯蓄や財政赤字，労働投入量であり，期間タームで測られている経済量です。後者は，ある時点で測られる経済量であり，貯蓄残高，国債発行残高，貨幣供給量，労働人口などです。この**フロー**と**ストック**とは密接な関係があります。ダムの貯水量はストックであり，ダムに一定期間流入した水量がフローです。また，一国の**国富** national wealth はストックであり，フローである GDP のうち資本に追加された投資が新たに国富に加えられ蓄積されるとともに固定資本減耗が控除されます。

2．経常的 current 経済量であり，過去に生産した経済量ではありません。

　GDP は時間タームで測られていることから，現在生産された生産物であり，過去に生産された中古住宅，中古自動車や古本など一度 GDP に計上された生産物は含まれません。昨年生産して売れ残った生産物を今年販売した場合，そ

の生産物は昨年の GDP に含まれ，今年の GDP には含まれないのです。売れ残りは企業の**在庫投資**として処理します。中古品や資産取引から得られる所得は，GDP と関係のない資産の移転にもとづく所得形成となっています。

3．価値額は**市場評価**であり，市場価格で評価しています。

　価値額は市場価格で評価します。農家が生産した収穫物の自家消費は市場価格で評価され GDP に含まれます。また，持ち家に住む人は家賃の支払いはなく，借家に住む人は家賃の支払いがあります。いずれも住宅サービスを享受していますが，持ち家の住宅サービスには市場価格が存在していません。持ち家の家賃はその家が貸家であるならば，市場でいくらの家賃となるかを推定しています。このように財・サービスの価値を計算することを**帰属計算**といい，推定された価値を**帰属価値** imputed value といいます。持ち家に住む人は自分が家賃を支払って住み，家賃収入と家賃支出の両者が含まれているのです。

　公共サービスにも市場価格は存在しません。政府は治安や消防や道路などのサービスを国民に提供しています。そのようなサービスには市場価格は存在しないので，その価値はサービスを提供するために負担した費用で測っています。

4．最終生産物の合計であり，中間投入物は除いています。

　多くの財は製造段階と流通段階を経て，かつ多くの企業間取引がなされ最終需要者の消費者や企業に販売されています。**最終生産物** final products は製造段階と流通段階における**中間財** intermediates の取引ではなく，市場取引の終了を意味しています。食パンは消費者が，工作機械は企業が，公共サービスは政府が最終需要者です。この最終需要者の支出額の総額が GDP です。

　GDP は国富の指標ではなく，一定期間の経済活動水準を測る経済指標であり，総生産額であり，総所得であり，総支出額です。また，福祉指標の近似です。豊かさの指標や福祉指標の観点において，医療費，収監費用，訴訟費用，環境破壊等は GDP から控除し，逆に，主婦の家庭料理，掃除，育児などのサービスやボランティア活動や環境改善等は含めることがベターであると思います。しかし，これらの経済活動や社会活動を矛盾なく金額評価することは困難な作業です。現在，GDP が豊かさや福祉の代表的指標として利用されています。

最終生産物と付加価値

GDP（GNP）は製造過程や流通過程とは独立な経済指標です。最終生産物の価値はその過程で生み出された**付加価値**の合計と一致しています。付加価値は販売額から中間投入経費を控除したものであり、固定資本減耗を含む場合には粗付加価値、含まない場合を純付加価値または付加価値と定義します。

(4.5)　付加価値＝販売額－中間投入額（仕入れ額）

この定義から粗付加価値と最終生産物の価値すなわち GDP とが一致します。そのことを確認するために、最終消費者が小売店で一斤の食パンを200円で購入しているケースを考察しましょう。この200円が GDP の一部となります。

小売店の前段階には製パン業者があり、小売店はこの製パン業者から食パンを、製パン業者は食パンを作るために、製粉業者から小麦粉をはじめとして多くの原材料を、さらに製粉業者は小麦粉を生産するために、農家から小麦を仕入れているとしましょう。食パンは、農家の小麦、製粉業者の小麦粉、製パン業者の製パン、小売店の食パンというような経路を経て最終生産物の食パンとなります。この生産過程と取引段階が図4.2に要約されています。

いま、食パン1斤200円に必要な農家の小麦が50円であるとします。農家は土地や労働や肥料などを利用して小麦を生産しています。肥料や農薬などの原材料の費用を無視するならば、農家は50円の小麦を生産したことになります。この小麦50円が農家の生みだした付加価値です。また、製粉業者は農家から50円の小麦を仕入れて小麦粉を生産し、それを製パン業に100円で販売した場合、販売額と仕入額の差額50円は、製粉業者の付加価値です。さらに製パン業者が小麦粉その他の原材料を利用して生産した食パンを小売業者に150円で販売し

図4.2　生産・取引段階と最終生産物と付加価値

農　　家	小　麦50円		農家の付加価値50円
製　粉　業	小麦粉100円		製粉業者の付加価値50円
製パン業	製パン150円		製パン業者の付加価値50円
小　売　店	食パン200円		小売店の付加価値50円

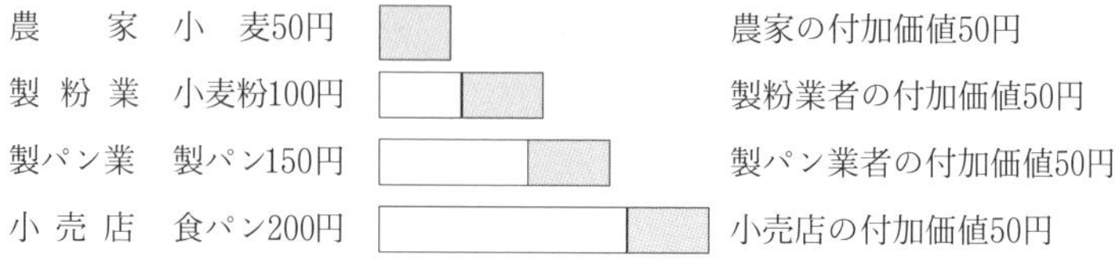

たならば，製パン業者の付加価値は50円となります（小麦粉以外の原材料は無視します）。そして小売業者が150円のパンを仕入れて，消費者に200円で販売するならば，小売業者の付加価値は50円となります。

以上の生産と取引段階における付加価値は，農家が50円，製粉業者が50円，製パン業者が50円，小売業者が50円であり，その合計は200円です。この200円の付加価値は最終生産物である小売り一斤の食パン200円と等しくなります。小麦や小麦粉は中間生産物であり，生産段階や流通段階が多くなるほど中間生産物は多くなります。GDPはこれらの中間生産物を含めた生産物の合計ではなく，再販売されない最終生産物の合計となっています。それは生産段階や流通段階において新たに付加された付加価値の合計となっているのです。

付加価値と分配国民所得

図4.2から付加価値の内容を予想することができます。付加価値は販売額から中間投入額を控除したものですから，付加価値の構成要素は，労働報酬の賃金，土地や建物の賃貸料，間接税（消費税），利子，配当，利潤，固定資本減耗などです。国民経済計算における国内総生産における付加価値は，雇用者報酬（賃金や公務員の給与等），営業余剰・混合所得（利益を追求する個人企業も含む企業の所得），間接税，補助金（控除）および固定資本減耗となっています。なお，2005年度のその割合は50，18，8，1，20です。

(4.6)　総生産物（GDP）＝粗付加価値＝雇用者報酬＋営業余剰＋間接税—補助金＋固定資本減耗

付加価値は生産主体からみると生産要素を利用するのに支払う費用であり，生産要素提供者にとっては所得です。したがって，GDPは粗付加価値に等しく，さらに粗付加価値は費用でありかつ所得ですから，GDPと分配された所得は常に等しい関係にあります。このような関係の成立から，生産主体が供給しようとするGDPである総供給を**国民所得**で表すことができるのです。

名目 GDP と実質 GDP と GDP デフレーター

各年の価格と各年に生産された最終生産物の数量との積の総和が各年(各期)の名目 nominal GDP です。このように**名目 GDP** は,現在の市場価格で評価した最終生産物の総生産額です。本と米の 2 財がこの経済の生産物とするならば,名目 GDP はこの 2 財の価値額の総額です。

(4.7)　名目 GDP＝本の価格×本の生産量＋米の価格×米の生産量

この名目 GDP は価格の上昇によっても,生産量の増加によっても増加します。このように計測される経済活動指標は価格と数量の両者の変化をともなっていることから経済厚生(豊かさ)の指標としては適切なものではありません。

また,名目 GDP の価値額は多数の財の価格を集計した物価と多数の財の数量を集計した生産量の積です。GDP は無数の財からなる経済集計量であり,一国経済の生産量を測っています。その生産量とその GDP の価格との積がその年の価格で評価した GDP の価値額です。この生産量が実質 realGDP であり,GDP の価格を GDP **デフレーター** deflater といい,両者の積の価値額が名目 GDP です。すなわち,次式が成立しています。

(4.8)　名目 GDP＝ GDP デフレーター×実質 GDP

この 3 つの経済指標の間には,一国経済の生産量を測る**実質 GDP** と一国経済の物価を測る GDP デフレーターの積がその年に産出した GDP の価値額と一致するという関係が成立しているのです。実質 GDP は基準年の価格で評価した価値額であり,価格変化を除去した生産量の指標です。本と米の経済の基準年を2020年とする2025年の実質 GDP は次式となります。

(4.9)　2025年の実質 GDP＝2020年の本の価格×2025年の本の生産量
　　　　　　　　　　　＋2020年の米の価格×2025年の米の生産量

このように計算される実質 GDP が豊かさの指標や経済成長率の指標となります。GDP デフレーターは,名目 GDP の定義式 (4.8) から,名目 GDP を実質 GDP で割った値となります。

(4.10)　GDP デフレーター＝名目 GDP÷実質 GDP

このような物価指数をインプリシットデフレーターといいます。その意味は,

数量指数である実質 GDP と物価指数である GDP の価格の積が価値額の指数と一致するように定義するならば，数量指数または価格指数のいずれか一方を定めた場合，他の指数は暗黙的に定まるということです。もし，実質 GDP を不変価格の数量指数とするならば，GDP デフレーターは可変数量の物価指数となります。前者は**ラスパイレスの数量指数**，後者が**パーシェの物価指数**です。

表 4.1 に本と米の経済が示されています。名目 GDP の定義から，2020年の名目 GDP は本の生産額5万円（500円×100冊）と米の生産額が5万円（100円×500kg）の合計です。また，同様に，2025年の名目 GDP は18万円（600円×150冊＋200円×450kg）です。

表4.1　本と米の経済の名目GDP　実質GDP　GDPデフレーター（基準年2020年）

年	本の価格	本の数量	米の価格	米の数量	名目GDP	実質GDP	GDPデフレーター
2020年	500円	100冊	100円	500kg	10万円	10万円	1.0
2025年	600円	150冊	200円	450kg	18万円	12万円	1.5

2020年を基準年とする価格で評価される実質 GDP を求めてみましょう。2020年の名目 GDP と実質 GDP は同じであり，両者の比の GDP デフレーターは1となります。2020年価格で評価される2025年の実質 GDP は，2025年の本の生産量150冊が価格500円，また，2025年の米の生産量450kg が価格100円で評価されますから，その合計は12万円です。したがって，2025年の GDP デフレーターは（4.10）式から，18÷12＝1.5（150%）となります。

GDP デフレーターの物価指数は，日本で生産された最終生産物のすべての価格を測っています。消費財だけでなく機械やビルや工場などの投資財さらには政府が購入する財・サービスも含まれます。しかし，輸入財は GDP には含まれないので，輸入財の価格変化は GDP デフレーターには反映されていません。

一方，消費者物価指数 CPI は，消費者が購入する財の価格を測っています。CPI は輸入財の価格変化は反映されますが，投資財や政府が購入する財の価格変化は反映されません。また，CPI は基準年の生産量を利用して測る物価指数です。すなわち，財の構成要素が固定されているラスパイレスの物価指数です。

第3節　政府部門と国民経済計算

経済循環と GDP の三面等価の原則

　図4.3は，図4.1よりもさらに現実的な所得循環を示しています。消費財市場と投資財市場を一緒にして財・サービス市場とし，さらに国民に課税し公共サービスを提供する政府の活動が所得循環に組み込まれています。

　政府部門が導入されても GDP は，生産の段階や分配の段階や支出の段階で計測しても一致します。これはある期間において，経済主体間を循環している一定額の生産額または所得を異なる側面から計測したからです。

　図の右の企業から時計の針の方向にみていくと，企業が生産した GDP（付加価値）は，費用として支払われ，要素所得として分配され，その所得が消費支出 C や投資支出 I や政府支出 G の形で支出されて，企業収入 $C+I+G$ となっていることがみてとれます。この循環図は，GDP が生産面，分配面，支出面のいずれからみても一致していることを示しています。このことを GDP の**三面等価の原則**といいます。ただし，この原則は**事後的**な関係であり，生産主体が生産しようとする総供給が，需要主体がその生産物に対して支出しようとする総需要とが**事前**に一致しているのではないことに注意しましょう。

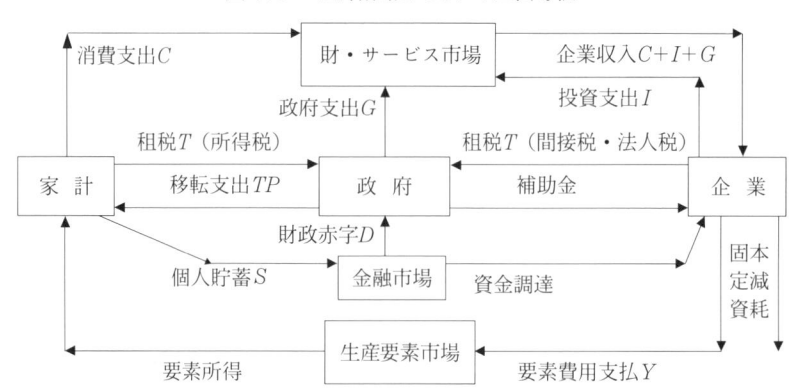

図4.3　経済循環と GDP の三面等価

支出の構成要素

支出（総需要）は**消費** Consumption と**投資** Investment と**政府支出** Government Expenditure の合計です。以上は国内需要といいます。外国部門を含む場合，**輸出** Export は外国の需要であり，**輸入** Import は外国財に対する国内需要です。前者は GDP に加えられ，後者は控除されます。その理由は，輸出は所得を形成しますが，輸入は所得を形成しないからです。輸出と輸入の差額 ($E-M$) を**純輸出** Net Export といい，それは諸外国が日本の財・サービスに支払う純支払額であり，日本の純所得となります。

消費支出 C は，一般家計が購入する財・サービスへの支出です。食料や衣料の物的財，教育や住宅や医療などのサービス，さらには自動車や家電製品などの耐久消費財も含まれます。

投資支出 I は，消費されなかった生産物に対する支出であり，**資本形成**とも呼ばれます。投資は在庫投資と設備投資と住宅投資に分類されます。在庫投資は在庫の変化であり，設備投資は生産設備への新たなる追加分であり，生産された生産手段である資本ストックへの追加となる固定資本形成です。住宅投資は新しい住宅の購入です。いずれの投資も将来のためにという共通な支出目的となっています。在庫投資は将来販売するための，設備投資は将来の生産拡大や利潤追求のための，住宅投資は住宅サービスを将来にわたって享受するための支出であります。また，投資は民間投資と公的投資とにも分類されます。

投資額から固定資本減耗を控除したものを純投資といい，控除しない投資は粗投資または総固定資本形成です。図には固定資本減耗が循環から除かれていることが示されています。

政府支出 G は中央政府と地方政府を含めて，政府が民間から購入する財・サービスです。一般国道の整備や治安・消防・教育サービスなど様々な公共サービスが含まれます。なお，この政府支出には政府最終消費支出と政府が資本形成する公的固定資本形成も含まれています。

政府支出は課税により賄われていますが，租税収入を超過し，財政赤字となることもあります。図はこのような財政状態における所得循環を示しています。

政府が財政赤字のとき，財政赤字分を金融市場から調達しているのです。この財政赤字分を国債発行により調達できるのは，家計が貯蓄し金融市場に資金を供給しているからです。しかし，企業も金融市場から資金調達しており，企業の需要が多いときの財政赤字は，民間の資金調達を圧迫することになります。

また，政府の基本的機能である所得再分配政策による**移転支出**（年金給付や扶助）は，財・サービスの対価の支払いではないので政府支出には含まれません。課税は対価を要求しない政府の強制的徴収であり，移転支出はこの課税の反対であり，財・サービスの対価を伴わない政府の国民への支払いです。

移転支出は総需要に間接的に影響を与えています。**租税**は可処分所得を減少させ，移転支出は可処分所得を増加させます。移転支出は租税と同様に可処分所得を変化させ，支出に影響を与えています。もし，増税しその増税額に等しい移転支出を増加させる場合，可処分所得は変化しません。したがって，租税は租税－移転支出と定義することができます。この租税－移転支出を純租税といいますが，本書では純租税を租税 T とし，可処分所得は国民所得 Y －租税 T と表しています。

政府支出 G と租税から移転支出を引いた純租税 T が等しいとき，国家財政は均衡しており**均衡予算**となります。もし，$G>T$ ならば，財政赤字であり国債発行による金融市場からの資金調達があり，逆に $G<T$ ならば，財政黒字であり政府貯蓄が行われ，金融市場への資金供給がなされています。以上から**総需要**は，消費，投資，政府支出，純輸出の和であり，次式で表されます。

(4.11)　総需要＝消費 C ＋投資 I ＋政府支出 G ＋純輸出（$E-M$）

GDPと国民所得と個人所得

総需要は支出面で測る所得です。事後的にこの総需要は，生産面で測る国内総生産 GDP と等しくなります。GDP は生産主体が生産し産出した最終生産物であり，**総供給**といいます。そして先に説明した GDP は付加価値の合計であり，かつ費用であり，分配国民所得ですから，総供給は次式で表されます。

(4.12)　総供給＝GDP＝最終生産物＝販売額－仕入額＝粗付加価値

＝賃金（雇用者所得）＋利潤（法人留保＋役員報酬）＋地代・賃貸料・利子（財産所得）＋間接税－補助金＋固定資本減耗＝分配国民所得

固定資本減耗は資本設備の補塡費用ですから経済主体の所得とはなりません。GDPから減価償却費を控除し，(4.4)式にもとづき海外からの要素所得を調整したものを**純国民総生産** Net National Product：NNP といいます。

(4.13)　NNP＝GDP－固定資本減耗＋要素所得受取り－要素所得支払い

間接税課税は財・サービスの価格を引き上げ，補助金は逆に価格を引き下げますから所得形成の観点から前者は控除され，後者は加算されます。NNPから間接税を控除し，補助金を加えたものが**国民所得** National Income です。

(4.14)　NI＝NNP－間接税＋補助金

GDPは最終生産物の市場価格で評価されていますが，国民所得は生産要素に対して支払われた費用（賃金，配当，賃貸料など）で評価されています。この国民所得が企業と家計の得る所得となります。

家計や非法人企業が受け取る所得を**個人所得** Personal Income といいます。個人所得は，国民所得に年金給付や扶助手当などの政府からの**移転支出**と企業からの配当や利子所得を加え，法人企業の所得（利潤や法人留保）や法人企業が負担する法人税や社会保険税を控除したものとなります。

(4.15)　PI＝NI＋移転支出＋配当－法人留保－法人税－社会保険負担金

さらに，**個人可処分所得** Disposable Income は，個人所得から個人直接税（所得税や住民税）と社会保険料（年金や健康保険）を控除したものです。

(4.16)　DI＝PI－個人直接税－社会保険料

この可処分所得が個人消費支出と**個人貯蓄**となります。

以上から減価償却費や間接税や補助金などがマクロ経済に与える影響は無視できるとするならば，総供給は国民所得で表すことができます。すなわち，総供給は消費支出 C と民間貯蓄 S（個人貯蓄と法人貯蓄）と租税（税収－移転支出）T です。なお，税収 T－政府支出 G が政府貯蓄であり，この政府貯蓄と民間貯蓄の合計が**国民貯蓄**です。したがって，総供給は次式で表されます。

(4.17)　総供給＝GDP＝消費 C＋民間貯蓄 S＋税収 T

参考　国民経済計算と所得の諸概念

1．国内総産出

国内総産出物		
国内最終生産物		中間生産物

2．国内総支出

消費	投資	政府支出	純輸出

3．国内総生産物

賃金・賃貸料・地代・利潤		間接税	固定資本減耗
雇用者報酬	営業余剰	間接税	固定資本減耗

4．純国民総生産

雇用者報酬	営業余剰	間接税

5．国民所得

賃金・賃貸料・地代・利潤

6．個人所得

賃金・移転所得・財産所得	法人税など

【要　約】

1　GDP は一国経済の生産量を測り，同時に総所得と総支出を測っています。
2　GDP は生産の段階や分配の段階や支出の段階で計測しても一致します。
3　名目 GDP は現在価格で測り，実質 GDP は基準年の価格で測っています。名目 GDP は価格と数量の両方の変化を含んでいます。
4　総需要は消費と投資と政府支出と純輸出の 4 つの支出の合計です。
5　総供給は消費と民間貯蓄と税収の合計です。
6　GDP デフレーターは国内生産の最終生産物の財・サービスの価格を測り，CPI は消費者が購入する財・サービスの価格を測っています。

【練習問題】

1　以下の GDP に関する記述において，正しいものを 1 つ選択せよ。
　(1)　S 氏が巨額の株式投資や社債投資をしたことにより，GDP は増加した。
　(2)　巨額な土地売買が行われ，億万長者と GDP がともに増加した。
　(3)　GDP は粗付加価値の合計と一致している。

(4) 多くの下請け企業や多くの流通業者の介在は GDP を増加させる。

(5) 定価10万円のスーツを 9 万円で購入した。GDP は10万円増加する。

2 表は，ある年の日本の GDP と国内総支出である（単位兆円）。間接税，GNP，国民所得，国内純投資の組み合わせの正しいものを 1 つ選択せよ。

国内総生産（GDP）		国内総支出	
雇用者報酬	265	民間最終消費支出	285
営業余剰・混合所得	90	政府最終消費支出	87
固定資本減耗	98	国内総固定資本形成	119
間接税	＊＊	輸出	57
補助金	4	輸入	50
統計上の不突合	8	海外からの所得	12
		海外に対する所得	4

ア．37－490－371－21　イ．41－506－363－21

ウ．41－506－371－21　エ．41－490－363－30

3 表4.1のデータから CPI を求め，GDP デフレーターとの相違を考察せよ。

第 I 編　参考文献

Arrow, K. J. (1951), "An Extension of the Basic Theorems of Classical Welfare Economics," in Neyman, J., ed *Proceedings of the Second Berkeley Symposium on Mathematical Statistics and Probability*, University of California Press.
Begg, David/S. Fischer/R. Dornbusch (2005), *Economics*, 7th, McGgraw－Hill.
ドーフマン／サミュエルソン他著，安井他訳（1958-9）『線形計画と経済分析』岩波書店
フリードマン著，佐藤・長谷川訳（1997）『実証的経済学の方法と展開』富士書房
フリードマン著（1980），西山千明訳（1980）『選択の自由』日本経済新聞社
Gnos, C./Rochon, L. (2006), *Post-Keynesian Principles of Economic Policy*, Edward Elgar.
加藤寛（2005）「私の履歴書」日本経済新聞
ケインズ著，塩野谷九十九訳（1955）『雇用・利子・貨幣の一般理論』東洋経済新報社
Lucas, R. E. (1976), Econometric Policy Evaluation：A Critique, in Brunner, K/Meltzer, A. H. eds *The Phillips curve and Labor Markets*, North-Holland.
マッカーティ著，田中浩子訳（2002）『ノーベル賞経済学者に学ぶ現代経済思想』日経BP社
マンキュー著，足立他訳（2000）『マンキュー経済学Ⅰミクロ編』東洋経済新報社
日本経済新聞社編（1990）『現代経済学の巨人たち』日本経済新聞社
日本経済新聞社編（1993）『私の資本主義論』日本経済新聞社
ポッパー著，大内・森訳（1957）『科学的発展の論理』厚生社厚生閣
ポッパー著，久野・市井訳（1961）『歴史主義の貧困』中央公論社
坂井吉良著（2001）『ミクロ経済学入門』税務経理協会
サミュエルソン著，佐藤隆三訳（1967）『経済分析の基礎』勁草書房
サミュエルソン著，都留重人訳（1981）『経済学』第11版，上，下，岩波書店
サミュエルソン著，福岡正夫訳（1980）『経済学と現代』日本経済新聞社
佐和隆光（1982）『経済学とはなんだろうか』岩波新書
スノードン，B.・ヴェイン，H. R. 著，岡地勝二訳（2001）『マクロ経済学はどこまですすんだか』東洋経済新報社
スティグリッツ著，藪下他訳（2000）『ミクロ経済学』東洋経済新報社
ヴァリアン著，佐藤隆三監訳（2000）『入門ミクロ経済学』原書第5版，勁草書房
ワルラス著，手塚寿郎訳（1953-4）『純粋経済学要論』全2冊，岩波書店

第Ⅱ編　ミクロ経済学

第5章　家計の行動

第1節　家計の予算制約

家計の消費行動とは

本章では，家計（個人）の消費行動について説明します。家計は，生産要素である労働や資本，土地などを企業に提供し，その反対給付として賃金，配当（利子），地代などの所得を得て，その所得制約の下で，財・サービスを購入するという経済主体です。

最初のテーマは，所得制約または予算制約が消費の選択機会を定義するということと，その制約された選択機会の中から，消費者が1つの最善な組合せを選択するための，選好基準（判断基準）に関する諸仮定について考察することです。換言すれば，家計は所得（予算）制約の下で，効用（満足）を最大化するように消費量を選択するという仮説における，個々の消費者がもっている所得と選好基準の2つの内容を正確に理解することです。

消費者の制約条件と予算

消費選択の対象となる財を購入しようとする場合，消費者は，自己の予算（所得）と市場条件である価格の制約条件下におかれていることを認識しています。そこでまず**予算制約** budget constraint について説明します。いま，消費者が第1財の消費をx_1，第2財の消費をx_2としているとき，この2財の消費量の組合せを(x_1, x_2)と表します。そして2財の価格の組合せを(p_1, p_2)と表し，消費者がこの2財に支出しようとしている予算（計画的支出額）をm

と表します。以上から、この消費者がこの2財を購入するための予算制約は次のように表せます。

(5.1) $\quad p_1 x_1 + p_2 x_2 \leq m$

この予算制約式は、消費者が第1財の支出額$p_1 x_1$と、第2財の支出額、$p_2 x_2$の2財に支出できる合計金額が、予算mを超過することができない、ということを示しています。

たとえば、いま予算が1万円の場合、米と肉を購入することを考えます。米の価格を1kg当たり500円、肉の価格を100g当たり400円とします。もし、1万円で米だけを購入するならば、20kgの米が買えます。一方、肉だけを購入するならば、2.5kg買えます。あるいは、米を8kg購入すると4,000円必要なので、残りの6,000円で肉が1.5kg買えます。このように予算で購入することができる財の組合せは、様々なものが考えられます。

予算線と消費可能領域

図5.1は、横軸に第1財の数量x_1、縦軸に第2財の数量x_2を測り、予算制約式（5.1）式を図示したものです。横軸の切片は、予算m円で購入できる第1財の最大購入量であり、縦軸の切片は、予算mで購入できる第2財の最大購入量です。したがって、それぞれの切片の値はm/p_1, m/p_2になります。そしてこの2点を結んだ直線を**予算線** budget line、または**予算制約線**といいま

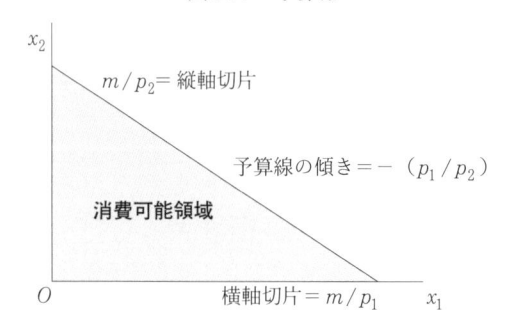

図5.1　予算線

x_2
$m/p_2 =$ 縦軸切片
予算線の傾き$=-(p_1/p_2)$
消費可能領域
O　　横軸切片$= m/p_1$　　x_1

す。この予算線の傾きは両軸の切片から，次式になります。

(5.2)　$-(m/p_2) \div (m/p_1) = -p_1/p_2$

すなわち，2財の価格比率が予算線の勾配となっています。また，(5.1)式の予算制約式を第2財の数量x_2について解くと次式となります。

(5.3)　$x_2 = -(p_1/p_2) \cdot x_1 + m/p_2$

この式から予算線の傾きと切片を容易に確認することができます。予算線の意味する重要なことは，この予算線の外側は消費不可能な領域であり，予算線上と内側の領域が，消費者が選択できる**消費可能領域**（購入可能集合とも呼ばれます）です。消費者が予算線上の消費の組合せを選択するならば，予算の全てを2財に支出したことを意味します。

また，予算線の傾きである価格比率は，市場で2財が交換できる比率であり，消費者はこの交換比率に従って2財を代替することができます。

予算線の変化

家計の所得や財の価格が変化するならば，予算線の位置，傾きが変わり，消費可能領域が変化します。これらの外生的要因の変化が，予算制約をどのように変化させるかを考察します。

所得（予算）mの増加は，予算線の横軸と縦軸の切片を大きくしますが，予算線の傾きは変化しません。これは，予算制約式(5.1)式から容易に理解できます。したがって所得の増加は，図5.2より，予算線を外側（右上）方向に平行移動させ，また所得の低下は，予算線を内側（左下）方向に平行移動させます。

次に，財の価格の変化は，予算線の傾きを変化させます。図5.3より，第1財の価格p_1が下落し，第2財の価格が変化しないとき，第1財の最大購入量，m/p_1は大きくなるので，横軸の切片は右に移動し，縦軸の切片は移動しないので，予算線の傾きは（絶対値で）小さくなります。逆に，第1財の価格が不変で，第2財の価格p_2が下落したとき，第2財の最大購入量，m/p_2は大きくなるので，縦軸の切片は上方に移動し，横軸の切片は不変なので，予算線の傾きは（絶対値で）大きくなります。

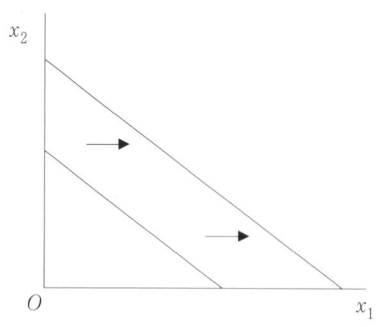

図5.2　所得の変化（増加）　　　図5.3　財1の価格の下落

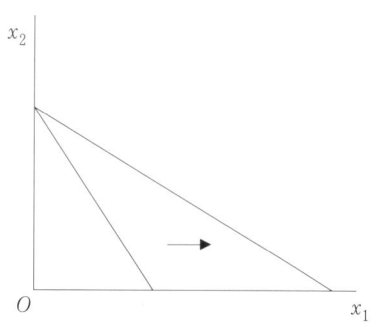

また，第1財と第2財の価格が同時に変化するならば，予算線の傾きは変化しません。両財の価格が同時に上昇すると，予算線は内側に平行移動します。逆に同時に価格が下落すると，両切片が同時に大きくなるので，予算線は外側方向に平行移動します。すなわち，価格が同時に変化することは，所得の変化と同じ効果を消費者の予算制約に与えることになります。

いま，両財の価格が t 倍になったとき，予算制約式は次式となります。

(5.4)　$tp_1 x_1 + tp_2 x_2 = m$

この式は次式と同じです。

(5.5)　$p_1 x_1 + p_2 x_2 = m/t$

第2節　家計の選好順序

選好順序に関する仮定

消費者が最適な消費量の組合せを選択することは，消費者が消費可能領域を順序づける選好基準をもっていることを意味しています。すなわち，消費者は消費の組合せについて好みにもとづいた順序関係を持っています。

消費者が選好対象の消費可能領域を順序づける選好基準のことを，**選好順序** preference order，または**選好関係** preference relation といいます。消費者の順序づけの考え方は，合理的かつ矛盾のない整合性があり，異なる状況下に

おいても，利用可能でなければなりません。そこで，消費者が最適な消費選択を行うための，以下のような基本的仮定をおきます。これらの仮定は消費者行動に関する**公理** axioms と呼ばれます。

(1) **比較可能性** comparability の仮定。第1財と第2財の組合せの1つ，(x_1^0, x_2^0) を X^0，(x_1^1, x_2^1) を X^1 とすると，消費者はこの2財に対して，選好上次のような比較をしていると仮定します。①X^0 は X^1 よりも選好される。②X^1 は X^0 よりも選好される。③X^0 と X^1 は無差別です。

(2) **反射性** reflexivity の仮定。いかなる X^0 の組合せについても，X^0 は X^0 と同じように望ましい。X^0 が X^0 より望ましいということはないのです。

(3) **推移性** transitivity の仮定。X^0 が X^1 より選好されており，X^1 が X^2 より選好されているとき，X^0 は X^2 より選好されている。また，X^0 と X^1 が無差別であり，X^1 と X^2 が無差別であるならば，X^0 と X^2 は無差別であると仮定します。この仮定は，消費者の選好関係が整合的であることを意味します。

以上の仮定は不可欠であり，さらに，**連続性** continuity，財の分割可能性ともいい，消費単位が整数である財の選好関係を排除する仮定，**単調性** monotony，数量が多い財の組合せほど好ましいとする仮定，**凸性** convexity，最適消費の組合せが，複数になる可能性を排除する仮定が設定されます。

効用と効用関数

消費者が，財を消費することによって感じる満足度を**効用** utility と呼びます。経済学では通常，消費者は予算の制約の下で「効用」を最大化するように，財の購入計画を立て行動すると考えます。これを「**効用最大化仮説**」と呼びます。まず効用の概念について簡単に説明しましょう。

効用とは，「私たちが価値のある財やサービスから得られる喜びや幸福感」，または「消費によって得られる主観的な満足度」など，それを消費（購入したり，食べたり）するときに感じる主観的な満足度のことをいいます。

この効用は，表7.1に示すように最初の消費（1単位目の効用）が一番大きく，その消費量が増えるに従って，効用は次第に小さくなります。効用曲線上

表5.1　ある財の限界効用と総効用（1財の場合）

財の消費	1単位	2単位	3単位	4単位	5単位
限界効用	10	8	5	3	1
総効用	10	18	23	26	27

の点の接線を比べると，x の量を増加するほどその傾きが緩やかになっていきます。これを**限界効用逓減の法則** law of diminishing marginal rate of substitution と呼びます。限界効用というのは，財・サービスを1単位（あるいは1円分）追加的に消費したときの効用のことです。それに対して，限界効用を合計したものを**総効用** total utility といいます。

このように効用は，消費量に依存して変化しています。すなわち，効用は消費量の関数となっています。

このような効用について，2財の場合を考えてみましょう。現実の消費者は，多数の財を購入しますが，それは，以下で示すような単純な2財モデルで説明することができます。いま，単純化のため，家計は第1財と第2財のみを消費すると仮定します。効用の水準は2財の消費量に依存し，2財の消費量と効用の関係は，つぎの**効用関数**で表されます。

(5.6)　$U = u(x_1, x_2)$

この関数は，効用水準 U が消費量 x_1, x_2 に依存して決まるということを示したものです。そして，効用水準だけを測る効用関数は**序数効用関数**，表5.1のように効用の差も測れる効用関数は**基数効用関数**といいます。現代経済学の消費者行動の解明は，序数効用関数にもとづいています。

選好順序と無差別曲線

図5.4は，(5.6)式で表された効用関数をグラフに描いたものです。経済学では**無差別曲線** indifferent curve を利用します。無差別曲線は，地図や天気図などで用いられる等高線と同じ考え方で，この曲線上では，横軸の第1財の消費量 x_1 と縦軸の第2財の消費量 x_2 から得られる効用は同じです。

例えば，図5.4の上の点 A と点 C は，同じ無差別曲線 U_1 上にのっていま

す。これは、2つの消費点が同じ効用水準を表しています。曲線 U_1 上のすべての点は、A や C と同じ効用水準をもたらします。このように無差別曲線とは、同じ効用水準をもたらす消費点を結んだ等高線のことです。または、選好上差のない消費量の組合せの軌跡です。

曲線 U_2 は、U_1 よりも高い効用水準に対応した無差別曲線です。U_2 上の各消費点は、U_1 上の消費点を所与するとき、一方の財の消費量が大きくなっています。したがって、U_2 は U_1 より高い効用の無差別曲線となります。

無差別曲線の基本的な性質

無差別曲線の基本的な性質をあげると次のようになります。

1　全ての消費を示す組合せ（消費点）において、そこを通る無差別曲線が存在します。図5.4のようなグラフ上の任意の点をとると、それはある特定の消費量 x_1 と x_2 の組合せを表しています。各消費者はその組合せから効用を感じるため、効用の水準に応じた無差別曲線がその点を通るわけです。右上に位置する無差別曲線ほど、効用水準が高い組合せとなります。

2　無差別曲線は互いに交わらない。これを確認するために、図5.5のように、無差別曲線が交わったとき、どのような状況になるかを考えてみます。この2つの無差別曲線のうちの A 線のほうが、B 線よりも高い効用水準に対応しているとします。すると、この2つの無差別曲線の交点である点 E の効用

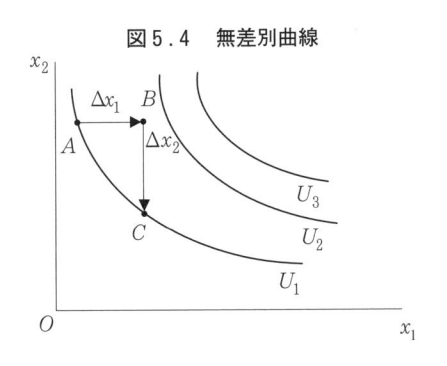

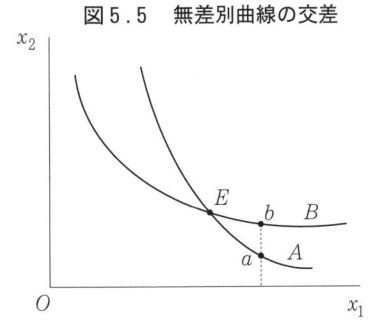

図5.4　無差別曲線

図5.5　無差別曲線の交差

は，どちらの効用水準になるのでしょうか。これは明らかに矛盾します。

また仮りに，2つの交わる無差別曲線が同じ効用水準だとすると，図の点 b は点 a より第2財の消費量が大きいのにもかかわらず，効用水準が同じであることになってしまいます。以上の理由により，無差別曲線は交わりません。

3　右下がりです。無差別曲線は，同じ効用水準を与えている消費の組合せを図に描いたものですから，同一曲線上で一方の消費量が増加すれば，他の消費量は減少しなければなりません。つまり一方の財の消費量の減少を，他の財の消費量の増大で補っているわけです。図5.4で，第1財を Δx_1 だけ増加すれば，第2財を Δx_2 だけ減少しなければ，同じ効用水準を維持できません。つまり2点を結ぶ直線の勾配は，第1財の増加のために，第2財をいくら犠牲にするかの比率，BC/AB を示しています。これを第1財の第2財に対する**限界代替率** marginal rate of substitution：MRS といい，曲線の接線の勾配で示されます。この $MRS = \Delta x_2 / \Delta x_1$ は，第1財の数量1単位を第2財の数量で測っています。すなわち，消費者の Δx_1 の主観的評価であり，消費者が Δx_1 を得るために支払ってもよいと考える価格です。

4　原点に対して凸です。MRS は，無差別曲線の傾きの絶対値に等しいので，図のように右へいくほど小さくなります。この MRS は，2つの財に対する相対的な選好の強さを表します。原点に対して凸となるのは，第1財の増加に伴って，MRS（主観的評価）が逓減していくからです。

図5.4の無差別曲線 U_1 上の左上点 A においては，第1財の数量が少なく，第2財の数量が多いので，第1財の希少性が高く，第2財の希少性は低く，MRS は大きくなります。同じ U_1 上の右下点 C においては，第1財の数量が多くなり，第2財の数量が少なくなるので，第1財の希少性が低下し，第2財の希少性は高くなります。このように，第1財が増加するにつれて，第1財の第2財に対する限界代替率が減少することを，**限界代替率逓減の法則** law of diminishing of marginal rate of substitution といいます。これは x_1 が相対的に多い場合の価値に比較して，x_1 が相対的に少ない場合の第2財の1単位の価値が低く評価されていることを意味しています。

特殊な無差別曲線

第3章第3節で代替財と補完財について説明しました。ここでは，特殊な完全代替財と完全補完財の無差別曲線について説明します。消費者がある2財を一定比率で代替させるとき，この2財を**完全代替財** perfect substitutes といいます。例えば，隣接するA店とB店のガソリンの限界代替率は常に1で，図5.7のように無差別曲線の傾きが－1の直線になります。また，1万円札と5千円札の交換比率は，常に1：2で行われます。

一方で，常に一定比率で一緒に消費されるような財を**完全補完財** perfect complements といいます。例として，右足の靴と左足の靴を考えます。常に右足の靴と左足の靴とを一緒に履くため，1対の靴のうちの一方だけでは役に立ちません。したがって，図5.8のように，無差別曲線はL型となります。

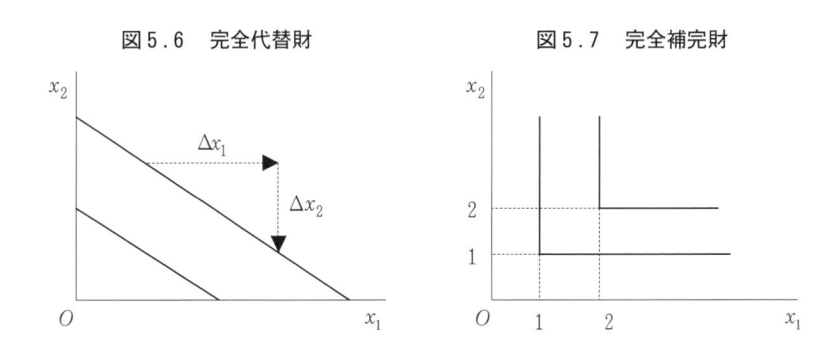

図5.6　完全代替財

図5.7　完全補完財

第3節　家計の消費決定

効用最大化と最適消費選択

図5.8は，図5.1の予算線に図5.4の無差別曲線を重ねたものです。予算線MNの傾きは2つの財の相対価格$-p_1/p_2$です。消費者は，この予算線上で最も選好順序の高い点，すなわち，いちばん効用の高い点を選択するでしょう。これは図5.8では，点Eで表されています。これが**最適消費選択** optimal choice consumption となります。

点 E は，この消費者の無差別曲線 U_2 と予算線 MN が接する点になっています。図からわかるように，点 E 以上の高い効用水準を予算線上で実現することはできません。また，図の点 A と B を通る無差別曲線の効用は，点 E を通る無差別曲線の効用よりも低くなっています。一方，無差別曲線 U_3 上の組合せは，効用が高い消費点を表していますが，現在の予算制約の下では購入不可能になっています。

図5.8　最適消費選択（効用最大化）

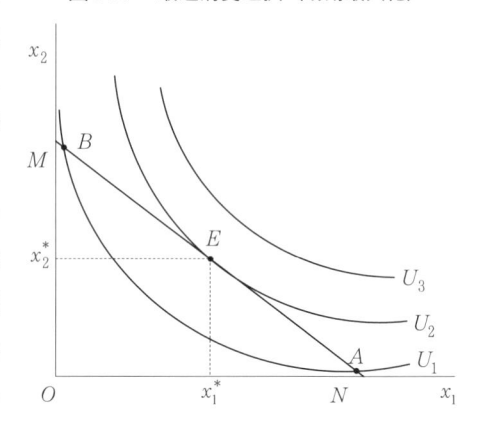

結局，効用が最大となる最適消費点は，無差別曲線と予算線が接する E 点となります。消費者はこの点に対応する第1財と第2財の消費量の組合せ (x_1^*, x_2^*) を選択します。予算線と無差別曲線の接点 E では，予算線と無差別曲線の傾きが一致していることを意味します。予算線の傾きは，第1財と第2財の交換比率である価格比 $-p_1/p_2$ であり，無差別曲線の傾きは，2財の限界代替率 $\Delta x_2/\Delta x_1$ ですから，最適消費点は，価格比率と限界代替率とが等しいという次の条件を満たしていなければなりません。

(5.7)　$-p_1/p_2 = \Delta x_2/\Delta x_1$（価格比率＝限界代替率）

最適消費選択の経済的意味

消費者の日常生活の消費選択は予算線と無差別曲線の接点となりました。この経済的意味について説明します。予算線の傾きは，市場が評価した第1財の価格が p_1/p_2 となっています。すなわち，消費者が第1財1単位に対して支払わねばならない価格が予算線の傾きです。一方，無差別曲線の傾き MRS は，消費者が第1財1単位に対して支払ってもよいと考えている価格です。すなわち，最適選択点では，消費者が支払わねばならない価格と消費者が支払っても

よいと考えている価格が一致しているのです。

(5.8) 支払わねばならない価格＝支払ってもよい価格

また，消費者が基数的な効用関数にもとづき消費決定しているならば，限界効用にも意味が与えられます。このような消費者の無差別曲線の傾きは，2財の限界効用の比となります。いま，第1財と第2財の限界効用を MU_1, MU_2 とするならば，無差別曲線の傾きは $-MU_1/MU_2$ となります。したがって，この傾きと予算線の傾き $-p_1/p_2$ が等しいことが最適条件となります。さらにこの条件から，1円当たりの**限界効用均等**という最適条件が導かれます。

さて，私たちは序数と基数のいずれの効用関数に基づく消費者でしょうか。

第4節　所得と価格変化に対する調整

所得変化の効果

所得や価格の変化に対して，消費者が最適な財の組合せをどのように変化させるのかを考えてみます。まず，所得の変化をみてみます。

第1財と第2財の価格を一定とすると，所得が増加するにつれて，予算線は右上方向へ，平行にシフトします。図5.9で M_1, M_2 の各直線は，それぞれ所得が m_1, $m_2(m_2 > m_1)$ のときの予算線を表します。

無差別曲線を U_1, $U_2(U_1 < U_2)$ とすると，それぞれの予算線は，点 A, 点 B, で接しています。点 A の組合せは，所得が m_1 のときの最適消費の組合せで，点 B も所得が m_2 のときの最適消費の組合せです。点 A, B は，曲線 K で結ばれています。この曲線 K は，価格を一定とし，所得を変化させたときの最適消費計画の軌跡で，**所得－消費曲線** income-consumption curve と呼ばれます。図5.9では，所得の増加とともに，第1財，第2財の需要量が増加しています。このように，所得の増加とともに財の需要が増加する財を，**上級財** superior goods あるいは**正常財** normal goods と呼びます。また，縦軸に所得 m を，第1財の需要量を横軸とする，所得と需要量の関係を表す曲線を**エンゲル曲線** Engel curve といいます。図5.11では，所得の増加とともに第1

財の需要量が減少しています。このような財を**下級財**あるいは**劣等財** inferior goods と呼びます。一級酒に対する二級酒がその例です。

図 5.9　所得消費曲線

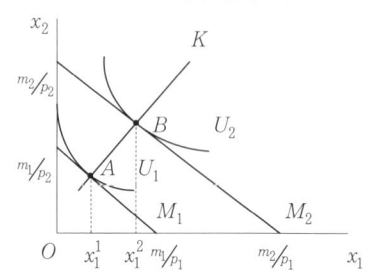

図 5.10　上級財のエンゲル曲線

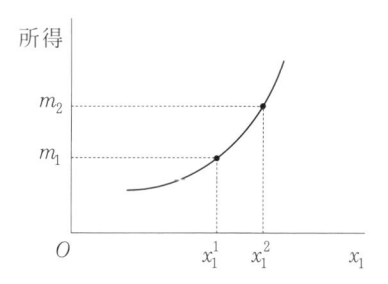

図 5.11　所得消費曲線

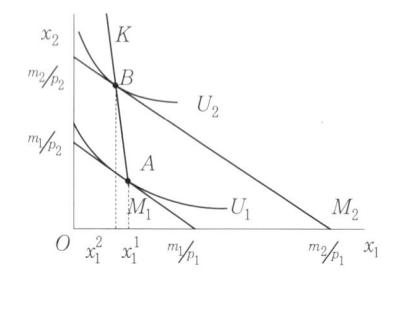

図 5.12　下級財のエンゲル曲線

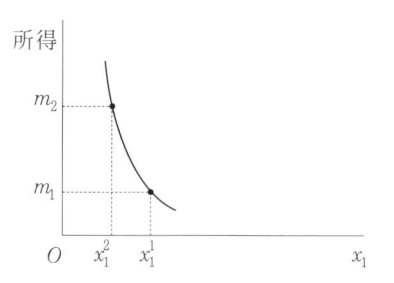

図 5.13　所得消費曲線

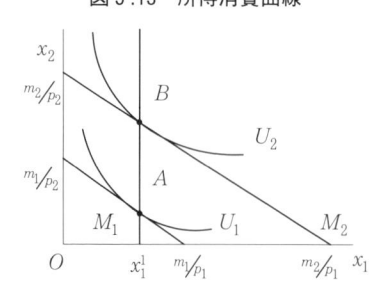

図 5.14　中立財のエンゲル曲線

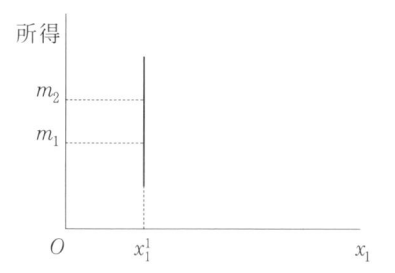

さらに，所得が変化しても需要量が変化しない財を，**中立財** neutral goods と呼びます．中立財は，図 5.13，図 5.14 のように，所得消費曲線とエンゲル曲線はともに垂直になります．全支出に占めるその財の支出額の割合が小さい財，例えばティッシュペーパー，調味料などが考えられます．

需要曲線の導出

次に，財の価格変化の効果を検討します．所得 m，第 2 財の価格 p_2 を一定とすると，第 1 財の価格 p_1 の変化が，最適消費計画にどのように影響するかをみてみます．

所得 m と第 2 財の価格 p_2 が一定ならば，第 1 財の価格 p_1 が，小さくなればなるほど，予算線の勾配は絶対値でみて小さく（緩やかに）なります．縦軸の切片の値は第 1 財の価格に関係なく一定で，図 5.15 の，直線 M_1，M_2 は，それぞれ第 1 財の価格が p_1^1，p_1^2（$p_1^1 > p_1^2$）のときの予算線です．またそれぞれが，1 つの無差別曲線 U_1，U_2 と接しており，その接点 A，B が最適な消費の組合せとなります．A，B を通る曲線 L は，**価格－消費曲線** price-consumption curve と呼ばれ，価格を様々に変化したときの，最適な消費の組合せの軌跡を表しています．

この価格－消費曲線から価格と需要量の関係が導けます．図 5.16 が第 1 財の需要曲線です．図 5.15 において，p_1^1 のときの需要量が x_1^1，p_1^2 のときの需要量が x_1^2 であり，この価格と需要量の組合せを，図 5.17 の価格と数量の平面にプロットし，それを結んだ DD 曲線が**個別需要曲線**です．この DD 曲線上の数量は，家計が所与の価格の下ですすんで購入する数量です．なぜすすんで購入するかは，所与の価格の下で，家計の効用が最大となっているからです．図 5.16 のように，家計の需要曲線は右下がりです．すなわち，家計は効用最大化仮説から，価格が下落（上昇）すると需要量を増加（減少）させるという行動をとるのです．このことを**需要法則**といいます．

図 5.17 から図 5.18 に導き出した需要曲線は右上がりとなっています．このように価格と需要量が同じ方向に動く財を**ギッフェン財** Giffen goods といい

図5.15 価格消費曲線：通常財

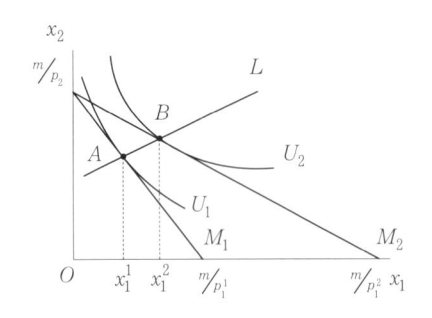

図5.17 ギッフェン財

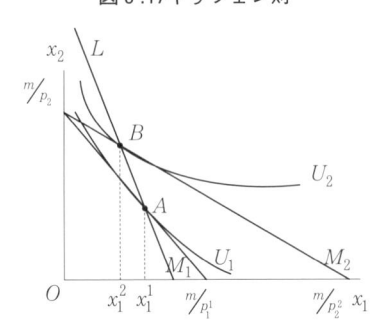

図5.16 需要曲線：通常財

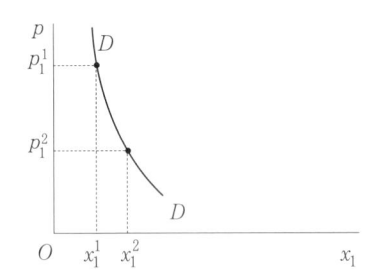

図5.18 ギッフェン財

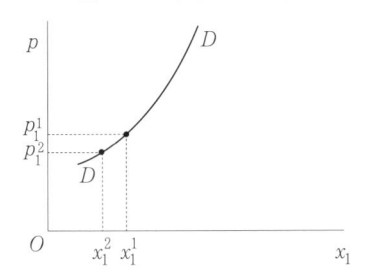

ます。このような財はあまり観察されることはなく，私たちが消費する多くの財は，価格と需要量の関係が負となる通常財の**需要曲線**です。

所得効果と代替効果

図5.19を見てください。図には，第1財の価格が p_1^1 から p_1^2 へ下落すると，最適な組合せが，A から C へ移行していることが示されています。この A から C への変化を，A から B と，B から C への2つの変化に分けて考えてみます。ここで B は次のような組合せです。価格が p_1^2 のときの予算制約線 M_2 の勾配を一定に保って左下方へ平行移動させていきます。A を通る無差別曲線 U_1 と接するまで平行移動を続け，その接点を B とします。B は A を通る無差別曲線上に位置し，その接線 M_3 は，M_2 と平行です。B は予算制約線が M_3 の

ときの最適な組合せになっています。この予算線は，価格変化後に価格変化前の効用水準を維持できるように予算が変化したものと考えてください。すなわち，B は実質所得を一定に保ったときの最適選択です。

A から B への移動を**代替効果** substitution effect，B から C への移動を**所得効果** income effect と呼びます。価格変化による A から C への移動は，A から B への代替効果と，B から C への所得効果の和となっています。

この意味をもう少し説明します。所得 m と価格 p_2 が一定に保たれ，第1財の価格 p_1 が下落した状況を考えてきました。所得 m は一定であっても，第1財の価格が下落したために，購入可能な x_1 と x_2 の組合せの範囲は拡大します。この意味で，価格 p_1 の下落は実質所得を増加させます。これが価格下落の1つの効果です。もう1つの効果は，相対価格の変化です。第1財の価格の下落は（x_2 の価格 p_2 を一定とすれば），第1財の価格の第2財の価格に対する相対価格（x_1 と x_2 との交換比率）を低下させます。このように，価格変化の効果は，この2つの効果の和になっているのです。

次に，代替効果と所得効果の方向について考えてみます。A から B への移動が p_1 の価格変化による代替効果ですから，p_1 の価格下落は x_1 の消費を x_1^1 から x_1^3 へ増加させ，x_2 の消費を減少させます。無差別曲線が原点に対して凸であれば必ずそうなります。すなわち，いかなる人も当該財の価格と需要量の関

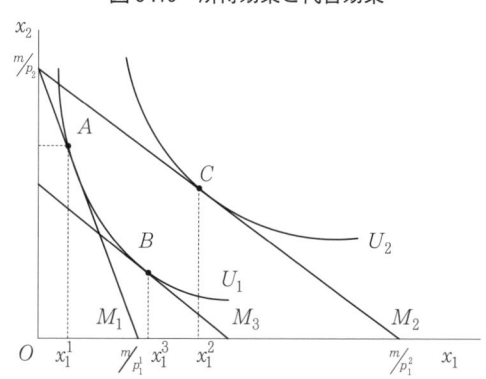

図 5.19 所得効果と代替効果

係は負であり，代替効果は必ず負となるのです。

所得効果はどうなるでしょうか。それは上級財と下級財では異なります。図 5.19 の場合には，x_1 と x_2 の両方が増加しています。

B と C とは，同じ所得－消費曲線上にあることを考えてください。もし第 1 財と第 2 財が上級財ならば，C は B の右上に位置します。もし第 1 財が下級財ならば，C は B の左上側になります。

以上の結果を表 5.2 にまとめました。第 1 財が上級財ならば，価格 p_1 の下落は必ず x_1 の需要を増加させるでしょう。しかし，下級財の場合には，必ずしも増加するとは限りません。代替効果は x_1 の消費を増加させる方向に作用しますが，所得効果がそれとは逆に作用するからです。所得効果による消費減少の効果が，代替効果を相殺して余りあるならば，x_1 の消費量は第 1 財の価格下落の結果，かえって減少します。図 5.17 の A から B への動きは，こうした状況に対応しています。価格の下落にもかかわらず，その需要量が減少するギッフェン財は，下級財で代替効果が所得効果より小さいのです。

表 5.2　第 1 財の価格下落の効果

	(a)代替効果	(b)所得効果	(a)+(b)
x_1 の需要量の変化：上級財	増加	増加	増加
：下級財	増加	減少	?
x_2 の需要量の変化：上級財	減少	増加	?
：下級財	減少	減少	減少

第 2 財 x_2 は，第 1 財 x_1 の代替財として考えた場合だけを示してあります。補完財の場合は，代替効果は表とは異なります。

【要　約】

1　所与の価格と所得の下で，消費者が購入（選択）可能な財の組合せを予算集合といい，その境界を予算線といいます。

2　私たちが財を消費するときに感じる満足度を，効用といいます。また，財の消費を 1 単位追加したときの効用の増加分を限界効用といいます。

3　選好関係とは，財の組合せに対して，選好順序を示す関係のことです。

選好に関して，無差別な消費の組合せの集合を無差別曲線といいます。
4　無差別曲線は，①右上に位置する無差別曲線の効用が高い　②右下がり　③交わらない　④原点に対して凸等の性質をもちます。
5　消費者は予算集合の中から，効用を最大にする消費の組合せを見つけようとします（効用最大化原理）。その組合せを最適消費計画と呼び，価格比＝限界代替率という条件が成り立っています。
6　所得変化による最適消費計画の軌跡を所得消費曲線といいます。この曲線を財と所得の関係に描き直したものを，エンゲル曲線といいます。
7　価格変化による最適消費計画の軌跡を価格消費曲線といいます。この曲線を財と価格の関係に描き直したものを個別需要曲線といいます。
8　相対価格の変化による需要の変化は，代替効果と呼ばれます。一方，購買力の変化による需要の変化は，所得効果と呼ばれます。

【練習問題】

1　効用，限界効用，限界効用逓減について説明しなさい。
2　次の予算線を，それぞれ図に描いて説明しなさい。
　(1)　所得が10万円，第1財の価格が1単位500円，第2財の価格が1単位1,000円の場合の予算線。横軸に第1財，縦軸に第2財をとりなさい。
　(2)　(1)の場合で，所得が20万円になると，予算線はどのように変化するか。
　(3)　(1)の場合，第1財の価格が800円になると予算線はどのように変化するか。
3　無差別曲線が原点に対して凸となる理由等について説明しなさい。また，原点に対して凹になるのはどのような場合か。
4　予算制約のもとで，効用が最大になるための条件を説明しなさい。
5　他の条件を一定とした場合，所得が変化すると消費均衡はどのように変化するか，上級財と下級財について説明しなさい。
6　所得効果と代替効果について，図を書いて説明しなさい。

第6章　企業の行動

第1節　利潤最大化と企業の技術

企業の行動原理

　前章では，財・サービスを購入する家計の行動を説明しました。この章では，供給曲線の背後にある企業（生産者）の行動について説明します。企業は，有限な資源である労働，土地，資本，技術を利用し，様々な財・サービスを生産し，それらを家計や他の企業に販売する経済活動を行っています。ミクロ経済学の基本的な前提は，生産者は自らの利潤を最大化するように行動する，ということです。**利潤**とは，売上（収入）から費用を引いたものです。したがって，供給行動を考えるためには，収入と費用の中身について知らなければなりません。また，現実の企業がどのように生産水準を決定するかという，価格と生産水準の問題も理解することにします。

　経済学は，企業の生産活動における生産物の供給量，生産要素の需要量の決定を，自己の保有する**技術的制約**（生産可能性）や，生産物，生産要素の価格など市場の制約条件の下で，利潤を最大化するように行動する，という仮説を設定します。まず，この企業の行動仮説について説明します。

　なお，本章における企業は価格を所与として行動する完全競争企業です。価格に影響力を与えることができる不完全競争企業は第7章で説明します。

企業の短期と長期の選択

　ある財の生産に用いられる生産要素の数は，生産技術にもよりますが，通常は

1つだけではなく，いくつもの生産要素が使用されます。これらの中には，その投入量を容易に変更できるものと困難なものとがあります。生産における短期と長期は，生産要素の調整が不可能と可能とによって区別されます。調整可能な生産要素を**可変的生産要素** variable factor，（可変的投入物 variable input），調整不可能な生産要素を**固定的生産要素** fixed factor（固定的投入物 variable input）と呼びます。固定的な生産要素が存在する場合を**短期** short run と定義し，すべての生産要素が可変であり，固定的な生産要素が存在しない場合を**長期** long run と定義します。まず，短期の企業行動を説明します。

生 産 関 数

企業が労働，土地，資本などの**生産要素** factor of production を投入して財を生産するとき，投入量の組合せと財の最大可能生産量との関係を，**生産関数** production function と呼びます。また，投入される生産要素は，投入量（投入物）とも呼ばれます。

いま，1種類の投入量xと生産量yとの関係について考察しましょう。企業は与えられた生産要素投入量のもとで，生産量を最大化しようと考えます。この組合せを生産関数といい，次の式で表します。

(6.1) 　$y = f(x)$

すなわち，この生産関数は，投入量xと生産量yの生産可能な集合の上限で

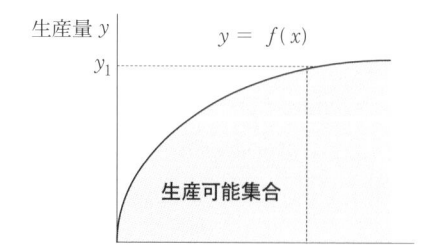

図 6.1　生産関数

図 6.2　*MP*曲線と*AP*曲線

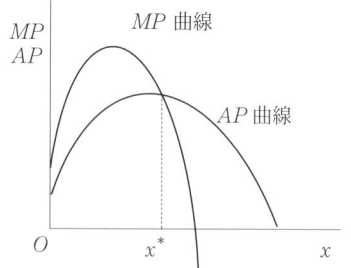

ある境界線となっています。図6.1は，1投入物，1生産物の生産関数と生産可能集合を示したものです。生産要素がx_1の投入量のとき，生産物はy_1の数量となり，その生産関数で囲まれた面積が生産可能集合となります。

限界生産物と平均生産物

生産要素1単位の追加に対する，生産物の増加の比率，$\Delta y/\Delta x$を**限界生産物** marginal products，または**限界生産力** marginal productivity，MPといいます。この限界生産物は生産関数の傾きで表されます。

一方，生産要素投入量1単位当たりの生産物，y/xで定義される概念が，**平均生産物** average products，または**平均生産性** average productivity，APです。これは，1人当たりの生産量，土地1㎡当たりの収穫量等の平均の測度であり，生産関数上の点と原点とを結んだ線分の傾きで表されます。

生産要素量の増加とともに，限界生産物が低下することを**限界生産物逓減の法則** law of diminishing of marginal product，または**収穫逓減の法則** law of diminishing of return といいます。すなわち，限界生産物逓減の法則は，他のすべての生産要素を固定し，ある生産要素だけを追加していくときに，生産量の増加分が次第に低下するという，技術的関係を記述したものです。

したがって，図6.2に示されるように，平均生産物が最大となるとき，平均生産物と限界生産物とが一致し，限界生産物曲線は平均生産物曲線の頂点を左上から右下に横切ることになります。このAP曲線とMP曲線の関係は，いかなる技術的条件（生産関数）においても成立します。

等 量 曲 線

2つの生産要素の技術的関係は，等量曲線を利用して表すことができます。図6.3は，同じ生産量を生産する2つの生産要素（x_1, x_2）の組合せの軌跡で**等量曲線** isoquant，または**等産出量曲線** equal product curve と呼ばれます。この曲線は，消費者の同じ効用水準を実現する2財の消費量の組合せを示す無差別曲線に対応していますが，生産量が与えられています。

生産要素x_1とx_2の2つの生産要素を投入して得られる，最大生産量yとの関係を示す生産関数は次式となります．

(6.2) $\quad y = f(x_1, x_2)$

等量曲線の接線の勾配（絶対値）は，x_1とx_2の限界生産物の比に等しくなります．等量曲線の傾きにマイナスをかけた，$-\Delta x_2/\Delta x_1$を**技術的限界代替率** marginal rate of technical substitution：RTSと呼びます．これは，生産量yを所与として，第1要素x_1の投入量を1単位追加するときに，節約できる（技術的に代替可能な）第2要素x_2の量を表します．等量曲線は右下がりで，原点に対して凸と仮定されます．x_1の投入量を増加させるにつれて，等量曲線の傾きが次第に緩やかになるということです．これは，技術的限界代替率逓減の法則と呼ばれます．

RTSと生産要素価格比が等しいとき，所与の産出量を生産する費用が最小となります．この条件は家計の予算制約の下での効用最大化条件に対応しています．2つの生産要素価格が，w_1，w_2のとき，総費用は$C = w_1 x_1 + w_2 x_2$となります．この費用は図6.3の直線となります．生産量y^*の下での費用最小点は，等量曲線と費用線の接点となります．

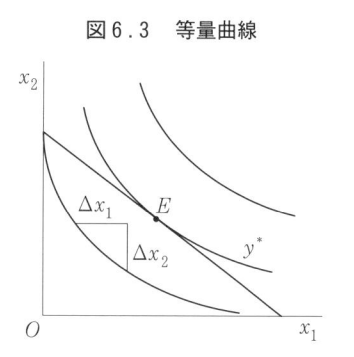

図6.3　等量曲線

規模に関する収穫法則

上で説明した収穫の法則は，他の生産要素をすべて所与として，ある1つの生産要素を追加投入していく場合の生産要素と生産量の技術的関係を示すものでした．したがって，ある生産要素だけを変化させるのではなく，すべての生産要素が同時に変化した場合の技術的関係が存在します．これは生産規模が変化したときにおける要素投入量と生産量の関係になります．

いま，すべての生産要素の投入量を2倍に増やしてみます．その結果，産出量はどれだけ増加するでしょうか．生産要素の投入量を2倍にすると産出量も

2倍に増加するかもしれません。産出量が2倍以上に増加する場合，あるいは2倍以下にしか増加しない場合もあります。

一般にある生産技術を所与として，すべての生産要素を2倍，3倍と同一の比率で増加させたときに，まったく同一の比率で生産も増加するとき，**規模に関して収穫一定（収穫不変）** constant return to scale であるといいます。すべての生産要素を2倍，3倍と増加させたとき，生産要素の増加以上の比率で産出量が増加するとき，**規模に関して収穫逓増** increasing return to scale，すべての生産要素を2倍，3倍と増加させたとき，生産要素の増加以下でしか生産量が増加しないときには，**規模に関して収穫逓減** diminishing return to scale といいます。

第2節　利潤最大化と最適選択

利潤最大化と最適選択

本節では，企業の保有する技術的制約条件の下で，企業が選択する生産量と生産要素量について説明します。生産量や生産要素量の選択を行う企業の行動モデルは，利潤最大化がその目的であり，選択する変数が生産量と生産要素量であり，その制約条件は企業の技術的条件と市場価格です。すなわち，ここでは企業の制約条件付き最適選択問題の解を求めることになります。

企業が2種類の生産要素 x_1, x_2 を利用して，1つの生産物 y を生産するとします。生産物価格 p，生産要素価格を w_1, w_2 とすると，利潤 π は次の式で表されます。

(6.3)　利潤 $\pi = py - w_1 x_1 - w_2 x_2$

右辺の第1項が収入であり，第2，3項は2つの生産要素の総費用です。

等利潤線と短期の利潤最大点

生産規模が一定である短期の利潤最大化問題を考えます。第2の生産要素 x_2 を $\bar{x}_2$ に固定した企業の生産関数を $y = f(x_1, \bar{x}_2)$ とし，この制約条件の下で

利潤を次式によって定義します。この企業の利潤が最大となる産出量 y^* と第 1 生産要素量 x_1^* を導出します。

(6.4)　$\pi = pf(x_1, \bar{x}_2) - w_1 x_1 - w_2 \bar{x}_2$

この利潤が最大となる条件について，**等利潤線** isoprofit line と生産関数を利用して明らかにします。等利潤線は，同じ利潤を実現する生産量 y，生産要素 x_1 のすべての組合せを示したものです。(6.3) 式を y について解き，x_1 の関数として表すと次式の等利潤線になります。

(6.5)　$y = \pi/p + (w_2/p)\bar{x}_2 + (w_1/p)x_1$

この式は，図 6.4 に描かれているように，傾きが w_1/p，縦軸の切片が $\pi/p + w_2/p \cdot \bar{x}_2$ の直線であり，利潤の変化に対応して平行にシフトします。縦軸の切片は，利潤と固定費用の合計となり，生産設備が固定されている場合には，利潤の増加が等利潤線を上方に，利潤の低下が等利潤線を下方にシフトさせます。すなわち，利潤が高いほど等利潤線は上方の位置にあります。

企業は企業の技術条件である生産関数が決定する生産可能な範囲で，最も高い位置にある等利潤線上の生産量と生産要素量の組合せを選択します。それは，図 6.4 の生産関数と等利潤線の接点 E において実現されます。その組合せ (x_1^*, y^*) が，利潤最大となる企業の最適な選択です。

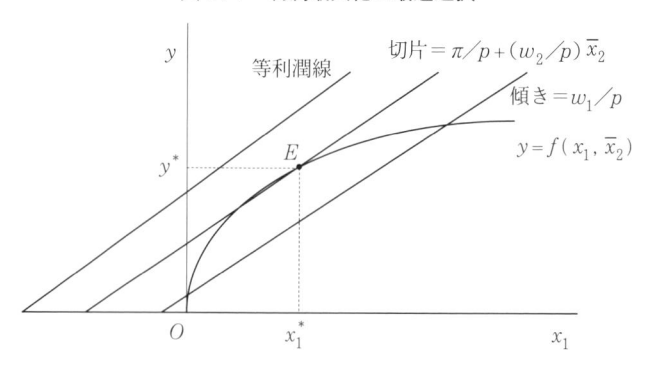

図 6.4　利潤最大化と最適選択

利潤最大化の条件

企業の最適選択は，生産関数と等利潤線の接点において実現されました。

いいかえると，接線条件である生産関数と等利潤線の勾配が等しいとき，利潤は最大になります。生産関数の勾配は，第1生産要素の限界生産物MP_1です。そして，等利潤線の勾配は，生産物価格と第1生産要素価格との比率，w_1/pです。すなわち，企業の最適選択点における生産量と生産要素量は，次式を満たす必要があります。

(6.6) $\quad MP_1 = w_1/p$

この条件は，変形して次のようにも表せます。

(6.7) $\quad p = (1/MP_1)w_1$

左辺の生産物価格pは，企業が生産物を1単位追加生産することにより得られる追加的収入であり，**限界収入** marginal revenue：MRといいます。

右辺の$1/MP_1 \cdot w_1$は，限界生産物$\Delta y/\Delta x_1$の逆数，すなわち，生産物1単位を追加生産するために必要な第1生産要素量に，第1生産要素価格を乗じたものでありますから，生産物1単位を追加生産するために必要な追加費用です。これを**限界費用** marginal cost：MCといいます。したがって，利潤最大点では，次式が成立しなければなりません。

(6.8) $\quad$限界収入(MR)＝限界費用(MC)

もし，限界収入＞限界費用であれば，企業は，追加生産による限界収入が追加生産に必要な限界費用を上回るため，生産を増加することにより利潤を増加できます。また，限界収入＜限界費用であれば，生産量の増加は利潤を減少させるため，生産を減少させることにより利潤を増加させることができます。

生産物の供給曲線

生産物価格や生産要素価格が変化したとき，企業の生産量や生産要素量がどのように変化するかを説明します。この分析から生産物価格と生産量との関係が，また，生産要素価格と生産要素量との関係が明らかになります。

まず，生産物価格と生産量の関係について説明します。他の価格は一定とい

う条件の下で，企業が生産している生産物の価格変化に対する企業の最適選択点（利潤最大点）が図 6.5 に示されています。価格変化前の価格が p_1，そのときの等利潤線と生産関数の接点である利潤最大点は E_1，このとき企業は生産量 y_1 を選択しています。

価格が p_1 から p_2 に上昇したとき，等利潤線の傾きは小さくなります。利潤最大化の接線条件から，限界生産物を小さくするためには，生産量を増加させることが必要となり，利潤最大点は右上の E_2 となり，生産量は y_2 に増加します。図(b)には，異なる 2 つの価格において，利潤が最大となる 2 つの生産量の組，(y_1, p_1)，(y_2, p_2) が示されています。この価格と生産量の最適選択の組合せの軌跡が**供給曲線**で，生産物価格と企業の供給量は正の関係にあり，価格上昇は企業の生産を刺激し，供給量を増加させる結果となります。このように企業は供給曲線上では，所与の価格の下ですすんで財を提供します。

図 6.5　最適生産と生産物の供給曲線

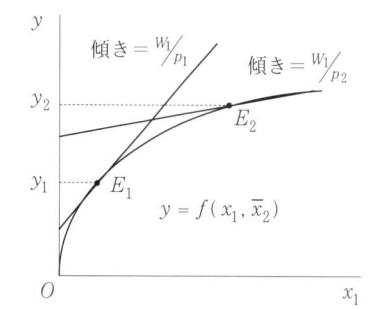

(a) 価格変化と最適選択点　　　　　(b) 生産物の供給曲線

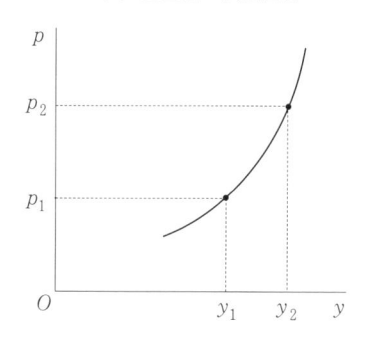

生産要素の需要曲線

図 6.6 を用いて，賃金や地代など生産要素価格が変化したときの，利潤最大点の変化を確認し，生産要素価格と生産要素量との関係を説明します。

第 1 生産要素価格 w_1 が下落したとき，企業の最適選択がどのように変化し，生産要素量がどのような水準になるか示します。生産要素価格が w_1^0 から w_1^1 に

図6.6　最適選択と生産要素の需要曲線

(a) 要素価格の変化と最適選択　　　(b) 生産要素の需要曲線

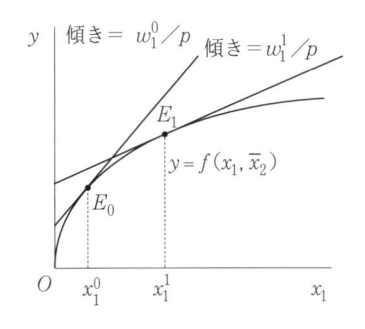

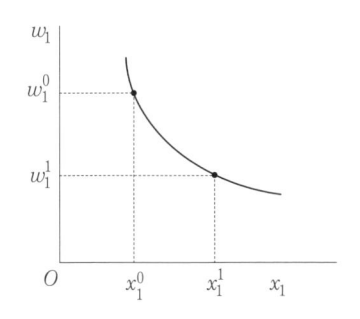

下落すると，等利潤線の傾きが小さくなり，最適選択点が E_0 から E_1 へと変化します。すなわち，生産要素価格の下落は，生産要素投入量を増加させ，**生産要素の需要曲線**は右下がりになります。

図6.6(b)は，(a)の最適選択点 E_0，E_1 における生産要素価格 w_1^0 と w_1^1 に対応する生産要素投入量 x_1^0 と x_1^1 の組合せを図に示したものです。

(x_1^0, w_1^0)，(x_1^1, w_1^1) の組合せは，生産要素価格と生産要素量の最適生産の組合せであり，この軌跡が生産要素の需要曲線となります。図6.7(b)より，生産要素価格と企業の生産要素需要量は，負の関係にあり，生産要素価格の下落は生産要素需要量を増加させ，生産量を増加させます。一方で，生産要素価格が上昇すると，生産要素需要は減少し，生産量は減少します。

第3節　企業の費用

生産のための費用構造

企業が財を生産するために負担する費用構造について説明します。この費用構造は生産要素価格を所与として，生産量と費用の関係を明らかにするものです。この生産量と費用の関係を**費用関数**または**費用曲線**と呼びます。この費用関数は生産関数と密接不可分の関係にあります，そこで，まず生産関数から総

費用曲線を導出し，いろいろな費用概念を学ぶことにします。

図6.7は，生産関数から費用曲線を導出したものです。(a)は収穫逓減の生産関数であり，(b)は軸を変換するための直線であり，(c)は生産要素量と費用の関係 $TC = w_1 x_1 + FC$（傾き w_1，切片 FC）です。この費用直線は，企業が生産量とは独立な費用である**固定費用** Fixed Cost：FC と生産量とともに費用が変化する**可変費用** Variable Cost：VC の合計の**総費用** total cost：TC を負担しなければならないことを表しています。

この3つの図を利用して，(a)の生産量 y_1 のときの費用が (d) の生産量と費用の平面に C_1 として決まります。同様に，生産量 y_2 のときの費用 C_2 が決まります。このように生産量の増加は費用を増加させることがわかります。総費用は生産量の増加関数です。この (y_1, C_1) と (y_2, C_2) の点を結んだ曲線が**総費用曲線**であり，生産関数が横軸に対して凹ならば，この総費用曲線は横軸に対して凸の曲線となります。

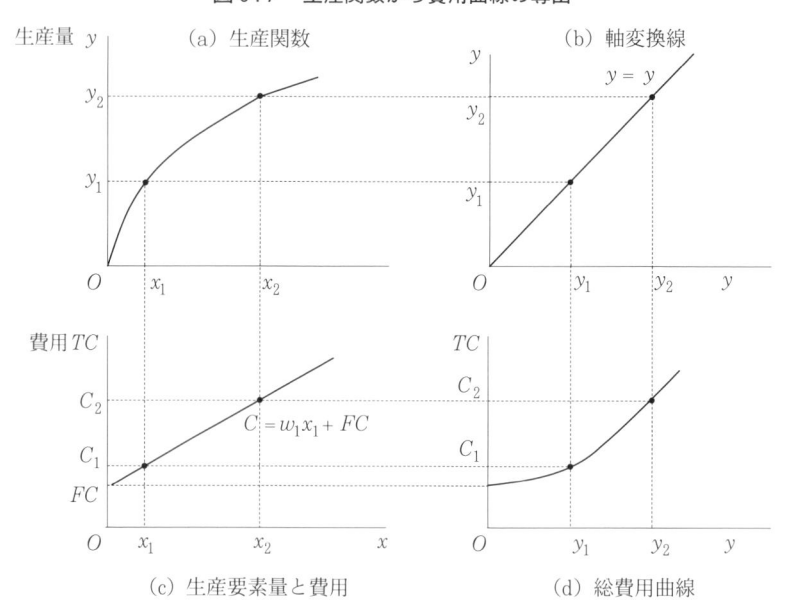

図6.7　生産関数から費用曲線の導出

(a) 生産関数

(b) 軸変換線

(c) 生産要素量と費用

(d) 総費用曲線

第6章 企業の行動　99

　図6.7の費用曲線の導出から企業の行動を制約する**収穫逓減**という生産関数（技術的制約）が，企業の費用を逓増させていることが明らかになります。**費用逓増**という費用制約は，技術的制約と要素価格によって決定されます。生産関数が上方にシフトすると費用曲線は下方にシフトし，生産要素価格が下落する（(c)の直線の勾配が小さくなる）と費用曲線は下方にシフトします。このように技術的制約は費用制約と裏表の関係にあり，両者の間には都合のよい関係が成立しています。すなわち，技術が収穫逓増ならば費用逓減，収穫一定ならば費用一定，収穫逓減ならば費用逓増となります。

S字型の生産関数と費用構造

　図6.8は，図6.7の(d)と同じ短期の総費用曲線です。ただし，図6.8の総費用曲線は図6.7の(d)とは異なり，費用逓増だけでなく，費用逓減の費用構造も含まれています。このような費用構造が企業の一般的な費用構造です。それは，生産関数が図6.7(a)のようにすべての生産領域において，収穫逓減という技術ではなく，生産量が少ない段階では収穫逓増という技術が考えられるからです。しかし，生産量が増加すると収穫逓減の技術制約に直面します。このような生産関数を**S字型の生産関数**といいます。図6.8のTC曲線は，S字型の生産関数から導出したものです。

　S字型の生産関数が一般的であるのは，生産量が少ない段階では生産設備に余裕があり，生産量の増加とともに限界生産物が増加し，平均生産物も増加するからであります。すなわち，企業の短期の技術は図6.2のようなMPとAPのように表すことができます。図6.2の技術制約に直面している企業は，生産量の初期段階では，TCは費用逓減，やがてTCは費用逓増となります。

　図6.8の短期費用曲線は原点を通っていません。産出がゼロでも，費用はゼロではないからです。短期では，契約している土地，建物，設備の賃借料は変更できず，それらを使用しない場合でも機会費用はかかるからです。

　これに対して費用の中で固定費用以外のもの，すなわち生産量に応じて変化する費用の部分は可変費用です。原材料費や大部分の労務費など生産量の増加

に伴って必ず増加するものがこれに含まれます。つまり総費用曲線とは，生産量yとそれを生産するために必要な費用Cとの関係を表すものです。総費用は可変費用と固定費用の和であり，次式のように表します。

(6.9) $\quad TC = VC + FC$

図6.8　費用曲線

図6.9　AC, AVC, MCの導出

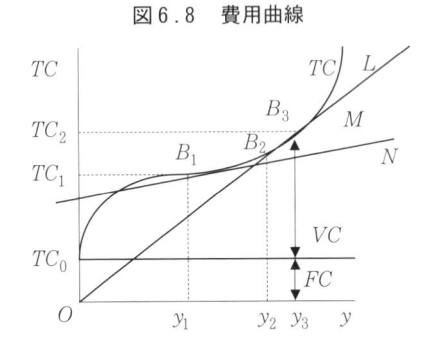

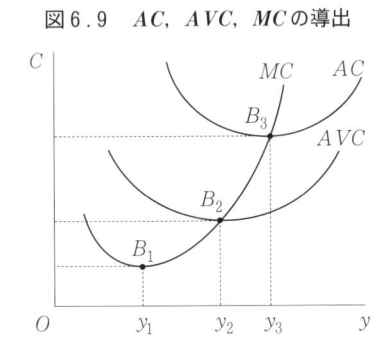

限界費用と平均費用

限界費用 marginal cost：MCとは，生産物を1単位追加するときに必要となる費用の増加（追加）分です。これは総費用曲線TCの傾きを表し，$\Delta TC/\Delta y$で表されます。Δyをごく小さくとれば，$\Delta TC/\Delta y$は，TC上の各点における接線Nの勾配に一致することが理解できるでしょう。

TC曲線は，TC_0とB_1の間では上に凸，B_1より右では下に凸となっています。したがって，MCは$B_1(y_1)$で最小となります。この点B_1を変曲点といいます。

平均費用 average cost：ACとは，総費用を生産量で割った値，すなわち生産物1単位当たりの費用であり，TC/yで表します。ACは図6.8の原点と，TC曲線上の点を結ぶ直線Lの傾きと等しくなります。この傾きは，生産量の少ないときには大きく，生産量が増加するにつれて低下し，さらに生産量が増加すると大きくなります。したがって，AC曲線は，図6.9のようにU字型の曲線になります。これは，ACを最小にする効率的な生産水準が存在し，その水準を超えると，ACが上昇することを意味しています。

図 6.8 で、AC を示す直線の傾きが最も小さくなる点 $B_3(y_3)$ では、原点を通る直線が総費用曲線 TC と接しています。接することは MC と同じになることです。AC の最小点では、AC と MC が等しくなります。図 6.9 では、曲線 AC の最小点で曲線 MC と交差しています。

平均可変費用 average variable cost：AVC とは、可変費用を生産量で割った値、すなわち生産物 1 単位あたりの費用であり、VC/y で表します。これは図 6.9 では、TC_0 と TC 曲線上の点を結ぶ直線 M の傾きの値と等しくなり、点 $B_2(y_2)$ で、接線の傾きが最小になります。

また、この点で MC 曲線とも一致しますので、AVC 曲線が最小となる点で、MC 曲線と交わります。図 6.9 に描かれたように、AVC の最小点を MC 曲線が交わる形になります。

以上から、短期費用曲線の性質をみると次のようになります。まず、①平均費用曲線 AC、平均可変費用曲線 AVC、限界費用曲線 MC とも、その曲線は U 字型になります。②各曲線の最低点は原点に近いところから、MC、AVC、AC の順になります。③AC と AVC 各曲線の最低点を MC 曲線が通ります。すなわち、各曲線の最低点で $AC=MC$、$AVC=MC$ となります。

第 4 節　供給量の決定

短期の利潤最大化と最適選択

第 2 節では、利潤最大化と企業の最適選択を生産関数と等利潤線を利用して説明しました。図 6.5 における利潤は、利潤を生産物価格で割った実質利潤の実物単位で計った縦軸の生産量で示されました。ここでは、総収入から総費用を引いた利潤を図示し、企業の短期の利潤最大化と最適選択を確認します。

第 2 節で説明したように、利潤最大化の条件は、$MR=MC$ でした。完全競争企業の MR は、価格 p ですから、利潤最大化の条件は、$p=MC$ です。

図 6.10 に総収入 TR の直線が描かれています。この直線の傾きは価格であり、競争企業の**限界収入**です。また、図 6.10 に S 字型生産関数から得られた

費用逓増の総費用曲線 TC が描かれています。TC 曲線の勾配は**限界費用**です。この TR 曲線と TC 曲線の縦軸の距離が利潤額となります。したがって，その利潤が最大となるのは，TR 曲線と TC 曲線の 2 つの曲線が最も離れた水準の生産量となります。それは 2 つの曲線の勾配が等しいときであり，すなわち，$p = MC$ となる総費用曲線の接点 E の生産量 y^* です。この生産量を生産することにより，最大利潤 $\pi^* = TR^* - TC^*$ が得られます。このように総収入直線と総費用曲線から，利潤最大点 E と生産量 y^* および利潤額 π^* を把握することができます。また，価格と平均費用から利潤を確認することができます。それが図 6.11 です。

図 6.10 利潤最大化と最適選択

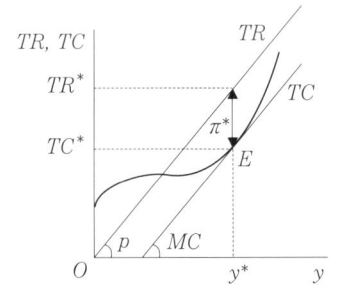

供給量の決定と供給曲線

企業の供給量（生産量）決定は，利潤が最大になる点です。図 6.11 に示したように，完全競争企業の場合，利潤最大化の条件は次式となります。

（6.11） 市場価格（限界収入）＝限界費用

それゆえに企業の生産量は MC 曲線に沿って決定され，これが各企業の供給曲線になります。しかし，MC 曲線のすべてが企業の供給曲線とはなりません。そこで図 6.11 を利用して，供給量の決定について考察します。

いま価格が p_1 の水準，つまり MC 曲線の最低点 E にあったとします。この場合，価格 p_1 が平均可変費用を下回っているので，生産を行うと損失が発生するため，生産は行われません。

価格が AVC 曲線の最低点 D となる p_2 水準まで上昇したとします。AVC は，総費用 TC から FC を引いた VC の平均なので，価格が p_2 ならば，可変費用はまかなえます。固定費用は一度設備を設定すれば，生産が行われなくてもかかる費用なので，価格が p_2 より少しでも上昇すると，可変費用と固定費用の一部がまかなえますので，企業は生産を開始します。

価格がさらに上昇して p_3 になると，企業は点 C に対応した生産量 y_3 まで生産を行います。この場合，F の高さの AFC と固定費用の一部 FC をまかなえます。

価格が p_2 水準より高くなると，生産を全く停止するよりは，生産を行ったほうが，損失が少なくなります。この AVC 曲線の最低点

図 6.11　生産量の決定

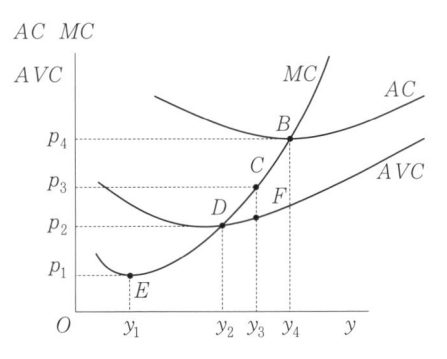

D に対応した生産量 y_2 を，**操業停止点** shutdown point（最小産出量）と呼んでいます。

さらに価格が上昇して，価格が p_4 になると，平均費用の最低点と等しいので，損失はなくなり利潤がゼロとなります。このときの生産量 y_4 は最小 AC で生産しています。この点 B を**損益分岐点** break-even point と呼びます。

したがって，企業の利潤最大化行動から，限界費用曲線の平均可変費用曲線より上方の部分が，**企業の供給曲線**ということになります。いままでの，価格と費用曲線との関係をまとめると，以下のようになります。

① 利潤最大化条件：$P = MC$，② 損益分岐点：$P = MC = AC$，③ 操業停止点：$P = MC = AVC$

第 5 節　企業の長期費用曲線

短期総費用曲線と長期総費用曲線

図 6.12 には，3 つの短期総費用曲線，STC_1，STC_2，STC_3 が描かれています。3 つの短期総費用曲線 STC は，異なる生産設備 1，2，3 に対応しており，それぞれ固定費用 c_1，c_2，c_3 が存在し，縦軸に切片をもっています。このような生産設備は分割不可能な財であり，ここから長期の総費用がいかなる水準になるかを明らかにしましょう。

企業の生産量と STC が，この3つの曲線で示されるとき，生産量 y_1 は，3つの生産設備のいずれを利用しても生産することができます。生産設備1を利用したときの費用が最も低く，生産設備2と3を利用したときは，総費用は設備1よりも高くなります。

図6.12 長期と短期の総費用曲線

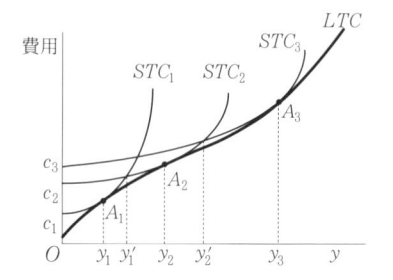

このような条件の下では，企業は費用最小化行動から，生産量ゼロから y_1' までは，設備1を，生産量が y_1' から y_2' までは，設備2を，y_2' 以上では，設備3を選択し生産を行います。したがって，生産設備を自由に選択できる長期総費用 LTC 曲線では，生産量が y_1' までは STC_1，y_1' から y_2' までは STC_2，y_2' 以上では STC_3 となります。

LTC 曲線とは，長期における各産出量の水準と，それに対応する費用との関係を示すものです。長期には，すべての生産要素を自由に変更できるため，固定費用は存在しません。すなわち，企業の LTC 曲線は，各生産量において費用が最小となる STC 曲線を結合したものです。言い換えると，図6.12に示されるように，それぞれの STC 曲線下側の**包絡線** envelope となります。この LTC 曲線は，STC 曲線よりも下に位置しています。

短期平均費用曲線と長期平均費用曲線

図6.12の長期総費用曲線から，**長期平均費用曲線** LAC は，図6.13の LAC のように描かれます。これは短期費用曲線にならって定義されます。すなわち，原点 O から総費用曲線に引いた直線の傾きによって示されます。図6.12の短期の各費用曲線，STC_1，STC_2，STC_3，から図6.13の SAC_1，SAC_2，SAC_3 が導出されます。また，図6.12の LTC から，図6.13の LAC が導出されます。

図6.13から，STC 曲線のうち，その最低点が LAC 曲線上にあるのは，SAC_2 だけであることがわかります。他の SAC_1，SAC_3 については，その最低点と A_1，A_3 とが異なります。なお，LAC の最低点である生産量 y_2 は，生産の

最適規模 optimum scale と呼ばれます。

図6.13 長期と短期の平均費用曲線

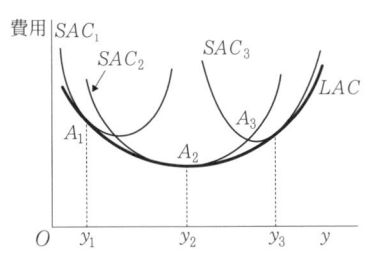

産出量が相対的に少ないときは収穫逓増の法則がはたらき，LAC 曲線は逓減し，産出量が増加するにつれて収穫が逓減する範囲では，LAC 曲線は逓増し，図6.13のようにU字型に描かれます。つまり，収穫が逓増しているとき，産出量を2倍にするには，生産要素を2倍に増加する必要はなく，2倍以下で十分です。生産要素の価格は一定ですから費用もまた2倍以下にしか増加しません。こうした理由でLACは減少するわけです。

LAC 曲線が，当初逓減傾向を示す理由として，分業の利益のほかに生産要素の不可分性があります。どのような生産要素も最小の単位があり，例えば，鉄道の線路は最小単位の相対的に大きい生産要素の不可分性を代表します。鉄道が1日に1往復しか運行されない場合でも，1日に数往復運行する場合でも，鉄道の線路といった固定費用は減らすことができません。生産要素の単位あたりの費用が一定ではなく，投入量が小さくなるにつれて平均費用が相対的に高まることを生産要素の不可分性ということができます。

短期限界費用曲線と長期限界費用曲線

限界費用曲線が平均費用曲線の最小点を通ることについては，短期も長期も同様です。限界費用曲線は，総費用曲線の接線の勾配であるため，LTC 曲線と STC 曲線の接点においては，両方の曲線の勾配が等しいことから，SMC と**長期限界費用**LMC が一致します。したがって，STC 曲線と LTC 曲線の接点となる生産量の水準，図6.14の点y_2 において，LMC 曲線は SMC 曲線と交差し，LAC 曲線の最小点を通る曲線となります。なお，LMC 曲線の縦軸切片は，LAC 曲線の切片と一致しています。

図6.14より，長期費用曲線の特徴は，以下の5点に要約することができま

す。①最適生産規模を選択しているとき，長期費用は短期費用と一致します。②LACはSACを上回ることはなく，LAC曲線はSAC曲線の包絡線になります。③長期（短期）AC曲線の最小点を，長期（短期）MC曲線が通ります。④SACとLACが等しいとき，$SMC = LMC$です。⑤LACとLAC縦軸の切片は一致します。

図6.14 長期と短期の限界費用曲線

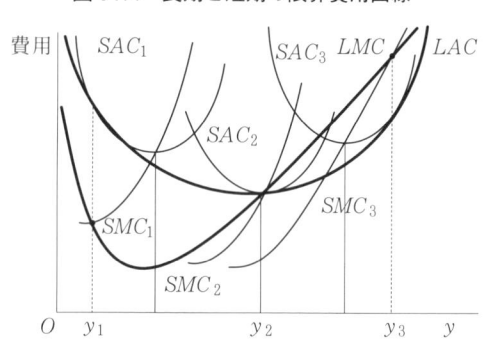

【要　約】

1　生産集合は，投入物と産出量の技術的に実現可能なすべての組合せを示し，生産関数は，最も効率的な投入と産出の技術的な関係を表しています。

2　一定の産出量を生産できる投入の組合せの軌跡を，等産出量曲線といい，この曲線は右下がりで原点に対して凸となります。

3　ある資源の投入量を1単位増加したときの産出量の増加分を限界生産物といいます。一般に限界生産物は逓減します。

4　費用最小化の条件は，等量線と等費用線とが接することです。費用最小点では，技術的限界代替率＝生産要素の価格比となります。

5　費用曲線は産出量とそれを生産するのに必要な費用の関係を表します。

6　生産物1単位あたりの費用を平均費用，また生産物を1単位増加するのに必要な総費用の増加分を限界費用といいます。

7　利潤最大点では，限界費用＝限界収入となります。

8　生産者の短期供給曲線は，限界費用MC曲線の右上りの部分で，平均可変費用曲線AVCとの交点より右上の部分です。

9　長期平均費用の最小点では，LMC, SMC, LAC, SACがすべて等しくなります。

【練習問題】

1 限界生産物逓減の法則を説明しなさい。
2 規模の経済について，規模に関して収穫一定，規模に関して収穫逓増，規模に関して収穫逓減とはどのような現象か説明しなさい。
3 生産における短期と長期の考え方について説明しなさい。
4 短期費用曲線を使って，完全競争における利潤最大化行動を説明しなさい。また，短期供給曲線を導出しなさい。
5 短期費用曲線と長期費用曲線の関係について，説明しなさい。
6 この生産関数を図示し，収穫逓減が成立していることを確認しなさい。

労働投入量（人）	1	4	9	16	25	36	49	64
米の収穫量（トン）	1	2	3	4	5	6	7	8

また，各労働投入量における労働の平均生産物労働の限界生産物を求めよ。
ヒント：$y = \sqrt{x}$, $\Delta y/\Delta x = 0.5 \div \sqrt{x}$。

7 平均費用 AC と限界費用 MC に関する以下の記述について，正しいものを1つ選択しなさい。
  ① 生産物の増加とともに MC が増加するとき，MC は AC よりも大きい。
  ② 生産物の増加とともに AC が低下するとき，MC は AC よりも大きい。
  ③ 生産物の増加とともに AC が増加するとき，MC は AC よりも小さい。
  ④ MC と AC が等しいとき，AC の最小値となっている。
  ⑤ MC と AC が等しいとき，MC の最小値となっている。

第7章 市場均衡

第1節 均衡の安定性

個人の需要曲線と市場の需要曲線

いままでの説明では，消費者（家計）と生産者（企業）の行動を別々に考えてきました。ここでは，両者が出会う市場について説明します。

各消費者の需要曲線は，消費者の最適化行動の結果として導出されたものでした。ある財の市場全体の**市場需要** market demand は，個々の消費者，買い手の需要を，横に加えてすべて集計したもので，図7.1は，2人の消費者AとBの需要曲線を集計し，市場の需要曲線を導出したものです。

価格がp_1のとき，消費者AとBの需要量は，それぞれx_1^1とx_1^2であり，そして，その和の市場需要$x_1^1+x_1^2=X_1$が，図7.1に示されています。同様に，価格p_2のときのAとBの需要量は，それぞれx_2^1とx_2^2であり，その和の市場需要$x_2^1+x_2^2=X_2$が，示されています。そして，価格がp_1とp_2のときの市場需要，X_1とX_2の組合せ，(X_1, p_1)と(X_2, p_2)の2点を結んで得られる曲線が市場需要曲線となります。やはり右下がりの市場需要曲線となります。

企業の供給曲線と市場の供給曲線

各企業の供給曲線は，企業の最適化行動の結果として導出されたものです。

ある財の産業全体の**市場供給** market supply は，個々の企業の供給量をすべて集計したものです。市場の需要曲線が，個々の消費者の需要曲線を横に加えることによって導かれたように，市場供給曲線も，個々の企業の供給曲線を

110　第Ⅱ編　ミクロ経済学

図 7.1　個人の需要曲線と市場需要曲線

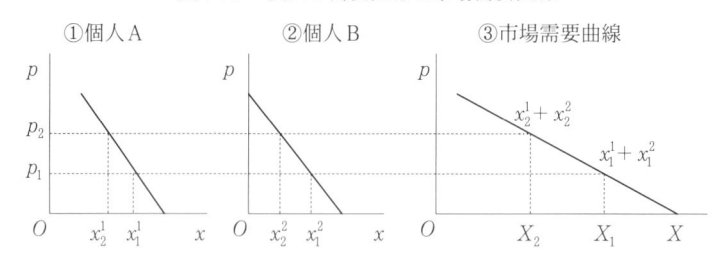

①個人A　　　②個人B　　　③市場需要曲線

図 7.2　企業の供給曲線と市場供給曲線

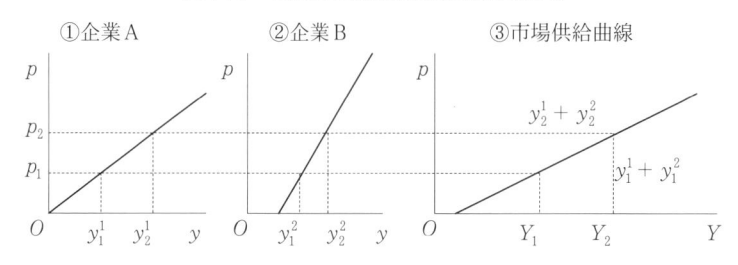

①企業A　　　②企業B　　　③市場供給曲線

横に加えることによって得られます。

図 7.2 は、2 社の企業 A と B の供給曲線を集計し、市場の供給曲線を導出したものです。価格が p_1 のとき、A と B の供給量は、それぞれ y_1^1 と y_1^2 であり、その和の市場供給量 $y_1^1 + y_1^2 = Y_1$ が示されています。同様に、価格が p_2 のときの企業 A と企業 B の供給量は、それぞれ y_2^1 と y_2^2 であり、その和の市場供給量 $y_2^1 + y_2^2 = Y_2$ が示されています。そして、価格が p_1 と p_2 のときの供給量の組合せ (Y_1, p_1) と (Y_2, p_2) を結んで得られる曲線が市場供給曲線となります。やはり右上がりの市場供給曲線となります。

市場均衡と安定性

図 7.3 は、縦軸に価格 p、横軸に需要量と供給量の数量 x をとったものです。D は上で説明した市場需要曲線、S は市場供給曲線です。

需要曲線と供給曲線の交点 $E(p^*, x^*)$ では、需要量と供給量が一致しています。この E 点を**均衡点**、p^* を**均衡価格**、x^* を**均衡数量**といいます。

次に、市場において、価格が均衡価格と異なる場合を考えてみます。図7.3より、価格p_1では、$S_1 > D_1$となり供給量が需要量を上回り、$S_1 - D_1$の**超過供給** excess supply が発生します。価格p_2では、$D_2 > S_2$となり需要量が供給量を上回り、$D_2 - S_2$の**超過需要** excess demand が発生します。

p_1のように、財の価格が均衡価格より高ければ、売れ残りが発生するため企業は価格を低下させます。一方、p_2のように、財の価格が均衡価格より低ければ、品不足の状態になるため、消費者はより高い価格を支払って財を手に入れようとします。このように、価格は、均衡価格より高い場合は低下し、均衡価格より低い場合には上昇し、いずれの場合にも均衡価格に近づく傾向があります。これを市場の**安定性** stability といい、市場には均衡を成立させるような力がはたらいていることがわかります。逆に、均衡価格より遠くへ離れていく場合を、均衡の不安定性といいます。

図7.3　需要と供給の均衡

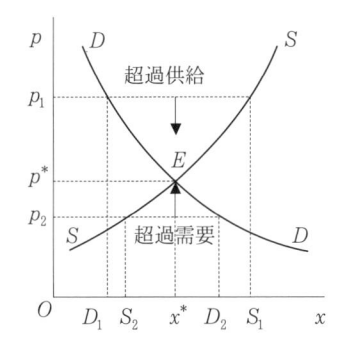

図7.4　価格と数量の変化

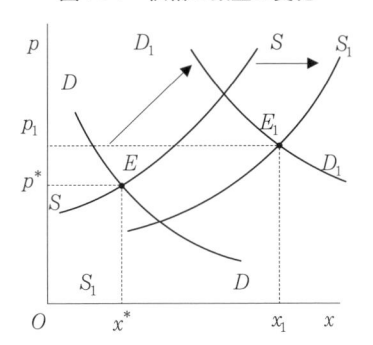

市場価格と数量の変化

図7.4には、価格変化と数量の変化が示してあります。第3章で確認したように、需要曲線と供給曲線は、外生変数の変化によりそれぞれシフトしました。現実の経済では、一方の曲線のシフトだけではなく、両方の曲線が様々な要因の変化によってシフトすることが一般的であり、均衡点は座標軸上に無数

に存在します。このように，曲線がどのように変化したかを解明するのが経済学の勉強です。図7.4の場合には，需要曲線の右方向へのシフト，供給曲線の右方向への同時のシフトにより，均衡点は$E(p^*, x^*)$点から$E_1(p_1, x_1)$点へと移動し，均衡価格は上昇，均衡数量も増加しています。

ワルラスの調整過程

需要と供給の法則では，超過需要（品不足）が生じると価格が上昇し，超過供給（売れ残り）が生じると価格が低下することがわかりました。このように価格が調整される過程を，**ワルラスの調整過程** Walrasian adjustment process といいます。この調整過程では，均衡価格より高い価格で超過供給，均衡価格より低い価格で超過需要となっていれば，価格は均衡価格に近づいていき，均衡が安定的となります。したがって，図7.5のような，必ずしも需要曲線が右下がり，供給曲線が右上がりとならないケースについても，均衡が安定となります。ワルラス的調整過程の下での均衡の安定性を，**ワルラス安定性**と呼び，すべてのケースに共通して以下の条件が成り立ちます。

(7.1) 　1/供給曲線の傾き ＞ 1/需要曲線の傾き

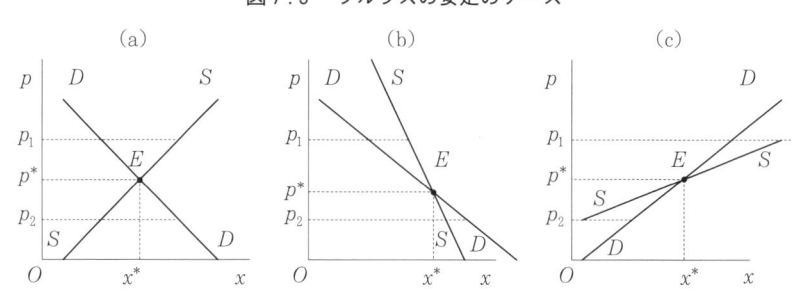

図7.5　ワルラスの安定のケース

マーシャルの調整過程

ワルラスの調整過程と異なり，価格の調整速度より需要量・供給量の調整速度が遅い市場を考えます。例えば供給に時間のかかる，住宅市場，農産物市場

のようなものです。

いま，図7.6(a)において，実際の生産量が均衡数量より少ないx_1であったとします。この財の生産には時間がかかるため，短期的には生産量はx_1で固定されます。このため，短期的な価格はp_1^Dに決まるでしょう。需要価格p_1^Dは，x_1の供給価格を超えているため，生産者は供給量を増加させようとします。逆に，生産量が均衡数量より高い水準x_2であれば，供給価格が需要価格を上回るため，生産量を減少させようとするでしょう。このような調整過程を**マーシャルの調整過程** Marshallian adjustment process と呼んでいます。図7.6は，均衡がマーシャルで安定的な場合で，これらすべてにおいて以下の式が成立しています。この式をマーシャルの安定条件といいます。

(7.2)　供給曲線の傾き＞需要曲線の傾き

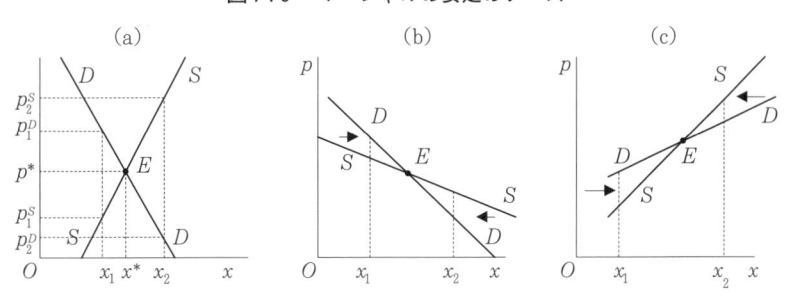

図7.6　マーシャルの安定のケース

蜘蛛の巣の調整過程

最後に，農産物の価格の変動を説明するのによく用いられる，**蜘蛛の巣の調整過程**を考えてみます。農産物の多くは，生産の決定から実際に市場に供給されるまでに相当の時間を要します。例えば，現在供給されている白菜の生産量の決定は，数カ月前になされたもので，すぐには供給量を変更できません。

ある時期の供給量が少なく，そのため価格が高騰したとします。各農家は，高価格につられて作付面積を増やすでしょう。その結果，次期には白菜の供給量は増加し，白菜需要に変化がなければ，価格は一転して下落するでしょう。

図7.7で，第1期の生産量をx_1とします。短期的には生産量を変えられないため，供給量はx_1となり，市場価格はp_1に決まります。価格がp_1に決まると，生産者は生産量をx_2まで増加させようとします。しかし，その増加は，第1期ではなく，第2期になってx_2の白菜が供給されます。第2期の白菜の生産がx_2であるならば，価格はp_1からp_2へ下落するでしょう。生産者は価格の下落に伴い，次期は生産をx_3に抑えようとします。

このような農家の行動によって，生産量はx_1，x_2，x_3と毎期変化し，それ対応して価格もp_1，p_2，p_3と変化します。図7.7(a)のように，需要曲線の傾きの絶対値が，供給曲線の傾きよりも小さいならば，価格は変化しながら，次第に均衡点Eに接近していきます。この場合，均衡は安定的です。供給曲線の傾きが需要曲線の傾きの絶対値に比べて相対的に小さければ，価格はEから離れていきます。この場合，均衡は不安定になります。蜘蛛の巣の調整過程において，市場が安定的となる条件は，以下の式になります。

(7.3)　供給曲線の傾きの絶対値＞需要曲線の傾きの絶対値

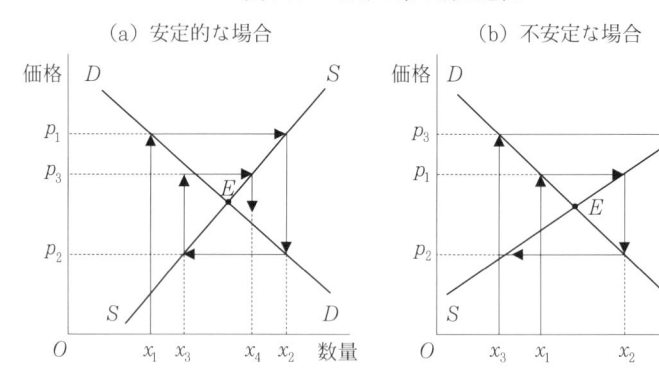

図7.7　蜘蛛の巣の調整過程

第2節　需要と供給の価格弾力性

需要の価格弾力性

ここでは，第3章の需要曲線をさらに詳しく説明します。**需要の価格弾力性** η（エータ）price elasticity of demand は，価格変化に対する買手の反応を測る尺度であり，貨幣単位や財の数量の単位とは独立であり，次式よって定義されます。

(7.4)　　$\eta = -$ 需要量の変化率 ÷ 価格変化率

$$= -\frac{\Delta x/x}{\Delta p/p} = -\frac{\Delta x}{\Delta p}\frac{p}{x} = -\frac{\Delta x/\Delta p}{x/p}$$

この需要の価格弾力性は，需要曲線の勾配と密接な関係にありますが，勾配ではありません。また，マイナスの符号をつけるのは，需要曲線が右下がりですから，需要の変化率と価格変化率との比が負となるからです。マイナスを付与して，符号条件に関係なく，弾力性が1，弾力性が1より大，弾力性が1より小といいます。したがって，ηはゼロと正の無限大の間の値をとります。

弾力性がゼロのとき，価格変化に対して需要量が全く変化しませんから，需要曲線は垂直となります。このような需要曲線としては，麻薬や塩があげられます。塩の需要は価格に大きく影響されることなく極めて非弾力的となります。

また，弾力性が無限大のとき，需要曲線が水平になります。個々の競争企業が直面している需要曲線は，水平であるといえます。市場規模が大きいとき，個々の企業が供給する量は極めて小さいことから，企業は現在の価格でいくらでも販売することができるという需要曲線に直面しているのです。

需要の価格弾力性がゼロと無限大は，極めて特殊なケースです。弾力性が1より大きい場合，需要は**弾力的**であるといい，価格変化に対する需要量の変化が大きく，需要曲線は緩やかな勾配となります。需要が弾力的となるのは，その財に対する代替財が存在するからであり，特に密接な代替財が存在する場合には，弾力性は大きくなります。この意味において，競争関係にある財（ブラ

ンド品や奢侈品等）は需要の価格弾力性が大きくなります。

また，弾力性が1より小さい場合，需要は**非弾力的**であるといいます。すなわち，価格変化に対する需要量の変化が小さく，需要曲線は急な勾配をもちます。このような財は価格が変化しても購入数量をあまり変更しないことから，必需品的性質を持っています。価格が上昇しても購入量を減らすことはできず，また，価格が下落したときも，それほど購入量や利用を増やす必要のない財は生活必需品です。必需品は価格変化に対する数量の変化が小さいのです。

直線の需要曲線と価格弾力性

弾力性は価格変化率と数量の変化率の比ですが，価格の変化に対する数量の変化の比 $-\Delta x/\Delta p$ を，価格と数量の比 x/p で除したものでもあります。この表現を利用するならば，弾力性は，**限界関数**と**平均関数**の比と理解することができます。すなわち，需要の価格弾力性を次式で表すことができます。

$$(7.5) \quad 需要の価格弾力性 = -\frac{\Delta x/\Delta p}{x/p} = \frac{限界関数}{平均関数}$$

この弾力性の定義を利用して，図7.8のような直線の需要曲線を考えます。

この需要曲線の勾配は常に一定ですから，価格の変化に対する数量の変化の比である $\Delta x/\Delta p$ の値は，価格とは独立です。したがって，このような直線の需要曲線の価格弾力性は，数量と価格の比 x/p だけに依存しているのです。

図の需要曲線の E 点を考えます。直線の勾配の $\Delta x/\Delta p$ は一定であり，E 点からの垂線と需要曲線の間の角度です。これが限界関数です。そして，平均関数は E 点と原点とを結ぶ線分と垂線との間の角度となります。したがって，中点では $\Delta x/\Delta p = x/p$ となりますから，弾力性が1となります。縦軸上点の A 点では無限大，横軸上の B

図7.8 需要直線と価格弾力性

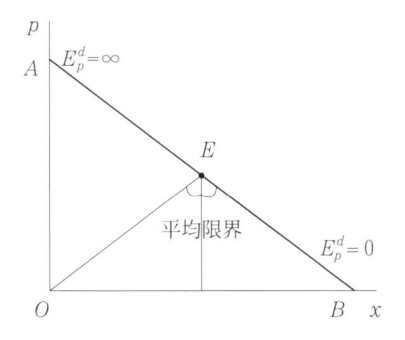

点ではゼロとなります。そして中点以上では $\Delta x/\Delta p > x/p$ となりますから弾力性は，1＜弾力性＜無限大，そして，中点以下では $\Delta x/\Delta p < x/p$ となり弾力性は，0＜弾力性＜1となります。

弾力性と支出額

　弾力性は価格変化率と数量の変化率の比ですから，この弾力性は，価格変化と家計の支出額の変化また企業の収入の変化と密接な関係にあります。弾力性が1のとき，価格変化率と数量の変化率が等しくなっています。したがって，価格が低下（上昇）した効果と数量を増加（減少）させる効果が等しくなります。価格が低下（上昇）した効果による家計の支払額を引き下げる（上げる）効果とその価格低下（上昇）による数量を増加（減少）させることによる家計の支払額を引き上げる（下げる）効果が等しくなっているのです。したがって，弾力性が1であるならば，価格が上がっても下がっても，家計の支出額には影響を及ぼさないことになります。また，このような需要曲線に直面している企業は，価格を変更しても企業収入は，影響を受けないことになります。

　一方，弾力性が1より大であるならば，数量の変化率が価格の変化率よりも大きいために，価格の変化効果より数量の変化効果が大きくなります。すなわち，価格が低下（上昇）した効果による家計の支払額の減少（増加）効果よりも，価格低下（上昇）が数量を増加（減少）させることによる家計の支払額の増加（減少）効果が大きくなっています。したがって，弾力性が1より大であるならば，価格が上がると家計の支出額は減少し，価格が低下する場合には，家計の支出額を増加させるのです。また，企業が弾力性1より大の需要曲線に直面しているならば，価格引き下げは企業収入増加や経営改善に結びつきますが，価格引き上げは企業収入を減少させ，経営悪化をまねくことになります。

　逆に，弾力性が1より小である場合には，数量の変化率が価格の変化率よりも小さいために，価格の変化効果より数量の変化効果が小さくなります。したがって，弾力性が1より小であるならば，価格が上がると家計の支出額は増加し，価格が低下する場合には，家計の支出額を減少させるのです。

以上の弾力性と価格低下による効果を以下ようにまとめることができます。

弾力性が1より小 ⇔	価格変化効果＞数量変化効果 ⇔	支出減少
弾力性が1 ⇔	価格変化効果＝数量変化効果 ⇔	支出不変
弾力性が1より大 ⇔	価格変化効果＜数量変化効果 ⇔	支出増加

需要の価格弾力性一定の需要曲線

いかなる価格水準においても価格弾力性が一定である需要曲線が考えられます。弾力性が1という需要曲線は，価格と数量の積が定数となる需要関数です。すなわち，$x = a/p$ は弾力性が1の需要曲線です。この需要曲線の支出額は価格と数量に関係になく常に a であることから，弾力性が1であることを容易に確認することができます。

$x = b/p^\alpha$ は，弾力性が α である需要曲線です。α が1より大のとき，弾力的な需要曲線であり，逆に，α が1より小であるならば，非弾力的な需要曲線です。

図7.9は，弾力性が一定の需要曲線を図示したものです。弾力性0.5（点線），1（実線），2（点線）の3つの需要曲線は，価格の変化に対する消費者の反応が異なることを示しています。価格が200円のとき，3つの財に対する需要量は同じ5単位です。したがって，3つの財の支出総額は同額の1,000円です。

価格が100円に下落したとき，弾力性1の需要曲線の需要量は，10単位に増加しますが，支出総額は1,000円であり，価格が200円のときと同額です。一方，弾力性0.5の需要量は7単位に増加していますが，支出総額は700円に低下しています。また，弾力性2の需要量は20単位に増加し，支出総額は2,000円に増加しています。このように需要の価格弾力性の相違によって，価格変化が家計の支出に与える影響は異なっているのです。

図7.9 弾力性一定の需要曲線

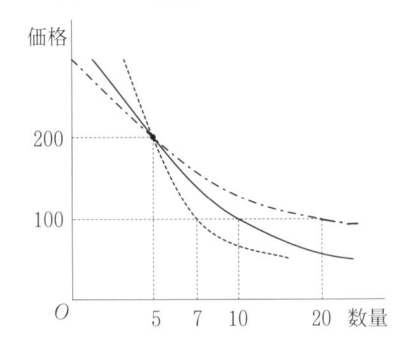

供給の価格弾力性

供給の価格弾力性とは，供給量が価格に対してどのように反応するかを供給量の変化率と価格の変化率の比をとったものです．次式で定義されます．

(7.6) 供給の価格弾力性：$\varepsilon = \dfrac{供給量の変化率}{価格の変化率} = \dfrac{\Delta x/x}{\Delta p/p}$

供給の価格弾力性εの場合は，分母と分子が同じ符号となりますから，需要の価格弾力性のように，マイナスの符号を付ける必要はありません．供給の価格弾力性も，供給曲線の傾きと密接な関係にあります．εが大きい供給曲線を弾力的な供給曲線，εの小さい供給曲線を非弾力的な供給曲線といいます．

また，供給の価格弾力性がゼロ（供給曲線が垂直となる）のときには，供給量は価格にまったく反応しません．これに対して，価格弾力性が無限大（供給曲線が水平になる）のときには，価格変化に供給量は大きく変化します．

価格弾力性の値は，通常ゼロと無限大の間の値をとります．もし，供給曲線が直線の場合の供給の価格弾力性は，供給曲線が原点を通るとき，1，縦軸を横切るとき，1より大，横軸を横切るとき，1より小となります．その理由は限界関数$\Delta x/\Delta p$が一定であり，原点を通るとき，$\Delta x/\Delta p = x/p$であり，縦軸を通るとき，$\Delta x/\Delta p > x/p$，横軸のとき，$\Delta x/\Delta p < x/p$となるからです．

第3節 不完全競争市場

不完全競争市場

完全競争市場条件が妥当しない市場，すなわち，経済主体がプライステイカーとして行動しない市場を**不完全競争市場** imperfect competition といいます．

不完全競争市場は，いくつかの異なる市場に分類されます．1つの財市場に1つの企業だけが存在し，市場全体の需要曲線に従って生産計画を立てる場合が**独占** monopoly，2つの企業だけが存在するのは**複占** duopoly と呼ばれます．また，複数の少数企業が市場を支配している状態を**寡占** oligopoly といい，不完全競争の中で，最も完全競争に近い市場は，**独占的競争** monopolistic competition と呼ばれます。これらを要約したのが表 7.1 です。

表 7.1 市場構造の分類

競争形態	供給者の数	参入難易度	製品差別化	価格支配力	代表的産業
完全競争	多数	容易	無し	無し	農業，水産業
独占	1社	不可能	代替財無し	相当程度	公益事業，特許保護企業
独占的競争	多数	容易	有り	ある程度	レストラン，ガソリンスタンド，小売業
寡占A	数社	困難	無し	ある程度	鉄鋼，石油精製，セメント，パルプ
寡占B	数社	困難	有り	ある程度	自動車，家電，カラーフィルム

独占の理論

完全競争市場では，個々の家計，企業は財の価格を所与として行動していました。これは，個々の企業が直面する需要曲線が水平であることを意味します。

これに対して，個々の企業が生産物を増加すると，その企業の生産物価格が下落し，各企業の需要曲線が右下りである市場を不完全競争市場といいます。

市場に1社しか存在しない独占企業が直面する需要曲線は，すべての消費者の需要曲線の合計である市場全体の需要曲線そのものです。したがって，独占企業は右下がりの市場需要曲線に直面しており，この市場需要曲線を与えられたもの，すなわち，制約条件として行動しなければなりません。

この右下がりの需要曲線に直面している独占企業は，現在の価格で販売している生産量よりも多くの数量を販売するためには，財の価格を引き下げるか，または，広告や宣伝などの販売努力によって，需要曲線を右上方にシフトさせる工夫が必要となります。したがって，生産量または販売量を1単位多く販売することによって得られる独占企業の**限界収入** marginal revenue：MR は，価格とは一致せず，必ず価格以下となります。限界収入とは，生産量を1単位増加することによって得られる追加的収入のことで，総収入曲線 TR の傾きで表されます。需要曲線が直線である次式の限界収入を求めてみましょう。

(7.7)　$p = a - by$

p は価格，y は生産量です。独占企業の収入 R は，次式となります。

(7.8)　$R = (a - by)y$

需要曲線の中点は，需要の価格弾力性が1ですから，MR は，次式となります。

(7.9)　$MR = a - 2by$

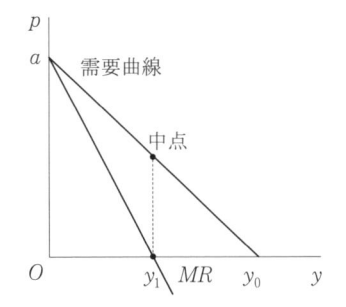

すなわち，独占企業の直面する需要曲線が直線であるならば，その限界収入曲線は，縦軸の切片が需要曲線と同じ点で，需要曲線の傾きを2倍にした直線で表されます。図7.10の横軸の切片 y_1 では，限界収入はゼロです。

図7.10　独占企業の限界収入曲線

独占企業の均衡点

図7.11は短期の**独占均衡**を示したものです。曲線 D は，独占企業が直面する市場需要曲線です。この需要曲線に対応する独占企業の限界収入曲線が MR，独占企業の限界費用曲線 MC が右上がりの曲線として描かれています。独占企業の利潤最大化の条件，

図7.11　独占企業の均衡点

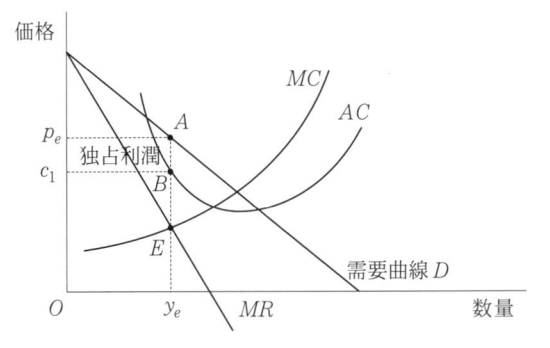

(7.10)　　限界収入（MR）＝限界費用（MC）

から，独占企業の均衡点は，MRとMCの交点であるE点となります。この点Eに対応する生産量y_eが，独占企業の利潤が最大になる生産量です。そして，独占企業がこの生産量y_eを選択することにより，価格はp_eに決定されます。この価格p_eが独占価格となります。

以上の独占企業の価格と生産量の組合せ，および生産量y_eの平均費用がc_1ですから，独占利潤は$p_e c_1 AB$の面積となります。

独占的競争

ある産業に，1つの企業だけが存在し，代替財が存在しない財を生産している企業を独占企業といいます。市場経済には，類似しているが差異のある財・サービスを提供することにより，利潤を獲得しようというインセンティブがあります。産業内の各企業は，密接な代替財や類似品を製造することによって，自社の財に対する固有の需要を創出させ，さらに，**製品差別化** product differentiation が成功すればするほど，その製品の需要の価格弾力性は小さくなり，独占力を確保することができます。すなわち，製品差別化という方法により，各企業は独占企業のように市場支配力を確保し，かつ密接な代替財を生産している企業との間で競争を行っています。このような，不完全競争の独占と同一産業内の企業数がきわめて多い競争という，両方の要素を持ち合わせているような産業構造を**独占的競争** monopolistic competition 市場といいます。

独占的競争は一般的な競争形態で，日常生活でよく観察することができます。小売業や飲食店などは，同一地域に小さな店が多数存在し，お互いに競争しています。たとえば，レストラン，理髪，理容，薬局，ホテル等は，味，サービス，技術，価格などで競争しており，新規の参入や退出が頻繁に行われます。独占や寡占市場では，新規企業が市場に参入することは困難です。

この独占的企業の行動モデルは，独占企業の場合と同じように分析できますが，市場需要曲線の勾配が，緩やかであるか急であるかの違いがあります。すなわち，各独占競争企業の直面する需要曲線，需要の価格弾力性は，他の企業

の製品との差別化の程度や価格に依存します。自社の製品が他企業と類似していればいるほど，需要曲線は水平な線に近づきます。自社製品の価格が高いならば，他社の代替財に需要がシフトしたり，新規参入の余地が拡大することになり，その需要曲線も水平線に近づくことになります。したがって，独占的競争企業の需要曲線は，独占企業の需要曲線よりも緩やかになり，完全競争市場の水平の需要曲線よりも勾配があることになります。

独占的競争企業の均衡

図7.12は，独占的競争企業の長期均衡点を示したものです。点Eが独占的企業の均衡点，均衡価格はp_e，生産数量はy_eです。価格p_eは，平均費用と一致しています。すなわち，生産量y_eは収支分岐点となる生産量で，利潤がゼロとなる価格と生産量の組合せが，**長期均衡点**となります。もし，完全競争市場であるならば，平均費用最小点E_cが長期均衡点であり，そのときの価格と生産量は，p_cとy_cとなります。したがって，独占的競争企業の価格は，完全競争市場より高くなります。この高い価格が，独占的競争企業の生産量を完全競争市場より少なくします。完全競争企業と独占的競争の生産量の差，$y_c - y_e$が，独占的競争による不効率の大きさとなります。

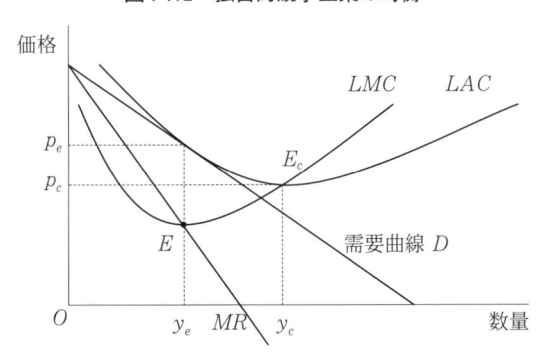

図7.12 独占的競争企業の均衡

寡占市場

ここでは，数社で産業を構成している寡占企業の行動について説明します。現実の経済では，乗用車，ビール，家電など多くの財の市場が，複数の大企業により占められています。寡占企業の行動仮説は，市場需要曲線とともに，競争企業の行動が制約条件となっていることが本質的な特徴です。

また，資本や技術水準などの参入障壁が存在するとともに，少数の企業が産業を構成していることから，各企業の市場シェアが大きいということもあります。すなわち寡占市場においては，ある企業の行動が他のライバル企業の行動に大きな影響を与えることになり，さらにライバル企業の行動が，他の企業の意思決定に影響を与えるという，産業を構成する少数の企業間における**戦略的相互依存関係**が存在しています。この相手企業の行動を制約条件として，寡占企業の行動を説明することがここでの目的です。

経済学では，寡占企業の戦略的相互依存関係を様々なゲームに例えて，寡占企業の行動パターンを分類しています。まず，産業にリーダー的企業が存在する場合の**逐次ゲーム** sequential game，同様な立場で相手企業の行動を予想する**同時ゲーム** simultaneous game，企業が結託する**協調ゲーム** cooperative game の3つに分類することができます。さらに，逐次ゲームには，**価格先導企業**と**数量先導企業**の存在するゲーム，同時ゲームには，価格同時決定と数量同時決定の2つがあり，協調ゲームには，価格カルテルと数量カルテルとがあります。このような寡占企業の戦略分類は，ある企業が他の企業の行動ないしは意思決定をどのように予想しているかにもとづいています。

寡占企業の同時数量決定

いま，同じ生産物 y を生産している2つの企業を，企業1，企業2とします。企業1は，企業2の生産量を一定水準の y_2 に想定します。市場全体の需要曲線を図7.13の直線 DD で表します。

(7.11) $p = a - by$

2つの企業の生産量の和は次式です。

(7.12) $\quad y = y_1 + y_2$

y_2を固定すると，企業1の直面する需要曲線は次式です．

(7.13) $\quad p = (a - by_2) - by_1$

これが，図7.13の需要曲線d_1d_1です．この需要曲線は，第2企業が生産量y_2を生産することによって，市場全体の需要曲線の縦軸の切片がbから，by_2下方に移動して，$a_1 = a - by_2$となることを示しています．

簡単化のため，限界費用がゼロであるとすると，$MR_1 = (a - by_2) - 2by_1$から，企業1の利潤が最大となる$y_1$は，次式となります．

(7.14) $\quad y_1 = a/2b - y_2/2$

この式は，企業2の生産量が与えられたときに，企業1の利潤を最大化する生産量を与える関係で，企業1の**反応関数**と呼ばれ，図7.14に図示したr_1は反応曲線です．企業2は，企業1の生産量を所与として，自己の利潤を最大化するように生産量y_2を決定します．企業2の反応関数は，

(7.15) $\quad y_2 = a/2b - y_1/2$

となり，図7.14のr_2が反応曲線です．

企業1はy_2を予想して，(7.14)式よりy_1を，企業2はy_1を予想して，(7.14)式よりy_2を決めます．そのy_2が，当初企業1が予想したy_2の値と同じとき，(y_1, y_2)は，**クールノー均衡**と呼ばれます．クールノー均衡は，図7.14の反応曲線r_1とr_2の交点Eの点として与えられます．

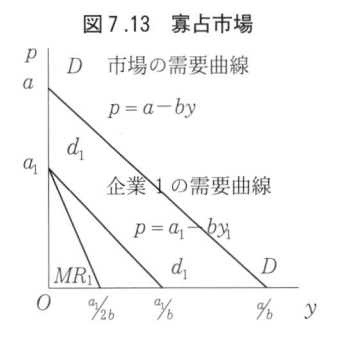

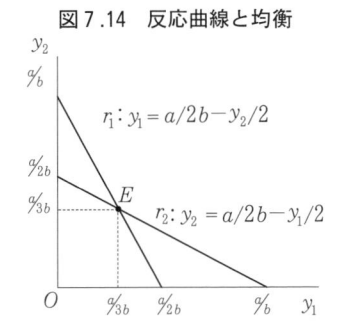

図7.13 寡占市場

図7.14 反応曲線と均衡

(7.14) 式，(7.15) 式より，y_1 と y_2 について解いてえられる，$y_1 = y_2 = a/3b$ がクールノー均衡となります。産業全体の生産量は $y = 2a/3b$ となります。

【要　約】

1　市場需要曲線は，個別需要曲線を集計したものであり，市場供給曲線は個別供給曲線を集計したもので表されます。

2　均衡から離れた場合，均衡へ戻る力が働く場合を安定的，均衡へ戻らない場合を不安定的といいます。

3　ワルラスの安定条件は，均衡価格より高い価格では，負の超過需要，均衡価格より低い価格では，正の超過需要が発生することです。

4　マーシャルの安定条件は，均衡数量より大きいと，供給者価格＞需要者価格，均衡数量より小さいと，需要者価格＞供給者価格となることです。

5　需要の価格弾力性は，数量の変化率を価格の変化率で割ったものです。需要の価格弾力性が大きい財を弾力的，小さい財を非弾力的といいます。

6　ある財・サービスの供給が唯一の生産者によって行われ，この財に密接な代替財が存在しない状態を独占といいます。

7　密接な代替関係にある財を，多数の生産者が生産し，各生産者が製品差別化を行っている状態を独占的競争といいます。

8　市場に少数の企業が存在する状態を寡占といいます。この市場では，各企業の利潤は，自己の行動だけでなく競争相手の行動にも依存しています。

【練習問題】

1　市場全体の需要曲線と市場全体の供給曲線について説明しなさい。

2　ワルラスとマーシャルの安定条件を説明しなさい。また，蜘蛛の巣の調整過程とは，市場で該当するか図を描いて説明しなさい。

3　需要の価格弾力性と供給の価格弾力性を説明しなさい。

4　独占企業と独占的競争企業の違いを説明しなさい。

5　ある財の需要曲線が，$X = 50 - p$ で表されます。

価格が $p = 40$ と $p = 10$ のとき，Δp が $+5$ 上昇しました。需要の価格弾力性をそれぞれ求めなさい。

6 以下の弾力性一定の需要関数の価格 p と数量 x の組合せから，需要の価格弾力性が 1，1 より大，1 より小かを区別せよ（単位円，個）。

	(1) p x	(2) p x	(3) p x	(4) p x
	2 8	8 3	5 4	5 3
	4 4	6 5	7 3	4 4

7 独占企業が直面する逆需要曲線が，$p = 60 - q$，独占企業の限界費用曲線が $p = y$ であるとき，以下の問いに答えなさい。

① 独占価格と生産量を求めなさい。

② この市場が完全競争市場のときの，価格と生産量，独占による余剰の損失を求めなさい。

第Ⅱ編　参考文献

Begg, D./S. Fischer/R. Dornbusch（2005）*Economics*, 7th, McGgraw－Hill.
バウモル／ブラインダー著，佐藤隆三監訳（1988）『エコノミックス入門』HBJ出版局
伊藤元重著（1992）『ミクロ経済学』日本評論社
倉沢資成著（1988）『入門価格理論』第2版，日本評論社
マンキュー著，足立他訳（2000）『マンキュー経済学Ⅰミクロ編』東洋経済新報社
西村和雄著（1995）『ミクロ経済学入門』第2版，岩波書店
坂井吉良著（2001）『ミクロ経済学入門』税務経理協会
サミュエルソン／ノードハウス著，都留重人訳（1992-3），『経済学』第13版，上，下，岩波書店
スティグリッツ著，藪下他訳（2000）『ミクロ経済学』東洋経済新報社
ヴァリアン著，佐藤隆三監訳（2000）『入門ミクロ経済学』原書第5版，勁草書房

第Ⅲ編　マクロ経済学

第8章　マクロ経済学と有効需要の原理

第1節　マクロ経済学とGDP

マクロ経済学とテーマ

　マクロ経済学は経済全体を対象とする学問であり，GDP，経済成長率，物価，失業，国際収支，為替レートなどの決定や変動のメカニズムを解明し，経済全体のパフォーマンスを改善するための政策を提示することがテーマです。個々の企業や家計のすべてにわたって集計した所得や生産量の決定と変動に影響を与える要因や政策に焦点があてられています。企業や家計の所得ではなく，一国の全体の所得である国民所得を分析します。また，農産物市場や家電市場や輸送サービスの市場など異なる財・サービス市場を1つにして財市場または生産物市場として分析します。株式や預貯金や国債など資産は数多く存在していますが1つの資産市場として分析します。

　このようにマクロ経済学は，一国経済全体が1つの財，1つの価格，1つの資産と1つの利子率，1種類の労働などから構成されているものとして，経済を抽象化することによって，それらの経済変数の決定と変動および本質的相互依存関係を解明します。GDP，物価，貨幣，利子率などは経済全体を把握するために欠くことのできない経済データです。個々の財や価格とは異なり，GDPや物価や貨幣量は目で確認することはできませんが，生活の豊かさや苦しさ，好況と不況，インフレーションと失業について語ることができます。マクロ経済学は個々の経済主体が直接関わる経済量を分析対象としていませんが，私たちの日常生活において深く関わる現実的かつ重要な経済問題を分析します。

失業と完全雇用

失業とインフレーションはマクロ経済学の中心的テーマです。失業（者）は働く能力と意思がありながら職に就くことができない状態（者）のことをいいます。この失業者と就業している就業者の和が労働力人口であり、労働力人口に占める失業者の割合が失業率です。

失業 unemployment は労働という希少な資源が社会において有効に利用できない、という経済的不効率による生産減少だけでなく、所得の減少も伴います。職を失った場合、失業保険制度によるに所得補償が行われていますが、失業に対する完全な保証ではありません。失業は一家の稼ぎ手を失い、収入を減少させ、所得分配の不平等を引き起こします。また、生活水準の低下や人生を狂わせることから人々を苦しめ、精神的苦痛や病気や家庭環境の悪化さらには離婚等が起きやすく社会不安をも招き、社会問題や政治問題になります。したがって、**完全雇用**は、社会の自明な経済目標であり、マクロ経済学は失業の解明と完全雇用実現のための政策の導出を中心的テーマとしています。

完全雇用とは、ある財を増加させようとするとき、他の財の生産を犠牲にしなければならない状態のことをいいます。すなわち、労働をはじめすべての資源が有効に活用されている**パレート最適**の状態です。しかし、経済学者は労働能力と働く意思のあるものがすべて雇用される以前に、経済は完全雇用を達成しているものと考えています。それは、経済は動態的に変化しており、斜陽産業からの離職者が考えられるし、成長産業に職を得るために仕事をやめ、積極的に求職活動をしている人もいます。また、求人と求職情報の非対称性（ミスマッチ）や労働の質的問題さらには労働移動上の問題から、失業者が一人もいないという状況は、市場が完全に機能していたとしてもあり得ないことです。

この完全雇用における失業率を**自然失業率** natural rate of unemployment または完全雇用失業率といいます。この自然失業率を低くし、実際の失業率と自然失業率の乖離を小さくし、さらに乖離したとき適切な政策により早急に自然失業率を回復させることが、マクロ経済学者と政策責任者の仕事です。

自然失業率は市場の不完全性（情報の非対称性や労働の質的格差）、労働移動や

転職コストさらに経済の構造変化に伴って生じる摩擦的失業に依存しています。自然失業率は長期的に低下させることはできない失業率と考えられます。教育制度や雇用制度や地理条件さらには経済発展段階にも依存しています。

経済は短期的に自然失業率から乖離します。この乖離による失業を**待機失業** wait unemployment または**非自発的** involuntary **失業**といいます。いわゆる，現在の賃金で働く意思がありながら，仕事に就けなく，仕事の割り当てを待つ状態にあります。このような失業は，労働需要量が労働供給量以下である超過供給のときに生じます。労働需要量の低下は GDP の低下に対応しており，経済活動水準の低下が雇用を低下させ，失業率を上昇させます。雇用量と GDP は正の関係にあり，失業率と GDP は負の関係です。そして，失業率の変化と経済成長率も負の関係です。これを**オークン法則** Okun's law といいます。

インフレーションとデフレーション

インフレーション inflation は失業以上に深刻な問題ともいえるし，インフレの社会的コストは小さいともいいます。また，インフレよりも**デフレーション** deflation の方が深刻であり，その社会的コストは甚大であるともいいます。

インフレーションは物価水準の継続的な上昇であり，デフレーションはその下落です。この対照的な経済現象が社会にコスト負担を強いるのです。もし，インフレやデフレがあらゆる財・サービスの価格を比例的に変化させるという経済現象ならば，相対価格（実質変数）は変化せず，実体経済は変化していません。このことから重要な命題が導かれます。それは貨幣量が物価を決定する変数であり，実質変数が貨幣量と独立であるならば，インフレやデフレの社会的コストはゼロであるというものです。この命題は**貨幣の中立性** neutrality of money と呼ばれ，名目変数と実質変数の理論的分離を**古典派経済学の二分法** classical dichotomy といいます。

経済学者の多くは，この命題が長期的に成立しているものと考えています。それゆえに短期的には貨幣量と実質変数とは独立でないことを認識しており，インフレとデフレの解明もマクロ経済学の重要なテーマに位置づけています。

インフレ（デフレ）弊害の1つは，所得分配の不平等を生じさせます。インフレのとき，貨幣価値の減価から債権者や年金生活者は不利に，債務者は有利となります。したがって，デフレは貨幣価値の増価から債権者は有利に，債務者は不利となります。

第2に，物価の上昇は実質賃金を低下させ，労働意欲に影響を与え，雇用量や生産量に影響を及ぼすことから，資源配分の効率性を損ないます。

第3に，インフレは貨幣価値の減価から貨幣の価値尺度機能が喪失し，人々は貨幣での財・サービスの交換を拒み，物々交換が一般化します。資源の効率的利用は損なわれ，経済活動は著しく低下します。

数量調整経済と価格調整経済

市場経済が万能であるならば，失業やインフレやデフレの経済が生じることはありません。価格が需給の不一致を即座に解消できるならば，大量の失業者が生じることもなく，失業が社会問題や政治問題に発展することもありません。

市場が有効に機能している場合，生産されたものはすべて売りつくされます。企業が人々の必要としているよりも多く生産し，市場に供給されても価格が下がり，需要が増加して需給が一致します。逆に，不足のときは価格が上昇して，需要を減少させることができます。価格が需給に応じて，十分伸縮的に変化するならば，「供給はそれ自らの需要を創出する」という**セイの法則** Say's law が成立します。したがって，経済活動水準は需要ではなく，資源存在量と供給能力によって決定され，失業のない完全雇用の経済が成立します。

野菜や魚などの生鮮食料品の価格は毎日変化しています。閉店間際のスーパーなどで，値下げして売りつくそうとする光景もよく観察されます。実際に価格調整によって需要量と供給量の調整が行われています。しかし，現在の高度に工業化された経済では，生鮮食料品や円や株式の価格のように日毎に変化する財・サービスは少ないのです。自動車，本，医薬品，理髪・医療・交通サービスなどの財・サービスの価格は，頻繁に変化していないことが観察できます。

工業製品は在庫が可能であり，需給の不均衡はこの在庫調整によって行って

います。また，サービスの供給は需要のピークに対応して供給能力を設定し，需要の変化に対して価格調整を頻繁に行わないシステムをとっています。すなわち，「供給はそれ自らの需要を創出する」という調整ではなく，需要の大きさが供給量を調整しているのです。「需要が一国経済全体の経済活動水準を決定している」のです。このようなメカニズムを**有効需要の原理** principle of effective demand といいます。このメカニズムの解明は，ケインズ J. M. Keynes の『雇用・利子・貨幣の一般理論』によって明らかにされました。この従来の経済学とは根本的に異なる理論的展開を**ケインズ革命**といいます。

　総需要が一国経済の活動水準を決定するのであれば，総需要管理による経済安定・成長が可能となります。スミスの市場万能主義の夜警国家論から，知性をもつ政府による経済管理「総需要管理」の経済哲学が誕生しました。ケインズ革命は政府の経済への介入のあり方も根本的に変更することになったのです。

短期経済と長期経済

　第1次産業の市場では価格調整が行われていますが，現代国家の第1次産業のウェイトは数%です。現代国家は価格調整が頻繁には行われていない第2次と第3次産業中心の経済となっています。われわれの高度に工業化し，サービス経済化し，ソフト化した現代経済では，需給不均衡の短期の調整は，価格ではなく，主として数量調整によって行っていると考えることができます。

　このように経済には，価格による調整と数量による調整の2つの代表的調整方法があります。前者は**伸縮的価格調整経済**，後者は**数量調整経済**または**固定価格経済**と呼ぶことができます。ミクロ経済学は伸縮的価格経済を想定したモデルが多いといえます。マクロ経済学は，短期においては固定価格経済を想定しています。価格は変化するが，短期的には変化せず，不均衡の調整は数量が行っている経済を解明します。また，長期的には価格調整がなされていることを想定し，市場が十分に機能している経済を考察しています。マクロ経済学における「**短期**」とは，価格調整がなされない期間，価格が変化しない経済であり，「**長期**」は価格調整が行える期間，価格が変化する経済を意味しています。

現代マクロ経済学と経済政策

　現代の主要なマクロ経済学派は4つの論点に結びつけられます。それは労働市場の調整スピード，期待形成，短期と長期の相対的重要性および過去の歴史が継続的に影響を及ぼすという**履歴現象** hysteresis です（Begg（2005））。

　新古典派のマクロ経済学は，急速な市場調整と人々が合理的に行動し，将来を正しく予測するという**合理的期待仮説**とが一体となっています。したがって，この学派は市場メカニズムを信頼し，政府の経済的役割を否定します。雇用契約や予期しない変化により完全雇用からの一時的乖離は存在しますが，完全雇用の近傍での総需要管理政策は効果がなく，価格安定と潜在的産出量を引き上げる供給サイド政策を提案し，短期よりも長期を重要視しています。

　実物景気循環学派（サプライサイドの経済学）は，市場均衡からの一時的な乖離さえも否定しています。したがって，経済は常に完全雇用であり，経済変動の原因は供給サイド（特に技術的要因）にあり，総需要管理政策を否定し，供給サイド政策の必要性と有効性を強調しています。

　マネタリストは，完全雇用への回復は瞬時ではなく，数年以内であると考えています。それゆえに，高い貨幣供給量は単に高い物価を実現するだけであるといいます。政府は総需要の微調整をすべきではないが，物価を引き下げるための長期政策と潜在生産量を引き上げる供給サイド政策を提案します。裁量による財政政策ではなく，ルールによる金融政策の有効性を強調します。

　ケインジアンは，市場調整は遅く，完全雇用への自動的な回復には長年かかるものと考えています。それゆえに，長期的な供給サイド政策も重要視しますが，景気拡大や景気後退を防ぐための積極的な財政金融政策による短期の経済安定政策にも価値を認めています。履歴現象が長期均衡に恒久的な影響を与えることを指摘し，大きな景気変動をなくすことの必要性を指摘しています。また，**ニューケインジアン**は，家計の消費の最適化行動から需要サイドを，独占的競争仮説から価格調整の不完全性（非同時性）を説明する，というマクロ経済学にミクロ経済学の基礎を与えるとともに，貨幣量を内生変数，利子率を政策変数とする経済安定政策を提案しています（Walsh（2003））。

第2節　有効需要の原理

総需要と総供給

　市場において取引されるのは，需要と供給のうちより小さい数量ですから，超過供給が存在し，長期均衡を回復するように価格と賃金が調整している場合，生産量は需要によって決定されています。

　政府と外国部門を除く民間部門のみのとき，一国の経済主体が購入しようとする財・サービスの**総需要**は，**消費 C と投資 I** との和です。

　　総需要 $= C + I$

総供給は生産主体が生産供給しようとする総生産物であり，総生産物は国民所得 Y ですから，**総供給**は消費 C と貯蓄 S の和です。

　　総供給 $=$ 国民所得 $Y = C + S$

　一国経済の総所得の GDP は，総需要＝総供給となる GDP です。そこで，総需要や総供給の構成要素について考察してみましょう。

消費関数と貯蓄関数

　家計の財・サービスに対する消費支出は，家計の可処分所得に依存しています。可処分所得は企業から受け取る所得と政府の移転支出から，直接税と社会保険料を控除した金額であり，その可処分所得は消費と貯蓄になります。政府が存在しないとき，可処分所得は国民所得と等しくなります。

　消費や貯蓄は，教育，結婚，マイホーム，旅行など家計の諸要因に依存して決定されています。日本をはじめ各国において，消費は国民所得の増加に伴って増加するという安定的関係が確認されています。消費 C と国民所得 Y は，以下の簡単な関係で表すことができます。

　　(8.1)　$C = a + bY$

　この消費と国民所得の直線の関係を**消費関数** consumption function といいます。この関数にもとづき，一国の消費の動向を解明した最初の経済学者がケ

インズであることから，この消費関数をケインズ型消費関数ともいいます。この消費関数の特徴は以下の3つに要約することができます。

1．所得の増加に対する消費の増加の比である係数 b が1以下で一定です。

　この係数 b は，**限界消費性向** marginal propensity to consume（MPC）と呼ばれ，$0 \leq b \leq 1$ という関係を満たしています。すなわち，所得の変化による消費への影響は，所得の変化よりは大きくはなく，所得水準とは関係なく，常に一定であることを意味しています。

$$(8.2) \quad b = MPC = \frac{消費の増加}{国民所得の増加} = \frac{\Delta C}{\Delta Y}$$

2．平均消費性向は所得水準の上昇とともに低下しています。

　所得に対する消費の比 C/Y は，**平均消費性向** average propensity to consume（APC）といいます。平均消費性向は，所得1円当たりの消費額であり，消費の支出割合を示す消費率です。この平均消費性向が所得水準の上昇とともに低下することは，貯蓄率が上昇していることを意味しています。

3．消費が利子率とは関係なく，所得のみに依存しています。

　消費の増加は貯蓄の低下でもあります。その貯蓄は利子率に依存していることが予想されます。それゆえに，消費も利子率に依存していることが予想されます。(8.1)式の消費関数は利子率の関数ではないことに特徴があります。

　以上の3つの特徴は，日本や世界各国の消費関数と矛盾せず，(8.1)式は消費の動きをほぼ説明しています。なお，(8.1)式の切片である a は，所得水準とは独立な消費支出であり，独立支出または基礎消費と呼ばれます。また，(8.1)式の両辺を Y で割ると，$C/Y = a/Y + b$ となります。平均消費性向は所得の増加とともに低下し，$APC > MPC$ という関係が成り立っています。

　図8.1は，(8.1)式を図示したものです。MPC は消費関数の傾きであり，APC は消費関数の任意の点と原点とを結んだ線分の傾きです。この APC は所得水準の増加とともに低下することが確認できるとともに，消費関数の傾きである $MPC = b$ が，$APC = C_1/Y_1$ よりも小さいことも確認できます。

　また，消費と国民所得が等しい，すなわち，貯蓄がゼロである所得水準を

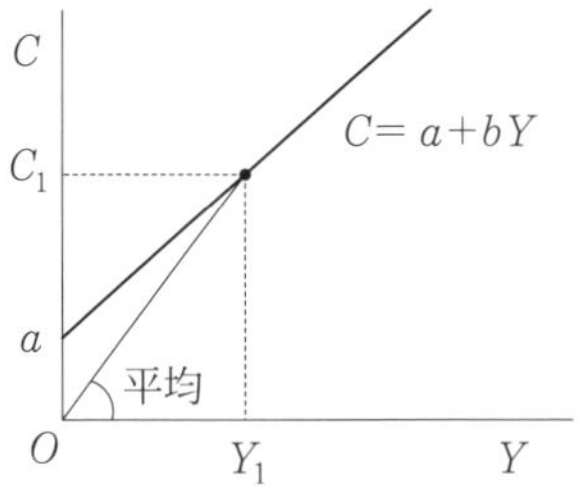

収支分岐点といいます。この所得水準以下では，$C>Y$ であり，家計は赤字，負の貯蓄です。逆に，収支分岐点を超える所得水準では，$C<Y$ であり，家計は黒字，貯蓄は正となっています。C と S の和が国民所得 Y ですから，**貯蓄は消費されなかった所得**であり，貯蓄関数は次式で表されます。

図 8.1　消費関数

(8.3)　$S=Y-C=-a+(1-b)Y$

消費関数の定義から，貯蓄関数の切片 $-a$ は負となり，$1-b$ が **限界貯蓄性向** marginal propensity to save（MPS）であり，MPC の定義から，MPS は 1 以下であり，$MPC+MPS=1$ という関係が成立します。また，S/Y は **平均貯蓄性向** average propensity to save（AMS）であり，**貯蓄率**です。もちろん，国民所得の定義から，$APC+APS=1$ です。

投資支出

総需要の1つである**投資** I は，消費とは異なり，毎年変動します。また，国民所得との間にも消費のような密接かつ安定関係はみられません。投資は生産設備への追加となり，生産手段が増加します。工作機械，工場，輸送用車両やビルなどの支出は，企業の将来に向けての意思決定となります。このような意思決定は，市場調査結果や将来の需要や収益，資金調達さらには経済成長予測などの様々な経済的諸要因を考慮する必要があります。投資を決定する投資関数は，消費関数とは異なり複雑です。そこで本章では，投資は国民所得とは独立で一定であると仮定します。本章の投資関数は，次式のような簡単な独立支出です。

(8.4)　$I=\bar{I}$（一定）

均衡国民所得と現実の国民所得

ここでは，現実の GDP の決定メカニズムについて説明します。表 8.1 は経

済が実現することができる総供給(国民所得)とその所得に対する家計の消費計画や貯蓄計画,および企業の投資計画が示されています。表には買い手と売り手の異なる経済主体の計画支出額(総需要)と計画生産額(総供給)が示されています。この経済主体の計画額のなかのひとつが市場メカニズムによって決定されます。価格が固定されている経済の調整メカニズムは,**数量調整**であり,それを有効需要の原理といいます。それは,支出能力を伴う**有効需要**が一国の総生産量すなわち国民所得を決定するというメカニズムです。

表の第1行目は,この経済が実現可能なGDP(国民所得)であり,生産主体の総供給計画額です。第2行と第3行目が,国民所得に対応して家計が消費し,貯蓄しようとする消費計画と貯蓄計画です。国民所得200兆円のとき,消費は220兆円,貯蓄は－20兆円です。国民所得300兆円のとき,消費は300兆円であり,貯蓄ゼロの収支分岐点となっています。また,家計は所得100兆円の増加に対して,消費を80兆円増加させ,貯蓄を20兆円増加させています。したがって,この経済のMPCは0.8,MPSは0.2です。そして,基礎消費額は60兆円であり,$C=60+0.8Y$という,先に説明した消費関数に基づいた消費計画となっています。また,貯蓄関数は$S=-60+0.2Y$です。消費と貯蓄の和が総供給であり,5行目に総供給が示されています。総供給は1行目のGDPと恒等関係です。

表8.1 国民所得と消費計画と貯蓄計画と均衡

(1) GDP(Y)	200	300	400	500	600	700
(2) 消費計画	220	300	380	460	540	620
(3) 貯蓄計画	－20	0	20	40	60	80
(4) 投資計画	60	60	60	60	60	60
(5)=(2)+(3) 総供給(Y)	200	300	400	500	600	700
(6) 総需要と総供給の大小関係	∧	∧	∧	∧	∥	∨
(7)=(2)+(4) 総需要	280	360	440	520	600	680
(8) 生産量の調整	拡大	拡大	拡大	拡大	均衡	縮小

4行目の投資は，国民所得とは独立で一定です。所得水準とは関係なく60兆円の投資計画が実行されます。この投資と消費の和が総需要であり，7行目に示されています。

表8.1の実現可能なGDPまたは国民所得において，総需要と総供給が一致しているのは600兆円の国民所得です。この国民所得が現実経済において実現する国民所得であり，**均衡国民所得** national income of equilibrium といいます。600兆円以外の国民所得では，総需要と総供給が一致していない不均衡となっています。6行目の不等号は総需要と総供給の大小関係を示しています。不均衡の経済状態は，経済主体は満足せず何らかの行動を起こし，生産量が変化し，国民所得や総需要も変化し，そして経済は**均衡状態**に向かいます。

いま，国民所得が200兆円のとき，総需要は280兆円，総供給は200兆円であり，総需要が総供給を80兆円超過しています。この80兆円の超過需要は，企業の在庫を減少させ，企業は生産増加という行動をとります。この生産増加により国民所得が増加し，消費を増加させ，総需要が増加します。すなわち，この経済の国民所得は200兆円から300兆円の方向に変化します。この経済の国民所得が300兆円となったとき，総需要は360兆円であり，総需要が総供給を60兆円超過しています。したがって，超過需要の存在は，在庫減少，生産増加，国民所得増加，消費増加，総需要増加というメカニズムを引き起こします。このメカニズムは総需要が総供給を超過しているかぎり作用します。それゆえに，総需要と総供給が一致する600兆円まで国民所得は増加します。国民所得が600兆円のとき，在庫調整の必要はなく，生産拡大という企業の誘因は消失し，総供給600兆円＝総需要600兆円の経済が実現することになります。

いま，国民所得が700兆円のとき，総需要は680兆円，総供給は700兆円であり，総供給が総需要を20兆円超過しています。この20兆円の超過供給は，企業の在庫を増加させることから，企業は生産を縮小させるという行動をとります。この生産縮小により国民所得が減少し，消費を減少させ，総需要が減少し，この経済の国民所得は700兆円から減少し，600兆円の方向に変化します。このように総供給が総需要を超過している場合，国民所得が低下するというメカニズ

ムが作用します。そして、総需要と総供給が一致する600兆円で総供給の調整は終了し、国民所得600兆円の経済が実現します。

以上の総需要と総供給が一致していないとき、総供給が総需要にみあうように調整され、総需要と総供給が一致する状態を実現することに特徴があります。経済におけるこのような数量調整のメカニズムを**有効需要の原理**といいます。消費や投資や輸出などの支払い能力を伴う需要を有効需要といいます。現実のGDP（総所得）の決定において、有効需要は重要な役割を果たしています。

均衡国民所得の決定

以上の説明において、現実のGDPは総需要と総供給が一致する状態における総生産物であることが明らかとなりました。したがって、現実のGDPや国民所得を予想することは、均衡国民所得を導出することを意味しています。

それは、総需要と総供給が等しいGDPや国民所得を求めることです。

総需要は(8.1)式の消費関数と(8.4)式の投資関数の和として表せます。

(8.5)　総需要 $= C + I = a + bY + I$

総供給は消費 C と貯蓄 S の和が国民所得 Y です。

(8.6)　$Y = C + S$

均衡国民所得は総需要＝総供給となります、すなわち、(8.5)式と(8.6)式が等しくなる国民所得です。または、$I = S$ となる国民所得です。これを**均衡条件**といい、均衡条件の次式を国民所得 Y について解いた値が均衡国民所得です。

(8.7)　$Y = a + bY + I$

(8.7)式を解くと、**均衡国民所得** Y_e は次式となる。

(8.8)　$Y_e = \dfrac{1}{1-b}(a + I)$

先の表8.1の消費関数 $a = 60$, $b = 0.8$, $I = 60$ を代入して解くと、均衡国民所得 Y_e は600兆円となります。もちろん、表で解いた結果と同じです。また、均衡国民所得は $I = S$ となる国民所得ですから、この投資＝貯蓄の均衡条件、$60 = -60 + 0.2Y$ から、Y の値を解いても同様に600兆円となります。

図による均衡国民所得の解法

以上の均衡国民所得は図を利用して解くことができます。図8.2の横軸は国民所得（総供給）を測り，縦軸は消費 C や投資 I の総需要を測っています。

図8.2に45°線が描かれています。この直線上の点は，すべて横軸座標と縦軸座標が等しくなっています。したがって，横軸に国民所得が測られているので，45°線上の縦軸座標は消費 C と貯蓄 S の和である国民所得と等しくなっています。すなわち，この直線は国民所得（総供給）を表しています。

消費は図8.1や（8.1）式に示したように，切片 a，傾き b の直線です。そして，投資は（8.4）式に示したように，国民所得とは独立で一定ですから水平な直線となります。以上の C と I の和は，消費関数の切片が $a+I$ となり，傾きは b の直線となります。すなわち，総需要 $C+I$ は，消費関数 $C=a+bY$ を I だけ，上方にシフトした直線（総需要 $=a+I+bY$）となります。

この総需要を示す $C+I$ 直線と先の45°線の総供給を示す $C+S$ の直線の交点 E が均衡点であり，その座標 Y_e が**均衡国民所得**です。いま，国民所得が均衡国民所得 Y_e よりも小さい Y_1 のとき，この経済は総供給＜総需要という超過需要状態となっています。市場が超過需要であるとき，有効需要の原理によって総供給は増加します。したがって，国民所得は Y_1 から Y_e の方向に変化するという調整が作用します。逆に，国民所得が均衡国民所得 Y_e よりも大きい Y_2 のとき，この経済は総供給＞総需要という超過供給状態です。このような場合，有効需要の原理によって総供給は減少し，国民所得は Y_2 から Y_e の方向に変化するという調整が作用し，国民所得が Y_e のとき調整は終了します。このように経済は均衡国民所得から一時的に乖離しても戻るという数量調整が機能しているのです。

図8.2 均衡国民所得の決定

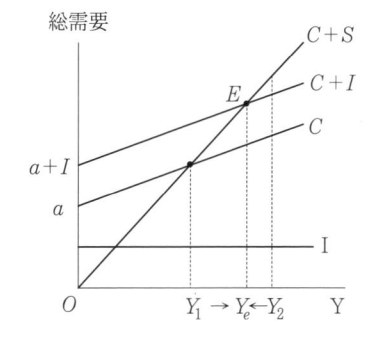

貯蓄のパラドックス

財市場の均衡条件である総需要＝総供給は，$I=S$ でもあります。そこで，$I=S$ の均衡条件を利用して，国民所得や貯蓄の決定について考察します。

図8.3は $I=S$ の均衡条件にもとづく，国民所得や貯蓄の決定を示したものです。横軸に国民所得，縦軸には貯蓄と投資が測られています。投資は国民所得とは独立で一定ですから水平の直線です。貯蓄関数は，消費関数 $C=a+bY$ から，$S=-a+(1-b)Y$ となります。したがって，貯蓄関数は切片 $-a$，傾き $(1-b)$ の直線となります。この貯蓄計画を示す貯蓄直線と投資計画を示す投資の直線の交点 E が均衡点であり，均衡国民所得 Y_e と貯蓄 S_e が決定します。

いま，貯蓄が増加し貯蓄直線が $S=-a+(1-b)Y$ から，$S=-a'+(1-b)Y$ にシフトしたものとします。この新しい貯蓄計画は，各所得水準において以前の貯蓄計画よりも多くなっています。すなわち，貯蓄の増加は貯蓄直線を上方にシフトさせることを意味しています。この新しい貯蓄直線と投資の直線の交点の新均衡点は E_1 となり，新均衡国民所得は Y_1 に低下し，貯蓄は S_e であり，変化していません。この結果は驚きです。貯蓄を増加させる新貯蓄計画が，貯蓄は変化していないからです。このようなことを**貯蓄のパラドックス**または節約のパラドックスといいます。しかし，このパラドックスの解明は簡単です。

有効需要の原理から，貯蓄の増加は消費の低下であり，消費という有効需要の低下により，均衡国民所得を低下させ，その結果として消費も貯蓄も低下させるというメカニズムが作用したからです。このことは，節約が常に経済を望ましい状態に導くとは限らないことを明らかにしています。節約は常に社会が支持する美徳な行動ではないということです。個人の貯蓄増加（節約）は，個人貯蓄残高を増加させますが，社会全体の貯蓄増加（節約）は，国民貯蓄を増加させるとは限らないのです。個人（ミクロの世界）にとって真理であることが，経済

図8.3　貯蓄のパラドックス

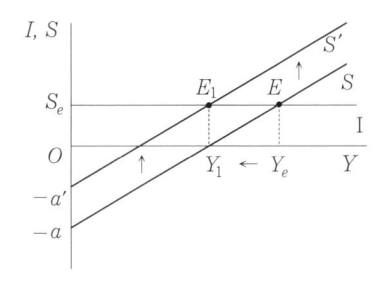

第8章 マクロ経済学と有効需要の原理　145

全体（マクロの世界）についても真理であると考えてしまうことを**合成の誤謬** fallacy of composition といいます。

しかし，日本は戦後一貫して貯蓄の増加が貯蓄を増加させてきました。また，バブル経済以後，貯蓄の増加が貯蓄を減少させるという経験もしています。これらの日本の経験は，この $I=S$ の簡単なモデルによって説明できます。

第3節　乗数効果

投資乗数

家計の消費計画は，所得と密接かつ安定的ですが，企業の投資は極めて不安定です。1955年度から2023年度における，日本の対前年度消費の伸び率の最高が3.0%，最低が－5.3%，一方，投資のそれは，17.4%と－13.2%であり，投資の変動の大きいことが理解できます（2023年度「国民経済計算年報」2015年基準・2008SNA・実質）。

前節の例題において，投資は一定の60兆円として議論を進めてきました。本節では，この投資が20兆円増加して，80兆円に増加した場合の経済に与える効果について検討します。

投資は有効需要ですから機械や建物や工場などの投資財への支出は，生産増加＝供給増加させ，国民所得を増加させます。すなわち，投資の増加は，即均衡国民所得を増加させます。このとき重要なことは，この20兆円の投資の増加が，20兆円の国民所得の増加にとどまらないということです。

まず，投資の20兆円の増加は，20兆円の生産増加と20兆円の国民所得の増加が実現します。この20兆円の国民所得の増加は，消費を限界消費性向分増加させます。MPC が0.8である場合，消費は16兆円増加します。また，貯蓄も4兆円増加します。消費は有効需要ですから，消費の16兆円増加が生産増加＝供給増加を実現させ，16兆円の国民所得の増加が実現します。したがって，この16兆円の国民所得の増加は，消費を MPC の12.8兆円増加させます。さらに，消費の12.8兆円の増加が生産を増加させ，国民所得を増加させますので，消費の

増加,国民所得の増加と続いていくことになります。

　問題はこの増加の波及過程がいつまで継続し,最終的に国民所得がいくら増加するかです。最初の投資の増加による国民所得の増加20兆円が1次効果,2次効果は0.8×20です。そして,3次効果は0.8×0.8×20,……というように国民所得が増加していくことが理解できます。これを合計したものが投資20兆円の増加による国民所得の増加となります。その合計は次式で表せます。

　(8.9)　　$20+0.8\times20+0.8^2\times20+0.8^3\times20+……+0.8^n\times20$
　　　　　$=20\ (1+0.8+0.8^2+0.8^3+……+0.8^n)$

　(　)内は初項が1で,公比が MPC である0.8の等比級数の和です。この和は,$1/(1-0.8)=5$ となります。したがって,投資20兆円の増加による国民所得の増加は,$20\times5=100$,すなわち100兆円です。投資20兆円の増加が国民所得をその5倍の100兆円増加させることになります。この5の値を乗数 multiplier といい,投資の増加と結びつくこの乗数は**投資乗数**といいます。投資乗数は,投資の増加 ΔI に対する国民所得の増加 ΔY の比です。

　投資の増加を ΔI,MPC を b,国民所得の増加を ΔY とすれば,投資の増加 ΔI と国民所得の増加 ΔY の関係は次式となります。

　(8.10)　　$\Delta Y = \dfrac{1}{1-b}\Delta I$

　$1/(1-b)$ が投資乗数であり,MPC が大きい場合,投資乗数も大きくなります。MPC が0.6のとき,投資乗数は2.5,MPC が0.75のとき,投資乗数は4です。MPC と MPS の和が1ですから,投資乗数は MPS の逆数となります。

　以上の投資の増加が乗数倍の国民所得の増加を実現するという説明は,投資という需要の増加が生産を増加させ,さらに所得の増加が需要を増加させるという,経済における波及過程の存在を明らかにしています。そして,その波及過程は有効需要が一国の経済活動水準を決定するメカニズムです。このようなメカニズムは,**外生変数**が**内生変数**に与えるメカニズムであり,外生変数と内生変数の比が乗数であり,政府支出乗数や輸出乗数や貨幣乗数などがあります。

均衡国民所得と完全雇用

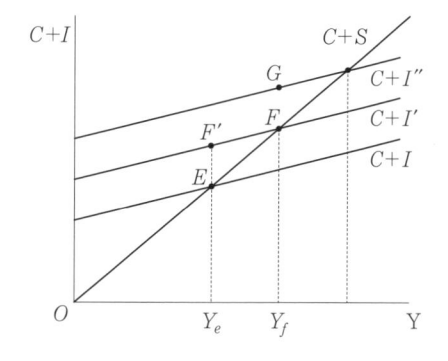

均衡国民所得は，家計の消費計画や企業の投資計画が変更されないかぎり，現実の国民所得と一致しています。この均衡国民所得は，経済主体の行動と市場調整によって，いわゆる有効需要の原理によって決定されたものであり，社会的観点において，その国民所得が望ましい水準であるかどうかについては別問題です。すなわち，均衡国民所得と社会的観点から望ましい所得水準である**完全雇用国民所得**（自然実質GDP）とは必ずしも一致していないのです。

均衡国民所得と完全雇用国民所得とが一致していないとき，GDPギャップが存在しているといいます。このギャップの存在は経済的不効率を意味し，経済問題だけでなく社会問題を生み出します。われわれの経済が理想的状態を実現できない場合，不況や失業やインフレーションが生じています。そこで，均衡国民所得と完全雇用国民所得との関係について説明します。

図8.4において，総需要の直線が3つ示されています。まず，均衡点が総需要 $C+I$ と総供給 $C+S$ の交点 E にあるものとします。この均衡点 E に対応する均衡国民所得は Y_e です。この Y_e は完全雇用国民所得 Y_f よりも小さく，この経済の所得水準（生産水準）は，資源のすべてを利用した場合に実現できる所得水準以下なのです。したがって，この経済は不況であり，失業が生じており，**デフレーション・ギャップ** deflation gap が存在しているといいます。

この経済がこの均衡国民所得 Y_e ではなく，完全雇用国民所得 Y_f を実現するためには，$C+I$ の総需要が $C+I'$ の位置まで移動しなければなりません。図の F 点の位置で総需要と総供給が一致したとき，均衡国民所得と完全雇用国民所得が一致します。このように EF' の需要不足が解消されるならば，この経済は Y_e ではなく，Y_f の国民所得が実現できます。すなわち，社会が目標とする完全雇用

図8.4 均衡国民所得と完全雇用GDP

国民所得が達成できます。この完全雇用を実現するために必要な総需要をデフレーション・ギャップといいます。その大きさは $(Y_f - Y_e) \div$ 乗数です。

また，経済活動水準が上昇し，総需要が $C+I''$ の位置まで増加するならば，新しい均衡点は完全雇用国民所得が実現する均衡点 F より上方となります。このようなとき，**インフレーションギャップ** inflation gap が存在しているといいます。図から理解できるように，総需要が完全雇用国民所得 Y_f を超えて増加した場合，総需要は総供給を導くように，生産増加，供給増加，国民所得増加というメカニズムは機能しません。なぜならば，この経済は資源を効率的に利用している完全雇用の状態に達しており，総供給（生産）の上限となっているからです。したがって，総供給の上限を超える総需要は，実質 GDP を増加させる余地はなく，物価の上昇を引き起こすだけです。完全雇用国民所得である総供給を超える総需要 FG がインフレーションギャップです。

第4節　政府部門の導入

政府の行動と均衡国民所得

　政府は公共財の提供や所得再分配や経済安定化のために，様々な財・サービスを民間から購入しています。公務員や治安維持の警察官の採用，白書の出版，道路整備の公共事業などは，すべて政府支出であり総需要を構成します。政府最終消費支出と政府の公的固定資本形成の合計が**政府支出**であり，総需要となります。したがって，民間部門と政府部門を含む一国経済の総需要は，民間最終消費 C と民間投資 I と政府支出 G の合計であり，次式で表されます。

　　総需要 $= C+I+G$

　政府は企業や家計から徴収した税金や社会保険料の一部を移転支出として民間に支出しています。これが年金や生活保護などの社会保障支出です。この支出は財・サービスの対価の支払いではないので政府支出には含まれません。課税は対価を要求しない政府の強制的徴収であり，移転支出はこの課税の反対であり，財・サービスの対価を伴わない政府の国民への支払いです。課税は国民

可処分所得を減少させ，移転支出はそれを増加させます。したがって，総供給の国民所得は，消費 C と民間貯蓄 S と税収から移転支出を控除した純税収 T の合計となります。本書では，税収と移転支出を区別する必要がある場合をのぞき，純税収を**税収** taxation：T とします。

$$総供給 = C + S + T$$

以上から，政府部門を導入した場合の均衡国民所得は，総需要＝総供給の均衡条件から，次式が成立している水準に決まります。

(8.11) $\quad C + I + G = C + S + T \quad \Leftrightarrow \quad I + G = S + T$

この均衡条件から，民間投資 I と民間貯蓄 S が等しいとき，政府支出 $G =$ 税収 T が等しく，財政収支も均衡していることがわかります。もし，民間投資が民間貯蓄を超過しているとき（$I > S$），政府部門は政府支出が税収よりも小さく（$G < T$），財政収支は黒字です。この場合，政府貯蓄がなされ，金融市場に資金提供が行われます。逆に，$I < S$ であるならば，$G > T$ となり，財政収支は赤字となり，国債発行により民間貯蓄からの資金調達を行っています。

政府支出 G は政治的な意思決定により決定されています。このことは経済活動水準とは独立に決定されていることを意味しています。政府は国民の生命や財産を保護し，公共サービスを提供する不可欠な使命を担っていることから，G が Y に依存して変化することは好ましいことではありません。しかし，政府予算は景気に影響される側面があり，また，G の大きな割合を占める公務員の給与は，Y と密接な関係にあります。G が Y と独立であるならば，政府支出は，国民所得と独立であった投資と全く同様な効果を経済に与えます。G の増加は GDP を増加させ，その減少は GDP を低下させます。

租税制度は複雑ですが，国民に一括して課税する定額税（一括税）の経済に与える影響について説明します。この課税方法は所得水準に関係なく，国民に一定額の税負担を強いるものです。したがって，国民所得がいかなる水準であっても，定額税の課税額だけ国民の可処分所得が減少します。それゆえに，消費と貯蓄が減少し，課税や増税は GDP に負の効果を与えます。

定額税を課税した場合の消費関数は，国民所得 Y から課税額 T を引いた可

処分所得 $Y-T$ の関数となります。すなわち, (8.1) 式の消費関数は, $C = a + b(Y-T)$ となります。また, 投資関数 $I=I$ (一定), 政府支出 $G=G$ (一定) および税収 $T=T$ (一定) であると仮定します。以上のモデルから均衡国民所得を求めてみます。総供給＝総需要という均衡条件は, $Y = a + b(Y-T) + I + G$ です。これを Y について解いた均衡国民所得 Y_e は次式となります。

$$(8.12) \quad Y_e = \frac{1}{1-b}(a + I + G - bT)$$

この政府部門を含むモデルと先の民間部門のみの均衡国民所得決定モデルとを比較してみます。この式は（ ）内の国民所得とは独立な基礎消費 a と投資 I に, 政府支出 G と課税の消費への効果である $-bT$ が加わっただけです。

政府支出の効果と課税の効果

(8.12) 式の $1/(1-b)$ は乗数であり, I の増加と G の増加は, 国民所得 (GDP) に同じ効果を与えることがわかります。すなわち, G の増加は総需要の増加となり, 生産増加・供給増加を実現し, Y を増加させます。G の需要の増加は, I の需要の増加メカニズムと全く同じです。G の増加と対応する乗数は, **政府支出乗数**といい, その値は投資乗数と一致します。もし, 限界消費性向が0.8, 政府支出が10兆円増加するならば, 国民所得は50兆円増加します。政府支出の増加 ΔG の国民所得に与える効果は次式となります。

$$(8.13) \quad \Delta Y = \frac{1}{1-b}\Delta G$$

この政府支出の国民所得に与える効果を前提にするならば, 雇用や物価という経済安定の実現のための政府の経済的役割について, 次のように述べることができます。もし, 民間の投資が低調であり, 均衡国民所得が完全雇用 GDP 以下である場合には, 政府支出の拡大という財政政策が, 一国経済全体の総需要を増加させるために必要であり, かつ有効であるということです。

一方, **定額税**の増税 ΔT は, 所得に関係なく国民に税負担を強いるものですから, 増税額と等しい可処分所得 $\Delta T = \Delta Y$ が減少します。この可処分所得の

減少が消費を低下させるために，増税は有効需要の減少による国民所得低下という負の経済効果を与えます。もちろん減税は，増税とは逆の経済効果を与えます。ただし，増税や減税は可処分所得の変化を通して消費に影響を与えますので，有効需要に直接影響を与える政府支出とは異なる政策効果となります。

増税 ΔT による可処分所得低下は ΔY であり，この可処分所得の低下による消費の低下は $\Delta C = b\Delta Y$ です。消費は有効需要ですから，この消費の低下 ΔC の乗数倍の国民所得が減少します。すなわち，次式が増税（減税）ΔT の国民所得に与える効果となります。

$$(8.14) \quad \Delta Y = -\frac{1}{1-b}b\Delta T$$

(8.13) と (8.14) 式の相違が財政政策の政府支出政策と租税政策の国民所得に与える政策効果の相違となります。その相違は，政府支出政策が租税政策よりも大きいということです。その理由は，支出政策が即総需要に直接影響を与えるのに対して，租税政策は可処分所得に影響を与え，その可処分所得が総需要に影響を与えるという，総需要に間接的に影響を与える政策だからです。

いま，政府が増税 ΔT を行い，その増税額と等しい政府支出の増加 ΔG を実施する場合の政策効果を検討します。この政策は，増税の国民所得を減少させる負の効果と政府支出の増加の国民所得を増加させる正の効果とが存在します。この負と正の効果の総合効果が問題となります。この総合効果は，(8.13) と (8.14) 式の和です。均衡財政を維持する $\Delta T = \Delta G$ ですから，増税を ΔG の記号にし，上の2つの式の和を求めると，国民所得の変化 ΔY は次式となります。

$$(8.15) \quad \Delta Y = \Delta G$$

すなわち，増減税と等しい政府支出の変更という財政政策は，政府支出の変化 ΔG または増減税 ΔT と等しい国民所得 ΔY の変化が生じることを意味しています。$\Delta T = \Delta G$ は，政府の税収の変化と政府支出の変化が等しいので，政府予算を均衡させる政策です。財政均衡の政策効果は，$\Delta Y = \Delta G$ ですから，**均衡予算乗数**は1といいます。均衡予算乗数が1ということは，政府支出政策の効果が租税政策の効果よりも大きいことを意味しています。1兆円の所得税

増税と1兆円の政府支出増加は，1兆円の国民所得が増加します。その理由は，需要に与える効果は，支出が直接的で，租税が間接的であるからです。

租税制度と自動安定化装置

現代国家は，課税の公平性から所得水準の上昇とともに税率を引き上げるという累進課税制度を採用しています。とくに所得税はこの累進税率が適用される典型的な租税です。そこで税金が定額税ではなく，所得水準と正の関係にある租税制度を採用している場合の均衡国民所得の決定および経済に与える効果について検討しましょう。

所得税は一定の所得水準に達するまで課税しないという，課税最低限が設定され，課税最低限以上の所得に累進税が適用されています。ここでは，課税最低限以上の所得の一定割合に課税するという次式のような比例税を考えます。

(8.16) $\quad T = -t_0 + t_1 Y, \ t_0 > 0, \ t_1 > 0$

t_1が所得の一定割合に課税する比率です。そして，t_0/t_1が課税最低限の所得です。たとえば，t_0が25万円，t_1が0.25（25％）のとき，課税最低限は100万円です。ここでは，(8.16)式の租税関数を一国の租税関数として検討します。

(8.16)式の租税関数にもとづき課税される場合，消費は国民所得から税額Tを差し引いた可処分所得（$Y-T$）に依存し，次式で表されます。

(8.17) $\quad C = a + b(Y + t_0 - t_1 Y)$

$\qquad\qquad = a + bt_0 + b(1-t_1)Y$

そして，投資Iと政府支出Gが独立支出であるならば，総供給＝総需要の均衡条件から，均衡国民所得Y_eは次式となります。

(8.18) $\quad Y_e = \dfrac{1}{1-b+bt_1}(a + bt_0 + I + G)$

この式の$1/(1-b+bt_1)$が乗数です。この乗数は税金が所得の関数ではないときの乗数$1/(1-b)$と比較して小さくなっています。

税金が所得の増加関数である場合，所得の増加とともに税収が増加し，可処分所得の増加を抑えることになります。課税が所得の関数であるとき，乗数が

小さくなることは，投資や政府支出という外生変数の変化の経済に与える影響を小さくしているのです。景気拡大期の投資の増加による乗数効果を小さくし，景気過熱を押さえるように作用します。また，景気後退期の投資減少による国民所得低下を小さくするように作用します。このように税制が所得の変動を小さくし，そして消費の変動を緩和することにより，有効需要の変動を小さくするメカニズムを生み出しています。このようなメカニズムのことを財政の**自動安定化装置** built in stabilizer といいます。いわゆる，所得税という財政制度が，国民所得変動または経済変動を緩やかにする機能を果たしているのです。

自動安定化装置は累進所得税以外にもあります。それは法人税や失業保険制度です。前者は景気後退期に税負担が低下し，後者は保険給付が増加します。これによって景気後退の悪化を緩和できます。また，景気拡大期には前者は税負担が増加し，後者は保険給付が減少します。これによって景気過熱を抑制することができます。このような財政制度は経済変動を小さくしています。しかし，この制度のみで経済安定を実現することは困難であり，政府や金融当局が経済状態に応じて裁量的判断による**安定政策**を行う必要性もあります。

【要　約】

1　マクロ経済学は1つの財と1つの価格と1つの資産と1つの資産価格と1種類の労働と賃金というような経済を描き，経済全体を解明します。
2　経済学は，価格は短期的に変化しない固定価格経済＝数量調整経済と価格は長期的に伸縮的に変化する伸縮的価格調整経済とを予想しています。
3　経済全体の生産量（所得）は，短期では総需要（有効需要の原理）が決定し，長期では総供給（生産力＝セーの法則）によって決定されています。
4　均衡国民所得は，総需要＝総供給の均衡条件を満たす国民所得です。
5　消費は国民所得の増加関数であり，$C = a + bY$ と表すことができます。
6　投資や政府支出という需要の増加は，国民所得を乗数倍増加させます。
7　乗数は外生変数が内生変数に与える波及効果の大きさを測っています。
8　累進所得税制度は経済を安定化させるメカニズムのひとつです。

【練習問題】

1 以下の記述において，正しいものを1つ選択せよ。
   (1) GDPは資源存在量によって決まる。
   (2) 有効需要の原理とは，価格調整メカニズムのことである。
   (3) 均衡国民所得は社会が目標とする国民所得である。
   (4) 経済には，常に完全雇用を実現するメカニズムが内包されている。
   (5) 価格が固定されている経済では，需要にみあうように供給が調整される。

2 消費関数 $C = a + bY$ の以下の記述について正しいものを1つ選択せよ。
   (1) 限界消費性向と平均消費性向は一定である。
   (2) 平均消費性向と平均貯蓄性向は所得の増加とともに低下する。
   (3) 平均消費性向は限界消費性向よりも大きい。
   (4) 平均貯蓄性向は限界貯蓄性向よりも大きい。

3 国民所得と消費計画と投資計画が示されている。均衡国民所得，消費，限界消費性向，乗数，貯蓄を求めよ。

国民所得	380	420	460	500	540	580	620
消費	340	370	400	430	460	490	520
投資	80	80	80	80	80	80	80

4 貯蓄増加が貯蓄増加となるメカニズムを $S \cdot I$ と Y の平面で説明せよ。

5 定額税（一括税）による所得税制のとき，3千億円の増税と3千億円の政府支出増加政策は，国民所得をいくら変化させるか。

6 以下のモデルで示される経済を考える。$Y = C + I + G$, $C = 15 + 0.75(Y - T)$, $T = -20 + 0.2Y$, $I = 50$（一定）, $G = 120$（一定）
   (1) 均衡国民所得，消費，限界消費性向，乗数，税収，民間貯蓄を求めよ。
   (2) 完全雇用国民所得が550兆円のとき，政府支出をいくらにすべきか。

第9章 貨幣市場

第1節 貨幣の機能と信用創造

貨幣の機能

　市場経済は議会制民主主義や人権主義と並んで人類が生み出した財産であります。その市場経済にとって欠くことができないものが**貨幣** money です。市場経済では貨幣にたよらない物々交換が可能です。しかし，物々交換は多くの時間と費用負担を必要とします。物々交換を成立させるためには，まず，交換相手を探し，かつ取引の成立のためには，価格や数量や品質さらには交換日時など様々なことについての合意が必要です。しかし，貨幣が存在するならば，交換相手を探す時間や費用は大幅に節約可能となるのです。

　人々は労働をはじめとする財・サービスの交換において，貨幣での支払いを拒否していません。貨幣は様々な財・サービスの交換を媒介する役割を果たし，交換相手を探す必要のない普遍的な交換手段です。それは貨幣が他の財や資産との比較において，最も容易に財・サービスと交換できるという**流動性** liquidity を持っているからです。高インフレや政府の信頼が失われている場合を除き，貨幣を媒介することにより人々は必要とする財・サービスを手に入れることができます。人々の貨幣に対する信頼が崩壊しない限り，貨幣は**交換手段** medium of exchange として機能しているのです。

　貨幣が交換手段としての機能が果たせるのは，貨幣に**価値尺度財**としての機能，計算単位としての機能が備わっているからです。そして，人々が財・サービスの価値を測る尺度として貨幣に信頼を託しているからであります。円，ド

ル，ユーロなどの貨幣を社会の構成員が容認しています。現代国家の貨幣は内在的価値をもつ**本位貨幣**（金などと兌換可能な金本位制の商品貨幣）ではなく，内在的価値のない**不換紙幣** fiat money です。この紙幣を人々が日々利用するのは，貨幣の価値尺度機能に対する信頼が確保されているからです。

また，貨幣には**資産**としての機能があります。紙幣はそれ自体の利用価値はほとんどなく，その紙幣を手放すことによって価値が発揮されます。しかし，人々はそれを手放すことなく貯蔵もします。人々は資産形成の目的のために貨幣を蓄え，将来手放すことを意図しているのです。この将来を意図した貨幣保有は，その貨幣に**価値貯蔵**機能が確保されているからです。人々は貨幣が将来も利用価値があり，かつ，価値が維持されることを期待しているからです。

貨幣の形態

貨幣は以上の3つの機能を果たしているものです。日本銀行が発行している紙幣（日本銀行券）や硬貨という**現金通貨** currency も貨幣です。人々はこの現金の他に，財の交換手段として銀行預金を利用しています。給与，賞与，年金などが預金口座に振込まれ，電気代，税金，財の購入代金などを預金口座から支払っています。そして，資産形成も現金だけではなく**預金**も行っています。すなわち，預金も貨幣の3つの機能を果たしているのです。このことから理解できるように，貨幣は現金だけでなく普通預金・当座預金も含まれます。国内銀行（都市・地方銀行）や信金などこの**要求支払い可能な預金** demand deposit と現金通貨の合計が貨幣であり，これを **M1**：monetary one といいます。

預金には定期性の預金もあります。これを解約し支払いに充てることもあります。定期性預金は，即座に交換手段として利用できません。換金するのに費用と時間が必要です。このことを現金や要求支払いよりも流動性が劣るまたは低いといいます。定期性預金も，貨幣に十分近い機能を果たしていますが，M1よりも劣ります。このことから定期性預金を**準貨幣** near money といいます。国内銀行（都市・地方銀行）や信金などの定期性預金とM1の合計を **M2** といいます。この他に譲渡性預金：CDがあります。いわゆる，約定期間中に譲

渡し，名義を変えることができる定期性預金です。現在，日本銀行が貨幣供給量というとき，M2+CD ことをいいます。経済学における貨幣は，貨幣の機能から通常 M1 のことであり，本書でも**貨幣供給量**は M1 です。

さらに，郵貯，農協・漁協，信用金庫の預金や金銭信託（投資と年金を除く）勘定などがあります。これらの預金は準貨幣よりも預金者が換金しないという意味で流動性が低く，これらの金融機関の預金と M2 の合計を **M3** といいます。

貨幣供給と金融政策

貨幣の供給は紙幣の発行権をもつ日本銀行が行っています。日本の中央銀行である日本銀行は，現金通貨だけでなく預金を含めた貨幣供給量の調整を行っているのです。日本銀行は貨幣価値の安定を含めた経済安定のために金融市場への介入を行い，貨幣供給量を変化させています。中央銀行が貨幣供給量をコントロールし，経済活動に影響を与えることを**金融政策**といいます。ここではどのようにして貨幣供給量が変化するかを説明します。

第1は日本銀行が市中銀行に貸し出す貨幣量を調整しています。市中銀行が資金不足となった場合，日本銀行に手形を割り引いてもらうことによって資金調達します。この割引率が**公定歩合**であり，日本銀行は公定歩合の変更をとおして，市中銀行への資金の貸し出し量，すなわち貨幣供給量をコントロールします。割引率の引き上げは，額面が同額であっても，資金の調達額は減少します。それは，割引額（現在価値）＝額面／（1＋割引率）であるからです。このような手段による金融政策が**金利政策**または貸出政策です。

第2は市中にある手形や債券の量をコントロールします。**公開市場操作**というこの貨幣量の調整は最も頻繁に行われています。貨幣量を増加させるときは，日本銀行が市中銀行にある債券を購入します。この債券の購入を**買いオペレーション**（買いオペ）といい，債券が市中銀行から日本銀行に，反対に貨幣が日本銀行から市中銀行に移動します。この操作によって貨幣供給量が増加するのです。また，貨幣量を減少させるときは，買いオペとは逆に，日本銀行が保有している債券を市中銀行に売却します。このことを売りオペといいます。

第3は法定準備率の操作です。市中銀行は預金者から預かっている預金の全部を貸し出すことができません。その一定割合を準備金として保有することが義務づけられています。準備金の割合を**法定準備率**といい，日本銀行が法定準備率の変更をとおして，貨幣供給量をコントロールする政策が法定準備率操作です。この法定準備金は日本銀行に無利子で預けられる**預け金**となります。法定準備率の引き上げは，市中銀行の日銀預け金が増加し，市中銀行の貸出し量が減少すします。この結果，貨幣供給量は減少するのです。

　第4は日本銀行の外国為替市場への介入です。日本経済の国際化によって，また，国際金融市場の安定という国際協調から，日本銀行が外国為替市場に介入することがあります。特に，円高ドル安は日本の輸出産業だけでなく，日本経済にとって避けることが望ましいことが考えられます。それは円安がデフレの回避になり，また，日銀の介入が金融緩和となるからです。すなわち，円高ドル安回避の日銀の介入は，円売りドル買いという，市場からドルを購入し，市場に円を供給することを意味します。これによって貨幣供給量が増加します。ドル買いで市場に供給された円を回収しない政策を**非不胎化政策**といいます。回収する政策は**不胎化政策**といいます。

　第5は政府発行の国債を日本銀行が引き受けることによって，貨幣供給量が増加します。このような国債発行はインフレーションの原因となりますから財政法によって禁止されています。現代国家は，第4章の経済循環の図4.3に示されているように金融市場において国債が売買されているのです。しかし，国債が金融市場で消化され，かつ，日本銀行が貨幣供給量を増加させるような場合には，国債発行が日本銀行引き受けのような結果となります。

　さて日本銀行は，上で説明した方法で貨幣量をコントロールすることができるでしょうか。日本銀行は2001年3月から，コール・レートをゼロとする**ゼロ金利政策**と金融機関が日本銀行に保有する当座預金の残高を高く設定する（目標30〜35兆円）**量的緩和政策**を実施しました。しかし，この期間貨幣供給量の増加率は低下していたのです。ブラインダー（1998）は，マネーサプライ・ターゲットはとても実行可能な選択肢とはいえないと結論づけています。

ハイパワードマネー

日本銀行が貨幣量をコントロールする政策を行う場合，直接コントロールできる貨幣は一部にすぎません。日銀が直接コントロールすることのできる貨幣を**ハイパワードマネー**または**ベースマネー**といいます。ここではハイパワードマネーHと経済全体の貨幣量Mとの関係について説明します。

日本銀行が直接コントロールできる貨幣は，日本銀行が発行している日銀券と補助貨幣の合計の現金通貨Cと市中銀行の日本銀行への預け金Rの和です。ハイパワードマネーHとは日本銀行の負債であり，次式で表すことができます。

(9.1) $\quad H = C + R$

また，貨幣量Mは貨幣の定義から，現金通貨Cと**預金通貨**Dの和です。

(9.2) $\quad M = C + D$

預金通貨Dと預かり金Rの比率λを預金準備率と定義します。

(9.3) $\quad \lambda = R/D$

この預金準備率λは，市中銀行が預金準備をほとんど持たないならば，法定準備率に等しくなります。民間が保有している現金通貨Cと預金通貨Dの比率αを**現金預金比率**と定義します。なお，ここでは預金通貨の種類は問いません。

(9.4) $\quad \alpha = C/D$

αは，家計や企業の取引慣習や資産形成や信用制度に依存しています。以上のM，H，λやαの定義から，MとHの比を次式で表すことができます。

(9.5) $\quad \dfrac{M}{H} = \dfrac{C+D}{C+R} = \dfrac{\alpha+1}{\alpha+\lambda}$

$(\alpha+1)/(\alpha+\lambda) = m$とおき，$M$と$H$との関係は，次式で表すことができます。

(9.6) $\quad M = mH$

この式は，日本銀行が直接コントロールできるHの変化が，Mをm倍変化させることを示しています。このMとHとの比を**貨幣乗数** money multiplier といいます。貨幣乗数はαが小さいほど，λが小さいほど大きくなります。

$\alpha=0.04$，$\lambda=0.005$のとき，$m=23.1$です。1兆円のHの増加が，経済全体で23.1兆円のMの増加となります。まさにHはハイパワーのお金です。

信用制度

　貨幣乗数は日銀の負債の制御という金融政策が貨幣量を変化させ，経済に大きな影響を与えることを示しています。この政策効果の大きさは**信用制度**にも依存しています。そこで預金がどのように増加していくかを説明します。

　まず，A 銀行に100万円の預金が行われたものとします。A 銀行はこの預金の一部を預金準備として日本銀行に預け，残りを貸し出すことができます。いま預金準備率が10％である場合，A 銀行は90万円まで貸し出すことができます。90万円が A 銀行から a 企業に貸し出されたものとしましょう。a 企業はこの融資された資金で b 企業から機械を購入し，その資金は b 企業の取引銀行である B 銀行に振り込まれたものとします。また，B 銀行は90万円の預金の90％を貸し出すことができます。B 銀行は81万円を c 企業に融資し，c 企業はその資金を d 企業から原料を購入した代金として C 銀行に振込みを行います。そして，C 銀行は81万円の90％，72.9万円を e 企業に融資し，……。

　このように，最初の100万円の預金は，90万円，81万円，72.9万円，…と次第に少なくなるが銀行に預金されています。結局，預金総額は次式となります。

　　（9.7）　預金総額 $= 100 + 100 \times 0.9 + 100 \times 0.9^2 + 100 \times 0.9^3 + 0.9 \cdots$
　　　　　　　　　　$= 100(1 + 0.9 + 0.9^2 + 0.9^3 + \cdots)$

　この（　）内は，初項が1で公比が0.9の等比級数の和ですから，その合計は10です。したがって，100万円の預金は信用制度により，その10倍の1,000万円の貯金を生み出したことになります。最初の100万円の預金を本源的預金，その**本源的預金**によって増加した預金を**派生的預金**といいます。このように信用制度は，本源的預金の何倍かの預金（貨幣）を増加させます。本源的預金と預金総額（貨幣）との間には次式の関係が成立しています。

　　（9.8）　預金総額 $= \dfrac{1}{1-貸し出し比率} \times 本源的預金$

　この式は，預金準備率が小さいほど，貸し出し比率が大きいほど，預金や貨幣の創出が大きくなることを示しています。日本銀行の金融政策の効果は，信用制度や預金準備率などの制度要因と密接な関係にあることが理解できます。

第2節　貨幣の需要

貨幣の取引需要と予備的需要

人々が貨幣を保有するのは，貨幣が交換媒介と価値尺度および資産という機能を持っているからです。ケインズ（1936）は，この貨幣の機能を前提として，貨幣需要を**取引需要** transaction demand，**予備的需要** precautionary demand，**投機的需要** speculative demand の3つに分けています。

取引需要は，家計が日常の経済活動における取引（契約）のための貨幣需要です。家計の所得と支出との間にはタイムラグがあります。この時間差のために家計は，貨幣を保有する必要があります。また，企業は契約による支払いや売上げの経常的支払いの他に突然の支払いも起こります。このように企業は，収入と支出との時間差が存在するために，貨幣を保有しています。

取引需要の貨幣量は，経済主体の所得水準や企業規模に依存しています。一国経済全体では，経済活動水準に依存しており経済活動の拡大，したがって，GDPの増加とともに取引のための貨幣需要は，増加する関係にあります。

月末に40万円の給料を受け取り，10万円を貯蓄（債券を購入）し，残り30万円を来月の給料日までに生活費として支出する家計の取引動機にもとづく貨幣保有量を検討します。図9.1の横軸には時間，縦軸には金額がとってあります。今月の給料日には30万円の貨幣保有量があります。この30万円を1カ月間，毎日1万円ずつ支出した場合，その貨幣保有量の変化は直線となります。または，月末には貨幣保有量がゼロですから，2点を結ぶ直線が家計の貨幣保有の制約線となります。したがって，この家計が保有していた平均貨幣保有量または平均貨幣残高は15万円です。この15万円が日々の生活のために保有する貨幣の取引需要

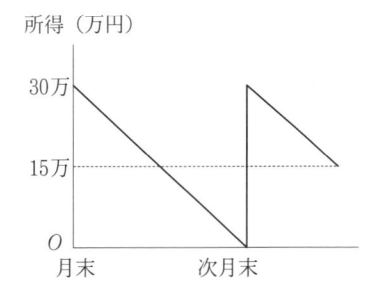

図9.1　貨幣の取引需要

です。所得水準の上昇とともに，図の直線の縦軸の切片は上方に移動します。貨幣の取引需要は，所得の増加とともに増加することが理解できます。

経済活動には不確実性やリスクがつきものです。家計や企業は，病気や事故や突然の契約による支払などに対する備えとして貨幣を保有しています。この不確実性やリスクは経済活動の範囲や企業規模に依存していると考えられます。したがって，予備的な貨幣需要は，取引需要と同様に，GDPの増加関数です。

貨幣需要とGDPと物価

先の家計の例題において，この家計は，1ヵ月間の平均貨幣残高が15万円であり，30万円の支出ないし支払いをしたことになります。このことは15万円の貨幣が1ヵ月間で2人の経済主体を移動したことになります。すなわち，貨幣量と取引総額との間には，次式の恒等関係が成立しています。

(9.9)　貨幣量×貨幣の流通速度＝取引総額

この式はフッシャーA. Fisherの貨幣の**交換（数量）方程式**といいます。貨幣の**流通速度** velocity は貨幣が使用される回数です。この流通速度は，取引慣習，信用制度，人口密度，交通通信事情や経済活動水準などに依存しています。ATMの導入やクレジットカードの普及は貨幣の流通速度を高めます。また，物価上昇が高い場合，貨幣の価値尺度機能の低下から，流通速度は上昇します。さらに，利子率の上昇は貨幣の機会費用を上昇させ，流通速度を上昇させます。

貨幣の交換方程式は，左右4つの変数の関係が恒等的に成立していることを示しています。流通速度が一定であるならば，貨幣量の増加は価格の上昇か取引量の増加，または両者が上昇することを交換方程式は明らかにしています。

貨幣が経済に与える影響を考察するうえにおいて，(9.9) 式は有益です。しかし，経済活動の把握は取引回数や取引総額ではなく，総生産物である実質GDP (Y) や物価PとYの積である総生産額がベターであります。取引総額と実質GDPとは比例的に関係にありますから，貨幣Mと名目GDP ($P \times Y$) との間には，次式の関係が成立しています。

(9.10)　$M \times V = P \times Y$

この式を貨幣の**数量方程式**といいます。(9.10) 式の V は**貨幣の所得速度** income velocity of money といいます。この所得速度は，一国経済の総所得 Y を生み出すのに貨幣が使用される回数です。(9.10) 式から，貨幣需要 M は，次式で表すことができます。

(9.11) $\quad M = kPY$

なお，k は所得速度の逆数 ($1/V$) です。この式は，貨幣需要が名目 GDP (PY) の一定比率 k であることを示しています。(9.11) 式はケンブリッジ方程式といい，k を**マーシャルの k** といいます。

貨幣の所得速度が一定であるとき，貨幣と GDP および物価について興味ある命題が導かれます。まず，数量方程式 (9.10) 式は，貨幣 M が右辺の名目 GDP を決定していることを示しています。実質 GDP が所与であるとき，物価 P は，名目 GDP と実質 GDP との比として決定されます。さらに，貨幣供給量の変化は，物価の変化と実質 GDP の変化の和となります。最後は，(9.10) 式を数学的操作により変化率の形に表すことによって，次のように述べることができます。

貨幣の成長率＝物価上昇率＋経済成長率

この式は貨幣成長率がインフレーション率と経済成長率を決定していることを明らかにしています。経済が完全雇用状態にあるならば，貨幣は物価のみに影響を与えるだけであり，実物経済とは独立となります。これは**古典派の二分法**という命題です。これらの命題からわれわれは，日本銀行が貨幣供給量を変化させた場合，貨幣が経済に与える影響を予想することができます。

貨幣の機会費用

先の家計の例において，家計の貨幣需要が利子率に反応するかどうかであります。もし，利子率が高水準となった場合，30万円の一部を定期性預金（債券）にまわそうとするかもしれません。貨幣は利子が付かない資産ですから，貨幣保有を選好するならば，この家計は利子所得の機会を失っています。高利子率ならば，さらにその利子所得喪失額は大きくなります。このように貨幣を保有

することは，債券購入から得られる利子所得機会を放棄していたことになります。したがって，家計の貨幣保有の**機会費用**は，利子所得であり，時間当たりの費用は利子率です。このように利子率は貨幣を手放す報酬率です。

利子率が高水準であれば，貨幣の機会費用は高く，利子率が低水準であれば，貨幣の機会費用は低いことから，人々の貨幣需要は利子率とは負の関係となります。このように資産としての貨幣保有は利子率に依存しています。人々の貨幣の資産需要は債券と代替関係にあり，人々は利子率が高いとき，貨幣よりも債券を選好し，利子率が低いとき，債券よりも貨幣を選好します。

また，人々の貨幣保有は将来貨幣を手放すことを目的としていますから，物価上昇率（インフレ率）を考慮しています。貨幣の保有コストは名目利子率です。その名目利子率は実質利子率と期待物価上昇率の和ですから，インフレが貨幣保有に影響を与えることが理解できます。なお，名目利子率＝実質利子率＋物価上昇率という方程式を**フィッシャー方程式**といいます。

債券価格と貨幣需要

資産としての貨幣需要は利子率以外の要因にも影響されています。債券価格の変化がそれです。そこで確定利子つき債券を考えてみましょう。このような債券の価格は債券市場の需給関係によって変化します。債券の利回り（利子率）は，債券の購入価格と確定利子との比ですから，債券価格と利子率（債券の利回り）は，負の関係となっています。

$$(9.12) \quad 利子率（利回り） = \frac{利子}{債券価格}$$

このように，利子率の上昇は債券価格の低下であり，利子率の低下は債券価格の上昇となります。このような利子率と債券価格の関係は，人々の貨幣保有，すなわち資産選択に以下のような影響を与えます。

利子率が高いとき，債券価格は低い状況にあります。ある人は現在の低い債券価格がさらに下落すると予想しますが，多くの人は債券価格の上昇を期待します。このように期待する人は，債券価格が上昇する前に債券を購入し，キャ

ピタルゲインを獲得する行動をとると予想されます。したがって、利子率が高いとき、貨幣を手放し、債券を購入しますから貨幣需要は減少します。

逆に、利子率が低いとき、債券価格は高い。このようなとき、多くの人は将来債券価格が下落すると予想します。このような人は、債券価格が下落する前に債券を売却し、リスク回避行動をとると予想されます。よって利子率が低いとき、債券を売却し貨幣を手に入れますから貨幣需要は増加します。

このように高利子率のときは、債券価格の値上がり予想が多くなるし、低利子率のときは、債券価格の値下がり予想が多くなります。債券価格の値上がり予想を**強い期待**、債券価格の値下がり予想を**弱い期待**といいます。したがって、利子率が高いとき、貨幣より債券を選好し、利子率が低いとき、債券より貨幣を選好します。このような債券価格の変化予想にもとづく貨幣需要を**投機的貨幣需要**といいます。もちろん、この貨幣需要も利子率と負の関係になっています。

また、利子率が極めて低水準で、今後利子率は必ず上昇するような状態では、すべての人が債券価格の下落を予想します。この場合、すべての人がリスク回避から債券を売却し、貨幣を選好しますから貨幣需要は極めて弾力的となります。すべての人が債券価格の下落を予想し、債券を売却しますから、貨幣需要は無限大となります。このような貨幣市場をケインズは**流動性の罠** liquidity trap と呼びました。1990年代後半の日本は、この流動性の罠に陥ったのです。

第3節　貨幣市場の均衡

流動性選好説と利子率の決定

貨幣の供給と貨幣の**流動性**を選好するという貨幣需要にもとづき、貨幣の供給量と需要量が等しい貨幣市場の均衡と利子率の決定について説明します。

貨幣の取引と予備的需要の貨幣需要が名目GDP (PY) に依存していることから、その実質貨幣需要L_1を次式で表すことにします。

(9.13)　$L_1 = kY$

また貨幣の実質資産需要は利子率rとは負の関係から次式で表します。

(9.14)　　$L_2 = l_0 - l_1 r$

そしてL_1と資産需要L_2の合計の実質貨幣需要Lを次式で表します。

(9.15)　　$L = kY + l_0 - l_1 r$

一方，日本銀行および信用制度が供給する貨幣量Mを一定として，その貨幣量を物価水準Pで割った実質貨幣残高M/Pとします。すなわち，実質貨幣残高M/Pは，実物単位で測る貨幣量です。

貨幣市場の均衡は，貨幣供給量＝貨幣需要量，すなわち実質貨幣残高M/Pと実質貨幣需要$L = L_1 + L_2$が等しく，その均衡条件は次式となります。

(9.16)　　$M/P = kY + l_0 - l_1 r$

この均衡条件を満たす利子率が均衡利子率であり，貨幣の価格です。図9.2は貨幣市場の均衡および利子率の決定を示したものです。横軸が実質貨幣残高，縦軸が利子率です。名目貨幣量$\overline{M}$が一定であり，実質貨幣残高$\overline{M}/P$が与えられているとき，利子率とは独立である垂直の貨幣供給曲線が示されています。これが名目貨幣量一定の**実質貨幣供給曲線**です。

貨幣需要はGDPが与えられたとき，それに対応して取引と予備的需要L_1が決まります。その貨幣需要が原点から測られL_1^0に与えられています。残りの貨幣需要の資産需要L_2は，L_1^0から右側に測られています。その貨幣需要は利子率とは負の関係から，右下がりの直線で描かれています。この右下がりの直線は，縦軸からはL_1とL_2の和の一国経済の**貨幣需要曲線**でとなっています。

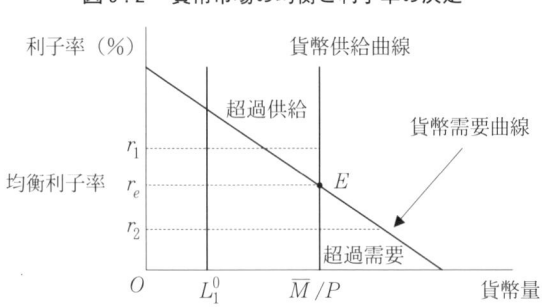

図9.2　貨幣市場の均衡と利子率の決定

そして、この貨幣需要曲線と貨幣供給曲線の交点 E が貨幣市場の均衡点であり、交点に対応する利子率が**均衡利子率** r_e です。

利子率が均衡利子率よりも高い r_1 のとき、貨幣市場は超過供給です。貨幣は人々が必要とするよりも多く、余分な貨幣を保有しています。このようなとき人々は余分な貨幣を少なくするために債券を購入（貯蓄）します。したがって、債券需要が増加し、債券市場では債券価格は上昇します。この債券価格の上昇は利子率の低下という調整が行われ、貨幣の超過供給は減少し、均衡が回復するのです。逆に、利子率が均衡利子率よりも低い r_2 のとき、貨幣市場は超過需要であり、貨幣は人々が必要とするよりも少ないのです。よって人々は必要な貨幣を手に入れために、債券を売却します。この債券の供給増加が債券価格を引き下げる（利子率を引き上げる）という調整がなされ、均衡が回復します。

金融政策と利子率

金融政策は貨幣市場の均衡に影響を与え、経済全体のパフォーマンスの改善を目的としています。いま、貨幣供給量を増加させたならば、図9.2の垂直な貨幣供給曲線は右に移動するため、均衡点は右下に移動し、均衡利子率は低下します。この利子率低下が貨幣需要を変化させ、実体経済に影響を及ぼします。

また、日本銀行の買いオペや法定準備率の引き下げは、貨幣供給量を増加させる政策ですから利子率は低下します。さらに、公定歩合の引き下げは、公定歩合に連動して市場金利も下落しますが、債権の割引率の引き下げは、割引額を増加させますから貨幣供給量の増加となります。

また、経済諸要因の変化が利子率を変化させます。まず、実質 GDP の増加は、貨幣需要曲線を右にシフトさせますから利子率が上昇します。ATM の導入やクレジットカード決済の普及は貨幣需要量を減少させる要因ですから利子率は低下します。また、債券市場における強い（弱い）期待は、貨幣需要を減少（増加）させますから利子率は低下（上昇）します。さらに、物価上昇は実質貨幣残高を減少させますから、貨幣の供給曲線は左にシフトします。したがって、物価上昇は利子率を上昇させることになります。

【要 約】

1. 貨幣は価値尺度，交換媒介，資産の機能をもっています。
2. 貨幣 M の多くは預金貨幣です。日本銀行が直接コントロールできる貨幣をハイパワードマネー H といい，M と H との間には，預金比率 α と預金準備率 λ で表した関係が成立しています。$M=[(\alpha+1)\div(\alpha+\lambda)]H$。
3. 貨幣の数量方程式：$MV=PY$ から，貨幣の所得速度が一定とき，貨幣供給量は名目 GDP を決定しています。
4. 貨幣の取引と予備的需要は，名目 GDP の一定比率であり，$M=kPY$，その比をマーシャルの k といい，貨幣の所得速度の逆数です。
5. 貨幣に対する資産需要は利子率と負の関係にあります。それは貨幣保有の機会費用と債券価格変化の予想にもとづく投機的動機によります。
6. 債券市場が強い期待（弱い期待）のとき，貨幣需要は減少（増加）します。
7. 実質貨幣残高＝貨幣需要のとき，貨幣市場は均衡し，利子率が決まります。
8. 利子率は，貨幣供給量とは負，GDP とは正，所得速度とは負の関係です。

【練習問題】

1. 貨幣量が50万円，年間の取引総額が5,000万円，貨幣の年間使用回数と洋服1着1万円のときの実質貨幣残高を求めよ。
2. 以下の金融政策のなかで貨幣供給量を増加させる政策を指摘せよ。
   (1) 買いオペレーション　　(2) 法定準備率の引き上げ
   (3) 不良債権の処理　　(4) 日銀のドル高回避の為替市場介入
3. 以下のことは貨幣の流通速度をどのように変化させるか。
   (1) クレジットカード決済の普及　　(2) デフレーション
   (3) 期待インフレ率の上昇　　(4) 現金自動支払機の24時間稼動
4. ある経済の実質貨幣需要が実質 GDP の一定比率であり，実質 GDP 成長率が5％，貨幣の増加率が8％，名目利子率が7％であるとき，名目 GDP 成長率，物価上昇率，実質利子率はいくらか。
5. 1990年代の日本の低利子率の要因とゼロ金利政策についてコメントせよ。

第10章　財市場と貨幣市場と財政金融政策

第1節　財市場の均衡と IS 曲線

投資関数

いままで投資はGDPと独立であると仮定してきました。本節では，投資がどのような要因によって決定されるかの投資理論について説明します。

投資は設備投資と住宅投資と在庫投資に分類されます。いずれの投資も将来のためにという共通な支出目的ですが，長期の意思決定である設備投資はその規模も大きく，経済に与える影響も大きいといえます。機械設備，工場，ビル，輸送用車輌等が設備投資であり，生産された生産手段である資本ストックへの追加となります。この支出は巨額となるために，その意思決定には様々な要因が影響しています。とくにその巨額な投資資金の調達費用である利子率とその投資から得られる利潤（収益）予想は不可欠な判断材料となっています。

企業の投資決定は，投資により収益ないし利潤がいくら得られるかを予想するでしょう。企業は予想収益の最も高い投資計画から実行するものと考えられます。いま，1年後に収益が得られる投資計画があるとします。収益は販売額から賃金や販売経費などの経常費用を控除したものです。収益から利子費用を引いた残りが利潤となります。投資の**収益率**は次式よって計算されます。

(10.1)　収益率＝(収益－投資)÷投資

この式は，収益を収益率で割引いた次式になおすことができます。

(10.2)　投資＝収益÷(1＋収益率)

また，収益を利子率で割引き，収益の現在価値を求めることができます。

(10.3) 収益の現在価値＝収益÷（1＋利子率）

以上の3つの式から，投資と収益の現在価値および収益率と利子率との間には，以下の関係が成立しています。

(10.4) 投資 ≦ 収益の現在価値 ⇔ 利子率 ≦ 収益率

もし，投資から得られる収益の現在価値が投資額より大きいならば，利潤が正であることを意味しています。それゆえに，資金調達費用の利子率よりも収益率が高くなります。したがって，投資＜収益の現在価値ならば，利子率＜収益率という関係が成立しています。このとき企業はこの投資計画を実行します。前者は金額表示，後者百分率表示で示しています。

ところで設備投資による収益機会は1年ではなく，長期間継続します。いま，資本設備の耐用年数が n 年であり，n 年間の収益を R_1, R_2, …, R_n, 収益率を ρ としたときの投資 I との関係は次式となります。

$$(10.5) \quad I = \frac{R_1}{1+\rho} + \frac{R_2}{(1+\rho)^2} + \cdots + \frac{R_n}{(1+\rho)^n}$$

このように各年の収益 R_i を割引き，投資 I に等しくする割引率，すなわち収益率のことを**投資の限界効率**といいます。それは追加的な投資から得られる収益率です。この収益率は投資の増加とともに低下します。それは市場制約や資源制約から，高い収益率を実現する投資機会は，投資の増加とともに少なくなるからです。いわゆる，収穫逓減という経済法則が収益率を低下させるのです。

図10.1には，投資と収益率の関係が図示されています。縦軸は収益率とともに利子率が測られ，横軸には投資が測られています。投資が I_1, I_2, I_3 のとき，収益率は ρ_1, ρ_2, ρ_3 です。直線は各投資における収益率の軌跡であり，収穫逓減から右下がりに描かれています。なお，$\rho_i I_i$ は収益となります。

いま，利子率が r_2 であるとき，投資 I_1

図10.1　投資関数

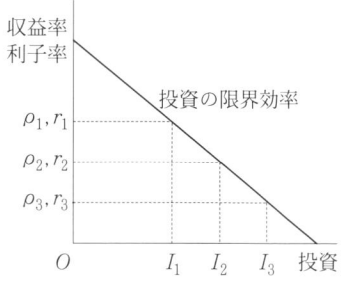

は実行されます。それは利子率r_2＜収益率ρ_1の関係にあり，利潤が正であるからです。そして，この企業は投資を利子率r_2＝収益率ρ_2となる投資I_2まで投資を実行することが合理的となります。なぜならば，そのとき利潤が最大となっているからです。もし，利子率がr_3まで下落したならば，企業は投資I_3までの投資計画を実行します。したがって，収益率を示す投資の限界効率は，投資計画を表す**投資関数**となっています。そして，利子率＝収益率となる投資計画まで実行されます。このように企業は，投資を利子率の変動にともなって調整しています。すなわち，投資関数は利子率の関数であり，それは，利子率の低下が投資を増加させる関係となっています。

しかし，経験的に投資は利子率に敏感には反応せず非弾力的です。また，企業の収益率は企業の期待収益によって変化するために，期待収益の低下，すなわち，投資需要の低下が利子率の低下を相殺してしまうことが考えられます。

財市場の均衡：IS曲線

均衡国民所得は，総需要＝総供給または投資I＝貯蓄Sとなる水準に決定されます。本章では，財市場と貨幣市場との相互依存関係を考察するために，財市場が均衡する国民所得と利子率との関係について説明します。均衡条件が$I=S$であることから，国民所得と利子率の組合せを**IS曲線**といいます。

投資と利子率の負の関係から，利子率の下落は投資増加となり，この投資増加が有効需要の原理によって国民所得を増加させます。したがって，財市場が均衡する国民所得と利子率の関係は負となります。すなわち，利子率の低下は国民所得を増加させます。以上のメカニズムを要約すると以下になります。

　　　利子率r　↓　⇒　投資I　↑　⇒　国民所得Y　↑
　　　　（投資の限界効率）（有効需要の原理）

この関係を図示したのが図10.2です。横軸が国民所得，縦軸が利子率です。右下がりの直線が財市場の均衡を示すIS曲線です。この直線上は，総需要＝総供給（$I=S$）である国民所得と利子率の組合せです。E点は均衡していますが，IS曲線上以外では，$I>S$または$I<S$のいずれかであります。たとえば，

A 点 (Y_1, r_e) の国民所得 Y_1 は，利子率 r_e で財市場が均衡する国民所得 Y_e よりも小さい。貯蓄は国民所得の増加関数ですから，A 点では，$I>S$ です。すなわち，財市場は超過需要です。このような場合，市場は有効需要の原理により，国民所得は増加しますから，A 点から矢印の右方向に国民所得が調整され，IS 曲線上に経済は移動します。また，B 点は A 点とは逆に，$I<S$ であり，財市場は超過供給です。よって，国民所得は減少し，IS 曲線上に向かって経済が調整されます。このように IS 曲線より下方の領域は超過需要，上方の領域は超過供給です。

図10.2 財市場と IS 曲線

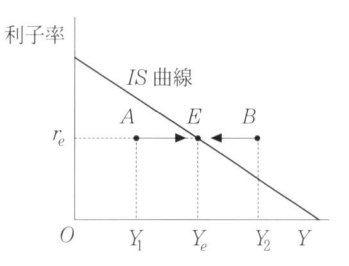

IS 曲線の勾配と財政政策

IS 曲線は通常，図10.2 のように右下がりとなりますが，家計の消費態度や企業の投資行動によって変化します。まず，限界消費性向が大きいとき，乗数は大きくなります。それゆえに，利子率の変化に対する国民所得の変化は大きくなります。また，投資が利子率に敏感に反応するならば，利子率の変化に対する国民所得の変化は大きくなります。したがって，限界消費性向が大きく，投資が利子率に弾力的であるならば，IS 曲線は緩やかとなります。もし，投資が利子率に全く反応しないような場合には，IS 曲線は垂直となります。

IS 曲線は，限界消費性向や基礎消費や投資の変化が，さらには政府の**財政政策**である租税政策や公共支出政策によってその位置が移動します。すなわち，利子率と国民所得以外の経済諸要因の変化は，IS 曲線をシフトさせます。とくに，財政政策は IS 曲線をシフトさせ，それによって経済安定を実現することを意図しています。いま，図10.2 の利子率 r_e と国民所得 Y_e の均衡状態にあるものとします。このとき，政府が財政支出を追加支出したならば，有効需要の原理によって国民所得は増加します。すなわち，この経済は利子率 r_e の状態で，国民所得は Y_e よりも増加しますから，IS 曲線は右にシフトします。また，

第10章　財市場と貨幣市場と財政金融政策　173

政府が所得税の減税を行うならば，可処分所得は増加し，消費が増加しますから国民所得は増加します。減税も IS 曲線を右にシフトさせます。

限界消費性向の上昇，基礎消費の上昇，利子率以外の要因による投資の増加，政府支出の増加や減税等は，すべて IS 曲線を右にシフトさせます。もちろん，これらの反対の要因はすべて IS 曲線を左にシフトさせることになります。

IS 曲線の導出

いままで説明してきた消費関数，租税関数，投資関数を用いて，財市場が均衡する国民所得と利子率の組合せである **IS 曲線**を導出し，その傾きや位置について確認してみることにします。以下の式が財市場を表す関数です。

$C = a + b(Y - T)$　（消費関数）

$T = -t_0 + t_1 Y$　（租税関数）

$I = i_0 - i_1 r$　（投資関数）

$G = \overline{G}$（一定）　（政府支出）

以上の式を総供給＝総需要の均衡条件に代入すると次式を得ます。

(10.6)　$Y = a + b(Y + t_0 - t_1 Y) + i_0 - i_1 I + G$

この式を利子率 r について解いた次式が IS 曲線です。

(10.7)　$r = \dfrac{a + bt_0 + i_0 + G}{i_1} - \dfrac{1 - b + bt_1}{i_1} Y$

(10.7) 式の Y の係数 $-(1 - b + bt_1)/i_1$ が IS 曲線の傾きです。パラメーターの符号条件から IS 曲線が右下がりとなることが確認できます。また，その傾きが限界消費性向 b，税率 t_1，そして投資の利子率に対する反応の大きさ i_1 に依存しています。b と i_1 が大きく，t_1 が小さいほど IS 曲線は緩やかとなります。

また，$(a + bt_0 + i_0 + G)/i_1$ は，IS 曲線の切片です。基礎消費 a，限界消費性向 b，利子率以外の投資要因 i_0，税金の税額控除にあたる t_0，政府支出 G などの値の増加は，IS 曲線の切片の位置を上方に移動させますから，IS 曲線を右にシフトさせることが理解できます。また，分母の i_1 が小さくなると，IS 曲線が右にシフトすることも確認できます。

174　第Ⅲ編　マクロ経済学

以上のように(10.7)式のパラメーターから，政府の租税政策や政府支出政策だけでなく，経済主体の行動が IS 曲線をシフトさせることが容易に理解できます。なお，IS 曲線は，(10.6)を Y について解いた次式で表すことができます。

$$(10.8) \quad Y = \frac{a + bt_0 + i_0 + G}{1 - b + bt_1} - \frac{i_1}{i - b + bt_1} r$$

なお，$1/(1 - b + bt_1)$ が政府支出乗数です。

第2節　貨幣市場の均衡と *LM* 曲線

貨幣市場の均衡：*LM* 曲線

前章において説明した貨幣需要は国民所得と利子率の関数でした。そして，国民所得は総需要が総供給と等しくなるところに決まり，利子率は貨幣供給量と貨幣需要量が等しい貨幣市場が均衡するところに決まります。この貨幣市場が均衡する国民所得と利子率の組合せを ***LM* 曲線** といいます。なお，L は liquidity の貨幣需要であり，M は Money の貨幣供給を意味します。

貨幣供給量が一定という条件の下で，利子率の上昇は，貨幣の機会費用と債券価格の値上がり予想が貨幣需要を減少させます。この貨幣需要の減少を補う貨幣需要の増加が貨幣市場を均衡させますから，そのためには経済活動が活発化し，GDP が増加し，取引・予備的貨幣需要が増加しなければなりません。このように貨幣市場を均衡させる利子率と国民所得は正の関係となっています。以上のメカニズムを要約すると以下のようになります。

利子率 $r \uparrow \Rightarrow$ 投機的貨幣需要 $L_2 \downarrow \Rightarrow$ 予備的貨幣需要 $L_1 \uparrow \Rightarrow$ 国民所得 $Y \uparrow$
　　（流動性選好説）　　　　（均衡条件）　　　（所得と貨幣需要）

以上から貨幣市場が均衡する利子率と国民所得の関係は正の関係となります。利子率の上昇が国民所得を増加させ，貨幣市場の均衡が維持されるのです。

図10.3は *LM* 曲線を図示したものです。この *LM* 曲線は *IS* 曲線と同様に利子率と国民所得の平面に描かれ，右上がりの直線で示されています。この *LM* 曲線上は，$L = M$ であり，貨幣市場は均衡しています。E 点の (Y_e, i_e) は均衡

しています。このLM曲線上以外の点は不均衡となっています。たとえば，LM曲線より上方の A 点（Y_e, r_1）は，国民所得 Y_e の下で貨幣市場が均衡する利子率 r_e より高くなっています。すなわち，貨幣市場は超過供給（$L<M$）です。貨幣市場が超過供給ならば，利子率は低下しますから，LM曲線上に向かって，貨幣市場は調整されます。

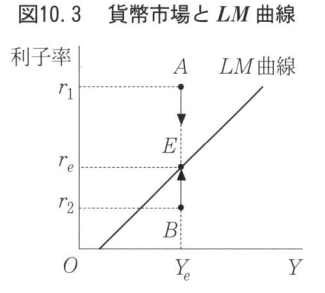

図10.3　貨幣市場とLM曲線

また，LM曲線より下方の B 点（Y_e, r_2）は，国民所得 Y_e の下で貨幣市場が均衡する利子率 r_e よりも低く，超過需要（$L>M$）となっています。したがって，利子率が上昇し，LM曲線上に向かって，貨幣市場が調整されます。

LM曲線より下方の領域は貨幣市場が超過需要，上方の領域は超過供給です。しかし，貨幣市場の調整メカニズムが利子率を変化させ，貨幣市場はLM曲線上に戻るでのす。したがって，貨幣市場はLM曲線上にあるいってよいのです。

LM曲線の傾きと金融政策

LM曲線は通常右上りですが，その勾配は貨幣に対する需要行動によって変化します。まず，貨幣の取引・予備的需要が大きい経済，すなわち，k が大きい（所得速度が小さい）経済では，国民所得の増加が貨幣需要を大幅に増加させ，利子率の上昇は大きくなります。よってLM曲線は急勾配となります。

また，貨幣需要が利子率に反応しないならば，貨幣の資産需要は少ないことを意味し，取引・予備的需要を調整するための国民所得の変化は少なくてすみます。このことはLM曲線が急勾配となることを意味しています。逆に，貨幣需要が利子率に反応するならば，LM曲線は緩やかとなります。そして，流動性の罠のような状況では，LM曲線水平となります。

LM曲線はマーシャルの k（貨幣の所得速度）や人々の債券価格の変化予想や期待物価予想，さらには金融政策によって，その位置が移動します。とくに，金融政策はLM曲線をシフトさせ，経済状態の改善を意図しています。

LM曲線は国民所得と利子率の平面に描かれていますから，IS曲線と同様に，この2つのを除く変数やパラメーターの変化は，LM曲線をシフトさせます。

いま，図10.3の(Y_e, r_e)の均衡状態にあるものとします。もし，貨幣供給量が増加するならば，利子率は低下しますから，貨幣市場を均衡させる利子率と国民所得の組合せは，(Y_e, r_e)の下方の位置になります。したがって，貨幣供給量の増加などの金融緩和政策は，LM曲線を右にシフトさせ，貨幣供給量の減少などの金融引き締め政策は，LM曲線を左にシフトさせます。

また，マーシャルのkの低下や債券価格上昇期待（強い期待）は，いずれも貨幣需要を減少させますから，LM曲線を右にシフトさせます。さらに，物価上昇期待は実質貨幣残高を減少させるために，LM曲線は左にシフトします。

LM曲線の導出

第9章の（9.15）式の貨幣需要関数$L = kY + l_0 - l_1 r$と実質貨幣残高M/Pを利用して，**LM曲線**を導出し，その勾配や位置について考察します。（9.16）式の貨幣供給量＝貨幣需要量の均衡条件は次式です。

$$M/P = kY + l_0 - l_1 r$$

この式を利子率rについて解いた次式がLM曲線です。

$$(10.9) \quad r = \frac{l_0 - M/P}{l_1} + \frac{k}{l_1} Y$$

Yの係数k/l_1がLM曲線の傾きであり，マーシャルのkと貨幣需要の利子率の係数l_1の符号条件から，傾きが正であることが確認できます。また，kが小さいほど，l_1が大きいほど，LM曲線の傾きが緩やかとなります。そして，流動性の罠の状態では，$l_1 =$無限大から，LM曲線が水平となります。

（10.9）式の$(l_0 - M/P) \div l_1$が切片であり，貨幣供給量Mの増加，物価Pの低下およびl_0の低下は，LM曲線を右にシフトさせることがわかります。

なお，LM曲線は，国民所得Yについて解いた次式で表すことができます。

$$(10.10) \quad Y = \frac{M/P - l_0}{k} + \frac{l_1}{k} r$$

第3節　国民所得と財政金融政策

財市場と貨幣市場の同時均衡

前節までにおいて，財市場と貨幣市場の異なる両市場の均衡を利子率と国民所得の関係を利用して解明してきました。すなわち，利子率と国民所得の平面に，財市場は右下がりの IS 曲線，貨幣市場は右上がりの LM 曲線で表しました。ここで重要なことは，異なる2つの市場を同じ平面で説明していることです。これによって2つの市場の相互依存関係の解明が簡単化されています。

図10.4は財市場と貨幣市場の均衡を示しています。2つの市場が同時に均衡しているのは，IS 曲線と LM 曲線の交点 E です。この交点の国民所得 Y_e と利子率 r_e が，**均衡国民所得**と**均衡利子率**です。

交点 E 以外は不均衡の状態です。図10.4は IS 曲線と LM 曲線によって，4つの領域に分けられます。Ⅰの領域は IS 曲線の上方の領域であり，かつ LM 曲線の上方の領域です。この IS 曲線の上方の領域は，財市場が超過供給（$I<S$）であり，国民所得は低下します。また，LM 曲線の上方の領域は貨幣市場が超過供給（$L<M$）であり，利子率が下落します。以上の2つの市場調整が作用して，図の実線の矢印のように，左下（南西）の方向に調整が行われます。

同様に他の3つの領域も市場状態に応じて調整がなされます。この4つの領

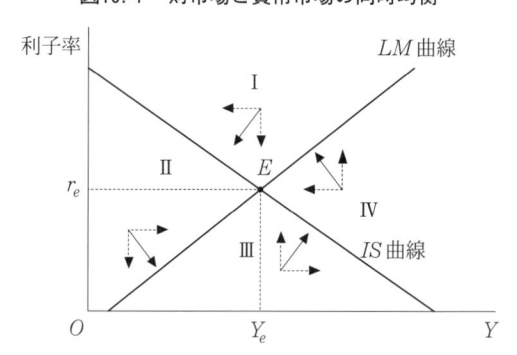

図10.4　財市場と貨幣市場の同時均衡

域の市場状態と調整方法を要約したのが，表10.1です。図および表から理解できますように，不均衡の調整は，時計の針の動きとは逆方向に調整されていることがわかります。このように一国経済が，IS曲線とLM曲線の交点ではない不均衡状態にあっても，市場調整が作用して，財市場と貨幣市場の2つの市場が同時に均衡する利子率と国民所得が決定されるのです。

表10.1　財・貨幣の市場状態と調整

領域	財　市　場	貨　幣　市　場	調　整　方　向
I	超過供給（$I<S$）	超過供給（$L<M$）	左下（南西）
II	超過需要（$I>S$）	超過供給（$L<M$）	右下（南東）
III	超過需要（$I>S$）	超過需要（$L>M$）	右上（北東）
IV	超過供給（$I<S$）	超過需要（$L>M$）	左上（北西）

財政政策の効果

　第8章第4節や本章第1節において，政府支出の増加や減税が国民所得を増加させるメカニズムについて説明してきました。しかし，財市場と貨幣市場の相互関係については説明しませんでした。ここでは，財市場と貨幣市場の相互関係を考慮して**財政政策**の経済に与える効果について説明します。

　政府支出の増加は，有効需要の原理によって国民所得が増加します。この国民所得の増加は，取引・予備の貨幣需要を増加させますから利子率は上昇します。さらに，この利子率の上昇は投資に対して負の効果を与えますから，国民所得は減少します。この財政政策の最初の国民所得増加と，それに伴う波及効果による国民所得減少は，いずれが大きいのでしょうか。以上の財政政策のメカニズムを次のように要約できます。

$$G\uparrow \Rightarrow Y\uparrow \Rightarrow r\uparrow \Rightarrow I\downarrow \Rightarrow Y\downarrow \Rightarrow Y?$$

　このように財政政策は財市場でだけでなく，貨幣市場にも影響を与え，さらに貨幣市場の変化が財市場にも波及しています。したがって，政策効果の予測は，財市場と貨幣市場の相互関係を考慮しなければなりません。

以上の複雑な財政政策による財市場と貨幣市場の相互関係やその政策効果は，$IS \cdot LM$ 曲線を利用することによって，容易に解明することができます。本章の第1節において説明したように，財政政策は IS 曲線をシフトさせます。したがって，貨幣市場が所与であるならば，$IS \cdot LM$ 分析から財政政策の効果を正確に予想することができるのです。

いま，経済が図10.5の E 点の均衡状態にあるものとします。$IS \cdot LM$ 曲線の交点の均衡国民所得 Y_e は，完全雇用国民所得 Y_f よりも少ない。経済にはデフレーションギャップが存在し，失業が生じている不況の経済状態です。政府が政府支出の増加や減税という財政政策を実施するならば，IS 曲線は右に移動し，Y_f の完全雇用国民所得が実現できます。図は景気刺激的な財政政策により IS 曲線が，IS から IS' にシフトしたことが示されています。IS' と LM 曲線の交点 E' が新均衡点です。この結果，国民所得は Y_f の完全雇用国民所得が実現し，利子率は上昇します。このように政府支出の増加や減税という財政政策は，IS 曲線を右にシフトさせ，国民所得を増加させ，利子率を上昇させます。逆に，政府支出削減や増税という景気抑制的財政政策は，IS 曲線を左にシフトさせ，国民所得と利子率を低下させます。以上の $IS \cdot LM$ 曲線による分析は，財政政策の効果を的確に予想できることを明らかにしています。

図10.5　財政政策の効果

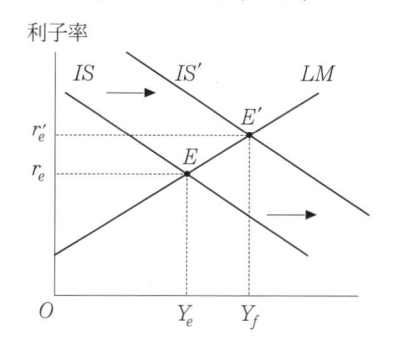

図10.6　金融政策の効果

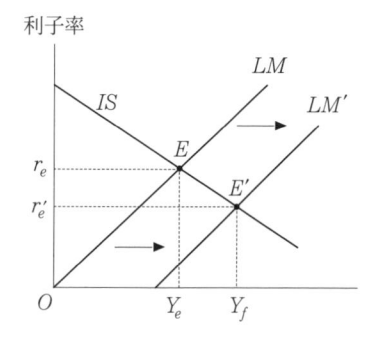

金融政策の効果

　$IS \cdot LM$ 曲線を用いて**金融政策**の効果と貨幣市場と財市場の相互関係について説明します。日本銀行が貨幣供給量の増加という金融緩和政策を行ったものとします。貨幣供給量の増加は利子率を引き下げます。利子率の低下は投資を増加させ，その結果として国民所得は増加します。さらに，この国民所得の増加は貨幣需要を増加させることから，金融市場では利子率を引き上げる圧力が生じます。このように金融政策も財政政策と同様に，貨幣市場だけに影響を与えるだけでなく，財市場にも影響を与え，さらに財市場の変化が貨幣市場に影響を与えています。そのために金融政策の効果は，貨幣市場と財市場の両者の変化とその相互関係を含めて検討しなければならないのです。以上の貨幣供給量の増加とその経済への波及メカニズムは以下のように要約することができます。

$$M\uparrow \ \Rightarrow \ r\downarrow \ \Rightarrow \ I\uparrow \ \Rightarrow \ Y\uparrow \ \Rightarrow \ r\uparrow \ \Rightarrow \ I\downarrow \ \Rightarrow \ Y\downarrow \Rightarrow \ Y?$$

　このように金融政策も金融市場だけでなく，財市場にも影響を与え，さらに財市場の変化が貨幣市場にも波及しています。以上の複雑な金融政策の財市場と貨幣市場の相互関係やその政策効果の分析は，$IS \cdot LM$ 曲線を利用することによって簡単化されます。本章の第 2 節において説明したように，金融政策は LM 曲線をシフトさせます。したがって，財市場が所与であるならば，$IS \cdot LM$ 分析から金融政策の効果を正確に予想することができるのです。

　いま，経済が図10.6 の E 点の均衡状態にあるものとします。$IS \cdot LM$ 曲線の交点の均衡国民所得 Y_e は，完全雇用国民所得 Y_f よりも少ない。もし，日本銀行が貨幣供給量を増加させるならば，LM 曲線は右に移動し，Y_f の完全雇用国民所得が実現できます。図は貨幣供給量の増加により LM 曲線が，LM から LM' にシフトしたことが示されています。IS 曲線と LM' の交点 E' が新均衡点です。この結果，国民所得は Y_f の完全雇用国民所得が実現し，利子率は低下します。このように金融緩和政策は，LM 曲線を右にシフトさせ，国民所得を増加させ，利子率を低下させます。逆に，金融引き締めという景気抑制策は，LM 曲線を左にシフトさせ，国民所得を低下させ，利子率を上昇させます。以上の $IS \cdot LM$ 分析は，金融政策の効果を的確に予想できることを示しています。

第4節　マクロ経済と財政金融政策の有効性

財政政策と金融政策の有効性

　財政政策と金融政策は，国民所得をコントロールするのにいずれが有効なのか，また，どのような場合でも2つの政策は効果的であるのかという問題が提起されます。この問題はIS曲線とLM曲線のシフトとその勾配に依存しています。両曲線の勾配は，経済主体の行動と経済制度によって異なっています。そして，経済主体の行動と経済制度は，好況や不況という経済状態や経済発展段階によって影響を受けています。したがって，IS・LM曲線の勾配は時代や国家間で異なっているゆえに，時や国を超えて同様な財政金融政策の効果を期待することはできないのです。換言すれば，財政金融政策の効果は，IS・LM曲線の勾配に関わる極めて実証的問題と考えられます。

　さらに，経済安定政策は支持されるが，実際に政策を実行する際には，政策手段やその有効性に関しての政策論争が起こります。それは経済政策が次のことに関わっているからです。まず，政策判断の前提として，現在の経済状態を的確に把握することが要求されます。そして，経済政策の効果を予想することが必要とされ，かつ，政策の実施時期も問われます。これらすべてに応えることは困難であり，かつ経済学者の意見の一致はさらに困難となります。また，政策には価値判断が伴い，政策責任者や経済学者の合意が困難となるのです。

財政政策の有効性とIS・LM曲線

　財政政策はIS曲線のシフトによって，政策目的の実現をはかることから，その政策効果はIS曲線のシフトとIS・LM曲線の勾配に依存しています。財政政策によるIS曲線のシフトは，政府支出乗数や租税乗数の値に依存しており，(10.8)式から理解できますように限界消費性向bが大きく，限界税率t_1が小さいほど，乗数は大きく，財政政策の効果は大きくなります。

　また，LM曲線の勾配が緩やかであるほどその政策効果は大きくなります。

すなわち、貨幣需要が利子率に対して弾力的であるとき、財政政策の効果が大きくなります。逆に、貨幣需要が利子率に反応しない非弾力的なとき、財政政策の効果は小さくなります。とくに、貨幣需要が利子率に全く反応しない垂直な LM 曲線の経済では、財政政策は利子率を変化させるだけであり、国民所得に影響を与えることができないのです。

図10.7は、LM 曲線の勾配が財政政策の効果に影響を与えていることを示しています。急勾配の LM_a と緩やかな LM_b の2本の LM 曲線が描かれています。そして、初期の均衡点は IS 曲線の交点 E です。いま、政府支出増加という財政政策を行い、IS 曲線が IS から IS' にシフトしたものとします。新均衡点は、LM 曲線が LM_a のときで E_a あり、LM 曲線が LM_b のとき E_b となります。そして、新均衡点の利子率と国民所得の関係は、$r_a > r_b$ と $Y_a < Y_b$ です。すなわち、LM 曲線が緩やかであるほど、利子率の上昇は小さく、国民所得の増加が大きく、政策効果が大きくなります。逆に、急勾配であるほど利子率の上昇が大きく、国民所得の増加が小さく、その政策効果は小さくなるのです。

このことは LM 曲線の勾配が、財政政策による利子率の上昇の相違を生み出し、その利子率の上昇の差が財市場に与える負の効果に差が生じていることを意味しています。この財政政策による利子率の上昇が民間の経済活動を抑制しまうことを財政の**クラウディングアウト効果** crowdingout effect といいます。

もし、図10.7の利子率が r_e で変化しないならば、財政政策による国民所得

図10.7　クラウディングアウト効果　　　図10.8　金融政策の有効性

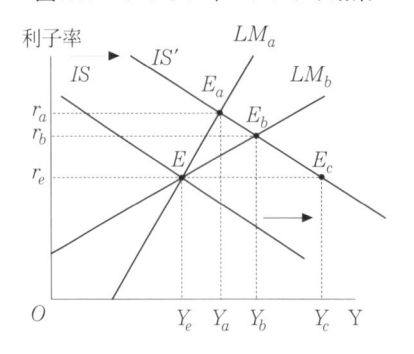

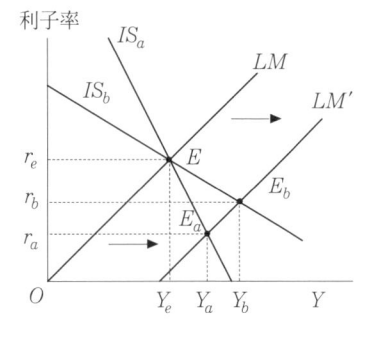

の増加は $Y_c - Y_e$ です。しかし，LM 曲線が LM_a のとき，国民所得の増加は $Y_a - Y_e$ であり，LM 曲線が LM_b のとき，それは $Y_b - Y_e$ であり，利子率が一定の r_e と比較して，前者が $Y_c - Y_a$，後者が $Y_c - Y_b$ の差があり，後者の方が小さくなっています。これがクラウディングアウト効果です。もし，LM 曲線が水平ならば，クラウディングアウト効果は存在せず，LM 曲線が垂直ならば，完全なクラウディングアウト効果が存在しています。

また，IS 曲線が急勾配であるならば，財政政策の効果は大きくなります。とくに，投資の利子率に対する反応が小さいほど，財政政策は有効です。それは投資の利子弾力性である i_1 が，小さいほど乗数が大きくなるからです。

金融政策の有効性と IS・LM 曲線

金融政策も LM 曲線のシフトによって経済状態の改善をはかることから，その政策効果は LM 曲線のシフトと IS・LM 曲線の勾配に依存しています。貨幣供給量の変化のシフトは，(10.10) 式からマーシャルの k の値に依存しており，k が小さいとき，金融政策の効果は大きくなります。

また，IS 曲線の勾配が緩やかであるほどその政策効果は大きくなります。すなわち，投資が利子率に対して弾力的であるとき，金融政策の効果は大きくなります。逆に，投資が利子率に対して非弾力的であるとき金融政策の効果が小さく，投資が利子率に全く反応しない垂直な IS 曲線の経済では，金融政策は利子率を変化させるのだけであり，国民所得に影響を与えることができません。

図10.8 は，IS 曲線の勾配が金融政策の効果に影響を与えていることを示しています。急勾配の IS_a と緩やかな IS_b の 2 本の IS 曲線が描かれています。そして，初期の均衡点は LM 曲線の交点 E です。いま，貨幣供給増加という金融政策を行い，LM 曲線が LM から LM′ にシフトしたものとします。新均衡点は，IS 曲線が IS_a のとき E_a であり，IS 曲線が IS_b のとき E_b です。そして，新均衡点の利子率と国民所得の関係は，$r_a < r_b$ と $Y_a < Y_b$ です。すなわち，IS 曲線が緩やかであるほど，利子率の低下が小さく，国民所得の増加が大きく，政策効果が大きくなります。逆に，急勾配であるほど利子率の低下が大きく，

国民所得の増加が小さく、その政策効果は小さくなります。このことは利子率に変化に対して、財市場の反応の違いが金融政策効果の違いとなっているのです。よって、投資が利子率に反応する経済では、金融政策は有効な経済安定政策です。逆に、投資が利子率の反応しない経済では有効な政策ではありません。また、LM 曲線が急勾配であるとき、金融政策の効果は大きくなります。

低所得水準で低利子率、不況で低利子率あるいは発展途上国で低利子率の経済は、LM 曲線が緩やかとなる可能性が高いといえます。このような経済では、財政政策の経済安定政策は有効です。逆に、高所得水準で高利子率、好況で高利子率あるいは先進国で高利子率の経済は、LM 曲線が急勾配となる可能性が高くなります。このような経済では、財政政策の効果は限定的となります。

財市場と貨幣市場の同時均衡解の導出と LM 曲線

(10.7)または(10.8)式の IS 曲線と(10.9)または(10.10)式の LM 曲線から、財市場と貨幣市場の同時均衡解である均衡国民所得 Y_e と均衡利子率 r_e を求めることができます。次式は IS 曲線と LM 曲線の連立方程式の Y_e と r_e の解です。

$$(10.11) \quad Y_e = \frac{(a+bt_0+i_0+G)l_1+(M/P-l_0)i_1}{l_1(1-b+bt_1)+i_1 k}$$

$$(10.12) \quad r_e = \frac{(a+bt_0+i_0+G)k-(M/P-l_0)(1-b+bt_1)}{l_1(1-b+bt_1)+i_1 k}$$

そして、**政府支出乗数**と**貨幣乗数**は、それぞれ次式となります。

$$\frac{\Delta Y}{\Delta G} = \frac{l_1}{l_1(1-b+bt_1)+i_1 k}, \quad \frac{\Delta Y}{\Delta (M/P)} = \frac{i_1}{l_1(1-b+bt_1)+i_1 k}$$

この 2 つの式は、貨幣需要の利子弾力性 l_1 が大きい経済は、財政政策が、投資の利子弾力性 i_1 が大きい経済は、金融政策が有効であることを示しています。

以上の $IS \cdot LM$ 曲線による解明は、物価と貨幣量が一定という前提の下で議論です。短期的に両者が一定という仮定は是認されるが、現代経済学は、貨幣は内生変数とし、LM 曲線のない経済の解明がなされている (Romer, 2000)。

【要　約】

1. 投資は利子率の負の関数です。
2. 財市場を均衡させる利子率と国民所得は負の関係であり，それをIS曲線といいます。IS曲線の勾配は投資の利子弾力性に依存し，弾力的ならば緩やかな勾配となります。
3. 貨幣市場を均衡させる利子率と国民所得は正の関係であり，それをLM曲線といいます。LM曲線の勾配は貨幣需要の利子弾力性に依存し，弾力的ならば緩やかな勾配となります。
4. 財市場と貨幣市場の同時均衡は，IS曲線とLM曲線の交点であり，均衡国民所得と均衡利子率が決定します。
5. 財政政策はIS曲線をシフトさせる政策です。LM曲線が緩やかなとき，IS曲線が急であるとき，財政政策は経済安定政策として効果的です。
6. 金融政策はLM曲線をシフトさせる政策です。IS曲線が緩やかなとき，LM曲線が急であるとき，金融政策は経済安定政策として有効となります。

【練習問題】

1. IS曲線とLM曲線がシフトする諸要因を列挙せよ。
2. 政府支出を増加させたとき，国民所得と利子率に与える影響を説明せよ。
3. 貨幣供給量を増加させたとき，国民所得と利子率に与える影響を説明せよ。
4. クラウディングアウト効果について説明せよ。
5. 流動性の罠に関する以下の記述うち正しいものを選択せよ。
   （1）財政政策は無効となる。　（2）貨幣需要が無限大となる。
   （3）LM曲線が垂直となる。　（4）IS曲線が水平となる。
6. 政府が市場で国債を発行し，政府支出を増加させたとき，国民の資産増加から消費の増加とともに貨幣需要が増加した。この政策のGDPに与える効果をIS・LM分析にもとづき説明せよ。
7. 政府の財源調達の租税と国債発行は無差別であるという命題を検討せよ。
8. 利子率を一定に保つ政策と貨幣供給量を一定に保つ政策を比較検討せよ。

第Ⅲ編　参考文献

Begg, D./S. Fischer/R. Dornbusch (2005) *Economics*, 7th, McGgraw-Hill.

ブラインダー, A. 著, 河野・前田訳 (1999)『金融政策の理論と実践』東洋経済新報社

Gnos, C. and Rochon, L. (2006) *Post-Keynesian Principles of Economic Policy*, Edward Elgar.

井堀利宏著 (2003)『入門マクロ経済学』第2版, 新世社

岩田規久男著 (1997)『マクロ経済学』新世社

金指基編著 (1996)『景気変動論』八千代出版

Lucas, R. E. (1976), Econometric Policy Evaluation : A Critique, in Brunner, K. and Meltzer, A. H. eds *The Phillips curve and Labor Markets*, North-Holland.

マンキュー, N. G. 著, 足立他訳 (2001)『マンキュー経済学』Ⅱマクロ編, 東洋経済新報社

マンキュー, N. G. 著, 足立他訳 (2004)『マンキューマクロ経済学』ⅠⅡ, 東洋経済新報社

中谷巌著 (2000)『入門マクロ経済学』第4版, 日本評論社

ポーセン, A. 著, 三原・土屋訳 (1999)『日本経済の再挑戦』東洋経済新報社

ローマー, D. 著, 堀他訳 (1998)『上級マクロ経済学』日本評論社

Romer, D. (2000), "Keynesian Macroeconomics without the LM Curve." *Jounal of Economic Perspectives*, 14(2).

サミュエルソン／ノードハウス著, 都留重人訳 (1992-3),『経済学』第13版, 上, 下, 岩波書店

Walsh, Carl E. (2003), *Monetary Theory and Policy*, 2th, MIT Press.

Woodford, Michael (2003), *Interest and Prices*, Princeton University Press.

第Ⅳ編　応　用　編

第11章　市場機構と限界

第1節　市場経済の効率性

市場機構と資源配分

　第Ⅱ編のミクロ経済学の内容は，消費者や企業の行動，および市場メカニズムとは何であるかといった経済現象の解明を行ってきました。市場における自由な取引は，資源配分を最適な状態に導きます。市場で成立した価格にもとづいて，消費者は自分の限界評価（満足度）が，価格に等しくなるところまで需要し，生産者は限界費用が価格に等しくなるように生産します。このような市場のもつ資源配分機能を学ぶことがミクロ経済学の課題でした。

　本節では，競争市場によって実現した経済状態や市場メカニズムが，社会的にみて望ましい経済状態や経済的成果を実現しているかどうかを明らかにします。しかし，経済状態や市場メカニズムを判断するためには，何らかの評価規準が必要になります。その1つが**資源配分の効率性** efficiency です。資源配分が効率的であることを**最適資源配分** optimum resource allocation といいます。この最適資源配分の定義に欠かせない重要な概念が，**パレート最適** Pareto optimum です。

　パレート最適とは，ある人の厚生状態（効用）を改善するためには，他の人の厚生状態を悪化させることなくしては実現不可能な状態をいいます。あるいは，ある経済状態から他の経済状態へ変化した場合，ある人の改善が，他の人の犠牲を伴うことが不可欠であれば，最初の状態は効率的配分であり，それをパレート最適といいます。もし，経済状態の変化がある人の厚生に変化がなく，

他の人の厚生を改善させることができるのであれば，最初の状態は，パレート最適ではないということになります。

　このパレート最適の定義にもとづいて，社会の最適状態を余剰という概念を使って説明します。しかし，市場の価格メカニズムは，つねに最適な資源配分をもたらすとは限りません。この場合には，何らかの形で公的な介入が行われない限り，最適資源配分は実現しません。この章では，さらに市場の失敗がどのようなメカニズムで起こるのかを説明し，これを補正・改善するために政府が行うべき政策について説明します。

消費者余剰と生産者余剰

　消費者余剰 consumers surplus とは，消費者がある財に対して支払ってもよいと考える金額（効用）と消費者が実際に支払った金額との差額です。例えば，A さんは野球観戦が大好きで，好きな野球チームの試合に対して最大限1万5千円支払ってもよいと考えています。これが A さんの野球観戦の主観的評価になります。実際に，このチケットが1万円で売られているとします。A さんの主観的評価は1万5千円ですが，実際に支払った金額は1万円です。この差額の5千円が，A さんの消費者余剰になります。消費者余剰は，図11.1で表すと，需要曲線と価格線とで囲まれた面積となります。

　次に，**生産者余剰** producers surplus を考えます。第6章から，個別企業の供給曲線は，その企業の限界費用で表すことを学びました。供給曲線は限界

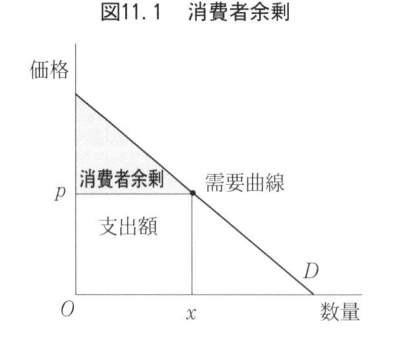

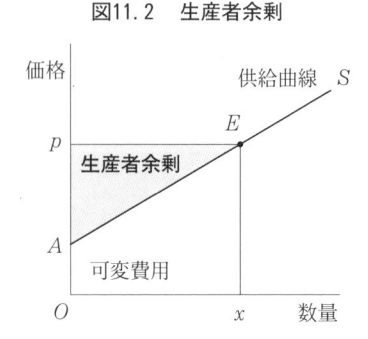

図11.1　消費者余剰　　　　　図11.2　生産者余剰

費用の軌跡でありますが，所与の数量をすすんで販売してもよい価格の軌跡とみることができます。このように供給曲線をみるならば，市場価格が，販売してもよいと考える価格を超えている場合には，企業には余剰が発生します。この市場価格と販売してもよい価格との差額が生産者余剰となります。

図11.2で，いま均衡価格p，均衡数量xで，供給が行われているとすると，企業の収入は，$OpEx$の面積で表されます。企業がこの財をxだけ生産するために必要な可変費用は，供給曲線の下の面積の$OAEx$となります。したがって，生産者余剰は，販売収入－可変費用＝$OpEx - OAEx = \Delta ApE$の面積となります。この可変費用は，企業がすすんで販売してもよいと考えた総額です。

価格の資源配分機能とパレート最適

経済活動が，望ましい形で行われているかを判断する１つの規準は，労働，土地などの資源が，適所に配分されているかどうかということです。大量の失業が発生していたり，資本が生産性の低いところで利用されていることは，望ましい状態ではありません。資源が効率的に配分されているとは，生産要素が各産業間にうまく配分され，資源の無駄遣いがない状況をいいます。

図11.3(a)のDとSは，ある財の需要曲線と供給曲線です。この財について，自由な取引が行われれば，点Eが均衡点，p^*が均衡価格，x^*が均衡数量です。この均衡点Eは，最適な資源配分（パレート最適）の点にもなっています。需要曲線は，この財を需要する人たちのこの財に対する限界的評価を表し，供給曲線は企業の生産に対する限界費用を表しています。したがって，点Eでの生産量x^*では，需要側の限界的評価と供給側の限界費用とが一致しており，消費者余剰と生産者余剰の和の**総余剰**は最大となっています。

もし，生産量がx^*より少ないx_1ならば，限界的評価より限界費用のほうが低くなります。例えば，図11.3(b)のx_1しか生産されない場合，需要側の限界的評価は，Fの高さになり，限界費用はCの高さになります。これは，限界的評価よりも低い費用で生産を増加できる状態です。もし生産が，x_1からx^*まで増加すれば，ΔCEFの面積分だけ余剰が増加することになります。

図11.3　社会的余剰と厚生損失

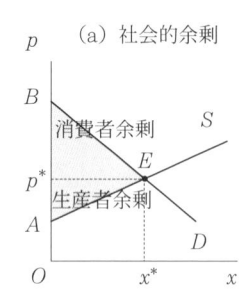

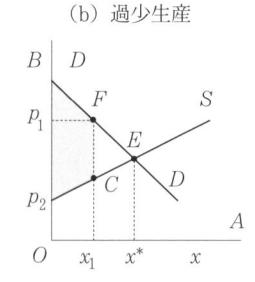

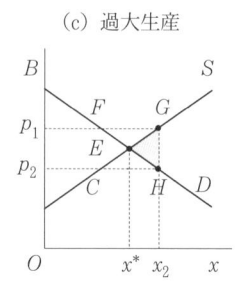

(a) 社会的余剰　　(b) 過少生産　　(c) 過大生産

一方，図11.3（c）のように，生産量がx^*よりも多い場合には，限界費用のほうが限界的評価よりも高くなります。たとえば，x_2の生産が行われると，限界費用はGの高さになり，限界的評価はHの高さで表されます。この財は，需要側の評価以上の生産が行われており，生産量が，x_2からx^*まで引き下げられると，それによって，$\triangle EGH$の面積部分だけ余剰の増加が得られます。

このように，市場において自由な取引が行われる場合，その生産量は，需要側の限界的評価と供給側の限界費用を一致させる結果となり，総余剰も最大になります。したがって，市場均衡は最適生産量を実現します。もし，市場が不均衡の状態であれば，社会的に望ましい生産量とはなりません。

このように，**市場均衡**と**パレート最適**とは一致し，市場経済は効率的な資源配分を実現しています。このことを**厚生経済学の基本定理** first theorem of welfare economics といいます。この命題は，命令や管理による経済システムの資源配分によらなくても，個々の経済主体の経済動機にもとづく行動と自由競争とが，望ましい経済状態を実現することを明らかにしています。

第2節　競争の不完全性と政府の役割

労働供給の選択と労働供給曲線

前節の完全競争市場が成立するためには，市場参加者が多数，価格支配力が皆無，財の同質性，情報の共有等の条件が必要です。しかし，農産物以外は，

これらの条件を満たすことは困難です。例えば，労働の質的格差，情報の非対称性，労働組合の賃金への影響力などが確認できますように，**労働市場**は不完全競争市場の代表例です。しかし，労働需要曲線を第6章第2節で導出しましたように，完全競争モデルも労働市場に適用可能です。

　ここでは，消費者行動理論の応用として，労働供給の選択と労働供給曲線について説明します。第5章で説明しました消費選択の制約条件である所得の獲得は所与でした。そこで，家計は効用を最大化するように労働供給を決定するという，行動仮説にもとづき家計の労働所得獲得活動について説明します。

　家計は労働を供給するか，または，余暇を楽しむかの選択ができるものとします。もし，働かないならば，余暇を選択することになります。また，労働供給の増加は，余暇需要の減少となります。すなわち，余暇の選択は，労働供給を犠牲にしているのです。したがって，余暇を選択する費用は，労働所得であり，時間当たりの費用は賃金となります。このことは，余暇の価格は賃金であることを意味しています。なぜならば，労働供給を行わないことは，労働提供による所得機会を犠牲にして，余暇を選択しているからです。このように余暇の**機会費用**は，賃金となっているのです。

　労働供給Lや余暇Rには，24時間（30日）というように上限があります。そこで，労働供給の上限を$\overline{L}$，余暇の上限を$\overline{R}$とします。もちろん，$\overline{L} = \overline{R}$です。家計が賃金$w$のとき，労働供給$L$を提供するならば，労働所得$m$は，$wL$です。よって，家計はこの労働所得の制約条件の下で労働供給を決定し，この所得の範囲内で消費財を購入するという，選択を行わなければならないのです。

　この家計の所得制約式$wL = m$は，家計の消費行動を説明した予算制約式とは異なっていますが，労働供給Lは，労働供給の上限$\overline{L}$から，余暇時間Rを差し引いた時間ですから，所得制約式は，$w\overline{L} - wR = m$と表すことができます。

　この式は獲得可能な最高の所得$w\overline{L}$から，労働時間を余暇に利用した結果，失った労働所得wRを控除した金額が，労働所得であることを示しています。そして，右辺の労働所得mは，消費財に支出可能な所得となります。この労

働所得のすべてを一般消費財に支出するならば，労働所得 m は，一般消費財の価格 p とその消費量 C の積として表すことができます。この一般消費支出を代入し整理しますと，$wR + pC = w\overline{L}$ となります。この式は第5章の予算制約式と同じ形です。右辺の所得は，家計が獲得可能な最高額の所得であり，余暇の支出 wR と一般消費財の支出額 pC との和に等しいことを示しています。

以上から，余暇（第1財）と消費財（第2財）の関数の効用関数が定義でき，原点に凸の無差別曲線が描けます。そして，予算線 $wR + pC = w\overline{L}$ と無差別曲線の接点が家計の最適選択点です。その選択点では，予算線の傾き $-w/p$ と無差別曲線の傾き $\Delta C/\Delta R$ が一致しています。すなわち，次式が成立します。

$$-\frac{w}{p} = \frac{\Delta C}{\Delta R}$$ （価格比率＝限界代替率）

もし，賃金が上昇するならば，予算線の傾きの絶対値は大きくなります。したがって，最適選択点の限界代替率を大きくする必要があります。そのためには，余暇を減少させ，消費財を多くするという代替を行わなければなりません。すなわち，労働供給を増加させなければなりません。このことは賃金と労働供給は正の関係であり，労働供給曲線が右上がりとなることを示しています。

また，この賃金変化は**代替効果**と**所得効果**が存在しています。賃金の上昇は，余暇の価格の上昇となります。余暇価格の上昇は余暇の消費（労働供給）を必ず減少（増加）させます。これは無差別曲線が原点に対して凸となるからです。一方，賃金の上昇は，確実に所得を増加させます。この所得の増加に対して，余暇が下級財でない限り，余暇需要を増加させます。すなわち，労働供給を減少させます。したがって，代替効果＞所得効果のとき，労働供給曲線は右上がりとなり，代替効果＜所得効果のとき，労働供給曲線は右下がりとなります。

市場均衡と労働市場

図11.4の DD は，労働の需要曲線，SS は，労働の供給曲線です。いま，ある年の大学卒業生の労働市場が，DD と SS の交点で均衡しています。w^* が均衡賃金，L^* が均衡労働量です。

図11.4　労働市場

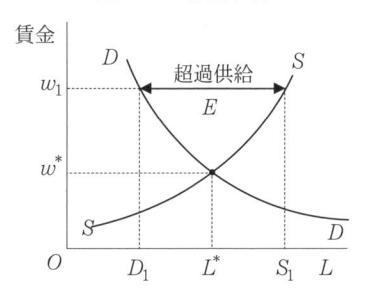

図11.5　労働曲線のシフト

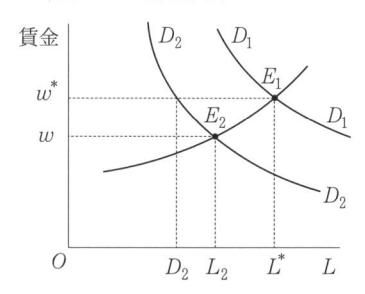

最低賃金の w_1 が，均衡賃金 w^* より高ければ労働の超過供給が生じます。これは，賃金 w_1 で働きたい人の中で，職に就けない人（$S_1 - D_1$），つまり待機失業者が存在します。労働者に一定の生活を保障する最低賃金 w_1 を導入することにより，失業者を増大させる結果になります。

同様のモデルで不況時の雇用減少について説明します。図11.5は，ある年の労働市場で，DD と SS の交点 E_1 が均衡点です。翌年は不況になり，企業の求人が減少し，需要曲線が D_1D_1 から D_2D_2 へとシフトすると，新しい均衡点は，E_2 に変化します。しかし，労働者の給与は，毎年大幅に変化することはなく w^* に維持されます。この場合も，労働の超過供給が発生することになり，**待機失業**の原因となります。よって，政府の政策による失業改善策が必要となります。

政府の市場介入政策

市場取引の資源配分メカニズムについて，現実の例を用いて分析します。

日本の米価政策の特徴は，消費者米価が市場均衡の米価よりも低く，米の生産者保護のために生産者米価が市場均衡の米価よりも高くなっています。

図11.6の p_1 は，政府が農家から買い上げる価格である生産者米価，p_2 は，政府が消費者に販売する消費者米価です。このような価格 p_1 のもとでは，米の供給量は x_2 になります。日本政府はこのような価格設定を行うことによって，米の需給管理を行っていたのです。このような米価政策がどのように評価できるか考えてみましょう。たとえば，米の自由な取引を認めると，均衡価格

は p^*,均衡数量は x^* となり,消費者余剰は,BEp^*,生産者余剰は,AEp^* となります。したがって,総余剰は AEB となります。

これに対して,政府の米価政策が行われたときはどうなるか考えてみます。価格 p_1 のとき,生産量は x_2,そこでの総収入は $p_1 \times x_2$(Op_1Fx_2 の面積)となります。これに対して,米の生産費用は,x_2 の生産量までの供給曲線の下側の面積となるため,$OAFx_2$ の面積となります。したがって,生産者余剰は,$Op_1Fx_2 - OAFx_2 = AFp_1$ となります。

次に,消費者余剰をみてみます。x_2 の米の消費に支出してもよい総額は,$OBGx_2$ の面積,そして,その米を購入するために支出した額は,Op_2Gx_2 の面積です。したがって,消費者余剰は,$OBGx_2 - Op_2Gx_2 = BGp_2$ の面積となります。そして,政府の米の総購入費から総販売額を引いたものが政府の財政負担になります。この財政負担を面積で表すと,$Op_1Fx_2 - Op_2Gx_2 = p_1p_2GF$ の面積で表すことができます。

以上から,社会全体の総余剰は,次式で表されます。

(11.1) 総余剰＝生産者余剰＋消費者余剰－財政負担

よって総余剰＝$AFp_1 + BGp_2 - p_1p_2GF$ です。これは,$ABE - EFG$ となります。

すなわち,総余剰は,政府の政策介入がないときには,ABE の大きさであり,一方,政府の政策介入があるときには,政府の介入がないときに比べて,EFG の大きさの部分だけ余剰の損失が発生します。結局,米価政策という政府の市場への介入により,資源配分の効率性を損なう結果となります。

本来米価政策は,①米生産農家の保護,国産米の生産の確保,②過剰生産を認め,農家の所得補助を行うため,③直接的な所得移転では,消費者の同意を得にくいなど,様々な理由がありますが,一方で,米の取引を自由にして,所得移転(p^*p_1FE)を行った方が,市場の損失が少ない場合も考えられます。

図11.6 米価政策

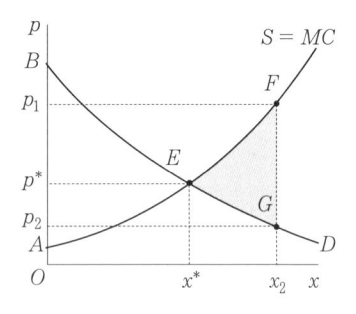

間接税の効果

間接税 indirect tax とは，所得税や住民税などの**直接税** direct tax とは異なり，税を納税すべき納税者と税を負担すべき担税者とが異なる税ということができます。また，間接税には，数量1単位当たり t 円を課税する**従量税**と，価格に対して一定の比率で課税する**従価税**とがあります。

ここでは，従量税を考えます。需要価格を p^d，売り手の供給価格（受取り価格）を p^s とすると，税額分を除いた，$p^s = p^d - t$ が売り手の収入です。このように従量税の場合，次の関係が成立しています。

(11.2)　$p^s = p^d - t$，または，$p^d = p^s + t$

したがって，従量税を課税すると，図11.7に示されるように，供給曲線が税額分 t だけ上方にシフトすることを意味します。

また，従価税の場合には，消費税5％が課税されているならば，供給価格の5％，例えば1,000円の商品であれば，消費者が税込み価格1,050円を支払い，企業が供給価格1,000円を得ることになります。一般的に，従価税の税率が ν ％のとき，需要価格と供給価格との間には，次の関係が成立します。

(11.3)　$p^d = (1+\nu)p^s$

このように，従価税の課税は，供給曲線の傾きが税率 ν だけ大きくなり，供給曲線を左上方に移動することになります。

次に，間接税の効果を，余剰分析を使って考察してみます。図11.7では，ある財の需要曲線と供給曲線が描かれています。まず，間接税が課税される前の状況を考えます。需要曲線 D と供給曲線 S の交点 E が均衡点，均衡価格は p^*，均衡数量は x^* となります。このときの消費者余剰は $\triangle p^*AE$ の面積，生産者余剰は $\triangle p^*BE$ の面積，社会全体の余剰は $\triangle ABE$ の面積で表されます。

いま，従量間接税が課税されると，この市場にどのような影響があるでしょうか。財1単位に対して t（円）だけ課税されると，供給曲線は S から S_1（右上方向）へシフトします。そして，均衡点は点 E から点 K へ，均衡価格は点 p^* から点 p_1 へ上昇し，均衡数量は点 x^* から点 x_1 へ減少します。

新しく均衡価格となった p_1 は，消費者の支払い価格となり，p_1 から税額の t

を差し引いた p_2 は，生産者の受取り価格となります。すなわち，課税により需要価格と供給価格とが，課税分 t だけ乖離したのです。

次に，余剰の変化をみてみます。課税後の消費者余剰は，p_1AK（価格線と需要曲線で囲まれた面積），生産者余剰は，p_2BC（価格線と供給曲線 S で囲

図11.7 間接税の効果

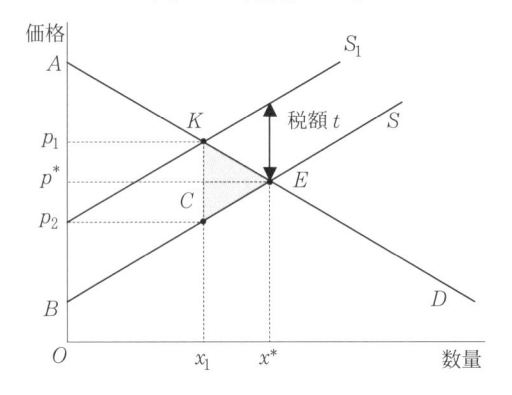

まれた面積）となります。さらに，政府の税収は，税額×数量＝p_1p_2CK の面積で表されます。課税前の市場では，経済主体は消費者と生産者の2者だけでした。その市場に政府が介入したため，課税後の市場は，新たに経済主体として政府が加わります。

さて，社会全体の余剰の大きさを考えると，以下のようになります。

(11.4)　総余剰＝消費者余剰＋生産者余剰＋政府の税収

となり，図中の台形 $ABCK$ の面積で表されます。

課税前と課税後の社会全体の余剰の大きさを比較してみます。課税前の社会全体の余剰は $\triangle ABE$ の面積，課税後は $ABCK$ の面積となり，課税後は $\triangle CKE$ の面積だけ減少しています。これは，政府が市場に介入したことによって資源配分の効率性が損なわれ，余剰が損失したことになります。この**余剰の損失**を**死荷重** dead weight loss といいます。

第3節　公共財の配分

市場機構の限界

市場が完全に機能し，パレート最適が実現するためには，市場が完全競争市場でなければなりません。ここでは，市場メカニズムが必ずしもパレート最適

とならない場合，すなわち**市場の失敗** market failure が生ずる場合を説明します。市場の失敗は，完全競争市場と異なり限界費用原理で価格が決定しない場合，経済主体の行動が市場を通じないで，相互に影響を与える場合などに生じます。主な原因として，①独占および寡占　②平均費用逓減　③公共財　④技術的外部効果の存在，などが考えられます。

費用逓減

費用逓減産業 decreasing-cost industry は，技術が収穫逓増であることを意味しています。資本設備が大規模であり，固定費用が大きな鉄道，電力，水道，通信産業などはこの費用構造となります。いずれの産業も，初期の設備投資が大規模なため，利用者の増加とともに平均費用が低下する費用構造となり，限界費用が平均費用を下回ることになります。

図11.8のように，需要曲線Dと長期平均費用曲線LACとが交わらない可能性があります。こうした状況では，生産水準をどこに決めても，赤字になるため，公企業が供給するか，政府による補助がない限り，財は供給されません。

しかし，赤字（負の利潤）は，こうした財が社会的に不必要であることを意味していません。その判断基準は，総余剰の大きさです。総余剰が最も大きくなる生産量は，需要曲線Dと長期限界費用曲線LMCとの交点Aに対応する，生産量x_1です。総余剰はDとLMCで囲まれた面積となります。このような総余剰が正ならば，社会的にみてこの財は，供給されるべきと判断されます。

しかし，どの水準で生産しても利潤が負となるため，民間企業が供給するためには政府の補助金が必要になります。図11.8で，x_1を生産したときの1単位当たりの赤字＝費用－収入は，AとBの差で示されます。すなわち，Aの高さがx_1の1単位当たりの収入であり，Bの高さがx_1の1単位当たりの平均費用＝LACだからです。

図11.8　費用逓減産業

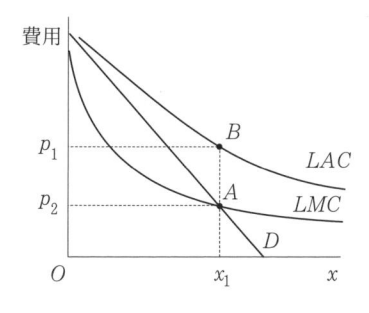

したがって，生産量1単位当たり，AとBの差額の補助金を必要とします。

公 共 財

私的財 private goods は，ある人が消費すると，他の人がそれを消費することはできません。たとえば，Aさんがパンを食べると，Bさんがそのパンを食べることは不可能です。このように私的財には，その財を購入した人が財を消費するという排除性があります。

これに対して多くの人が同時に消費，利用できる財を**公共財** public goods といいます。公共の公園などは，価格（入場料）を支払わない人は利用できないという排除性はありません。これを**非排除性** non-excludability といいます。また，だれかが消費することによって，他の人の消費量が減少することはなく，全員が同時に同じ量の財を消費できます。このような性質を**非競合性** non-rivalness といいます。この2つの性質をもつ財を公共財といいます。非競合的であり，かつ非排除性をもつ財，例えば，国防，消防，警察，一般国道などは，**純公共財** pure public goods と呼ばれます。しかし，公共財とされながら，一般国道のように，混雑緩和のため料金所を設置し，有料道路にすることで消費者の一部を排除する場合など，公共財の範囲は明確に区別することはできません。また，教育，医療，介護，交通機関など，私的財としても供給することができるにもかかわらず，政府が社会的に重要であると考え，公共財として供給するサービスを**メリット財** merit goods と呼びます。

私的財に関しては，個々の消費者の個別需要曲線を水平に加えることによって市場需要曲線としました。これに対

図11.9　公共財の最適供給

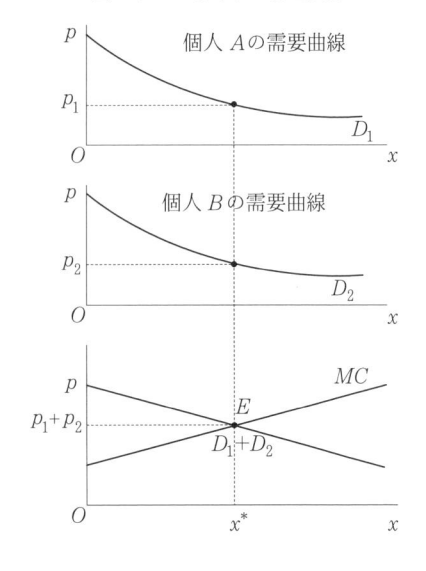

して，公共財の場合には，図11.9のように一定量 x^* を供給すれば，個人 A も個人 B も同時に x^* の量を消費できます。そこで，A は価格 p_1 で，x^* を需要し，B は価格 p_2 で x^* を需要するとします。すなわち，x^* の量の公共財に対して，2人合わせて p_1+p_2 の価格を支払う用意があります。こうして公共財の場合，2人の需要曲線の垂直和（図11.9）の D_1+D_2 が社会的需要曲線になります。この曲線は公共財の追加的1単位に対する社会的限界評価を表しています。

このように，各個人がそれぞれの費用の一部を負担すればよいのですが，各個人の評価を客観的に測ることはできません。公共財は，一度供給されると誰でも消費ができるため，各個人は公共財に対する評価を低く評価することが予想されます。また，全く価値はないという人たちもいます。これが**フリーライダー** free rider（ただ乗りする人）といわれます。

第4節　外部経済と不確実性

外部効果

ある経済主体の経済活動が，他の経済主体の活動に影響を与えるとき，その効果を**外部効果** external effect といいます。その効果が，影響を受ける側にとって好ましい影響であれば**外部経済** external economies，好ましくなければ**外部不経済** external diseconomies といいます。また，他の主体の効用関数，生産関数を直接変化させる効果のことを**技術的外部効果** technological effect といいます。

外部効果の例として，蜜蜂飼育業者と，花の栽培業者との関係があります。

蜜蜂の働きなくして，花粉の受粉は行われません。花の蜜は蜂の餌になりますので，この関係は外部効果の関係となります。鉄道会社と沿線の不動産会社，大学と周辺の飲食店の関係などもこの例になります。

一方で，外部不経済の例は公害に代表されます。自動車の排出ガスは，大気汚染を生じ，人々の健康に悪影響を与えます。また，道路や工場の騒音，汚水の排出など，相手に迷惑を及ぼすものが外部不経済に含まれます。

いま，ある産業の供給曲線を図11.10のS，需要曲線をDとすると，交点Eで，生産量x^*と価格p^*が決まります。この図は，公害を発生させる財（例えば，排気ガスを排出する自動車）に対する需要曲線と供給曲線を表すものとします。供給曲線Sは，ある産業の生産費から求められた限界費用曲線で，**私的限界費用** private marginal cost 曲線と呼ばれるものです。

図11.10中のCは，この自動車によって生じる公害の社会的費用を示したものです。この財の供給が増大すると，それによって公害も増大しますが，その公害が社会的にどれだけの費用として評価されるかという大きさです。

曲線$S+C$は，この財の供給曲線Sと，その財の供給により発生する公害の費用Cを加えたものです。したがって，この財を供給するための**社会的限界費用** social marginal cost を示しています。

この場合の社会的費用Cのように，外部効果により生ずる市場の失敗を，是正するために導入される税金を**ピグー税**と呼びます。ピグー税は，外部効果のコスト分を需要者や供給者の行動に反映させるための税金といえます。

不確実性と情報の非対称性

いままでは，すべての経済主体にとって不明な状況を説明しました。ここでは，売り手と買い手の間に情報の差がある場合を問題とします。情報の非対称性から生じる問題として，消費者あるいは生産者の，どちらか一方が情報をもたない**逆選択**と契約において相手の行動が観察できない場合に，契約後の相手の行動がとる道徳的危険（モラルハザード）を考察します。

レモンには欠陥品の意味があり，中古自動車市場を**レモン市場**と呼びます。中古自動車市場は，性能や欠陥の程度が異なる様々な車があります。売り手は，正確にその性能について把握し，一方，買い手は，情報を把握することは困難であり，品質の確認は難しくなります。このような場合，欠陥車のみが市場に供給され，欠陥車でない中古車は，市場に供給されないという状況になります。

いま，中古車市場において，欠陥車を5万円で売りたい人，良い車を20万円で売りたい人，欠陥車を6万円で購入する人，良い車を24万円で購入する人が

います。このような市場で，売り手も買い手もお互いに情報を共有しているならば，欠陥車も良い車も取引が成立します。

しかし，買い手が欠陥車か良い車かの判断ができない場合，需要価格は異なってきます。欠陥車か良い車かの確率が1／2と予想するならば，買い手の需要価格は，次式のようになります。

(11.5)　需要価格＝6×0.5＋24×0.5＝15

欠陥車か良い車かの期待値15万円が，買い手の需要価格になると，この市場で，良い車の取引は行われず，欠陥車のみが供給されることになります。この中古自動車市場における市場の失敗の理由は，情報の格差であり，欠陥車の存在が，買い手の需要価格を変更させてしまうために生じます。

良い財を選ぼうとすると，結果的に悪い財をつかむという現象を，**逆選択**といい，「悪貨が良貨を駆逐する」**グレシャムの法則**と同じことが起こります。

道徳的危険

例えば，保険の例を考えると，保険は，人々の行動のインセンティブを変化させます。保険に加入したことによって，保険の対象である事故を避けようとするインセンティブが小さくなります。この一般的な特徴が，**モラルハザード** moral hazard と呼ばれものです。

いま，医療の市場における需要曲線と供給曲線が，図11.11で示されます。

図11.10　社会的限界費用

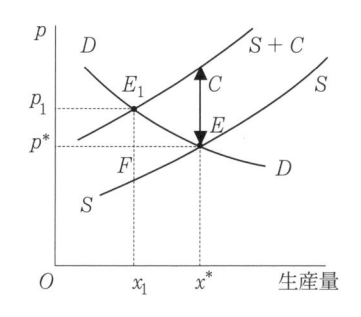

図11.11　モラルハザード

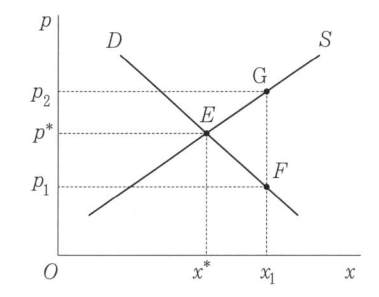

医療保険が存在しなければ，交点 E で市場が均衡し，均衡価格 p^*，医療の需給量は x^* になります。医療保険が存在すると，保険によって医療費の一部が補助されるため，医療の価格は p_1 になり，医療の需給量は x_1 になります。この結果，医療の供給価格は p_2 に上昇，p_2-p_1 は，保険で支払われる分となります。結果，消費者余剰は p^*p_1EF の面積だけ増大し，生産者余剰は p^*p_2EG の面積だけ増加します。一方，保険料は加入者から，p_1p_2FG の面積分が徴収されます。保険料と余剰の増加分の差が保険により発生する経済的余剰の損失部分であり，それは ΔEFG の面積で表されます。診察費用が保険料から賄われるという保険システムが，患者の健康管理の怠りや医師の過剰診療・過剰検査を生じさせます。すなわち，D や S 曲線をシフトさせます。これは道徳的欠如です。

【要　約】

1　消費者余剰とは，ある財に対して支払ってもよいと考える金額が，実際に支払う金額を上回る部分のことです。

2　生産者余剰とは，ある財を販売してよいと考える金額を実際に販売した金額を超える部分のことです。

3　完全競争市場では，価格調整を通じた効率的な資源配分が達成されます。この最適資源配分の状態をパレート最適といいます。

4　間接税の課税は，需要価格と供給価格に差が生じます。課税の負担は需要曲線と供給曲線の相対的な傾きの差に依存します。

5　最適資源配分からの乖離による厚生損失を死荷重で測ります。

6　市場経済が最適資源配分を実現できないことを市場の失敗といいます。

7　公共財とは，非競合性と非排除性をもち，国防や大気汚染のように，すべての人が同量の消費をすることができる財と定義されます。

8　外部性とは，ある経済主体の意思決定が，市場を経由せず他の主体に直接影響を与えることをいいます。

【練習問題】

1. 公共財とは何か。その特徴を私的財と比較して説明しなさい。
2. 図は賃金が上昇し，予算線がABからACに変化したことを示している。代替効果と所得効果の正しい組合せを選択せよ。

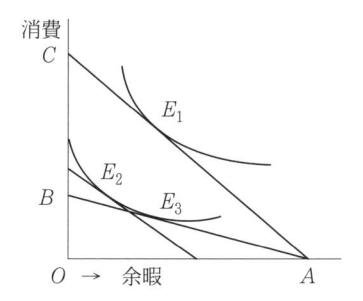

（縦軸：消費，横軸：余暇。点C，B，A，および無差別曲線上の点E_1，E_2，E_3を示した図）

(1) 代替効果はE_3からE_2，所得効果はE_1からE_3への変化
(2) 代替効果はE_1からE_3，所得効果はE_2からE_3への変化
(3) 代替効果はE_2からE_3，所得効果はE_3からE_1への変化
(4) 代替効果はE_3からE_2，所得効果はE_2からE_1への変化
(5) 代替効果はE_2からE_3，所得効果はE_3からE_2への変化

3. モラルハザードと考えられる行動を3つあげよ。
4. ある財に対する需要曲線が$D = 100 - p$，供給曲線が$S = 3p$で表されます（D：需要量，S：供給量，p：価格）。
   (1) 均衡価格，均衡数量，社会全体の余剰の大きさを求めなさい。
   (2) いま，この財に1単位当たり20の間接税が課税されました。この政策によって社会全体の余剰はどのように変化するか，消費者余剰，生産者余剰，政府の税収を求め，図を描いて説明しなさい。
5. 次の文章の中で，正しいものはどれか選びなさい。
   ① ある財の購入が消費者余剰を減少させた場合でも，消費者の利益となることがある。
   ② ある財の販売が利潤を減少させるならば，生産者にとって利益とはならない。

③ 価格の上昇は，どんな理由であってもその財の社会的重要性は高くなる。
④ 社会的な余剰が増加するときには，必ず消費者余剰も増加している。
⑤ 社会的な余剰が減少しても消費者余剰が増加すれば，社会的には望ましい。

6 以下のパレート最適に関する記述において誤っているものを1つ選択せよ。
① 所得分配の公平性が実現されている経済である。
② 総余剰が最大となっている経済である。
③ 資源が無駄なく利用されている経済である。
④ A財の生産のために，B財の生産を犠牲にしなければならない経済である。

第12章　物価と雇用とインフレーション

第1節　総需要曲線と総供給曲線

総需要曲線

　いままでマクロ経済学は，物価水準一定として説明してきました。本章では，GDPの価格である物価水準の決定を説明します。まず，物価水準と総需要の関係である**総需要曲線** Aggregate demand curve：AD について説明します。

　ミクロ経済学で学んだ消費者は，価格が低下すればその財の需要量を増加させます。ミクロの需要曲線は右下がりであり，それは代替効果が負であるからです。マクロ経済の物価と総需要の関係も負となります。しかし，その負となる理由はミクロ経済学とは異なっています。物価と総需要の関係は，ミクロの需要曲線を集計したものであり，消費や投資や政府の支出も含まれています。

　マクロ経済の物価と総需要は，次のような関係となっています。物価水準 P の下落は，実質貨幣残高 M/P を増加させます。この実質貨幣残高の増加が利子率を低下させ，投資を増加させ，さらに投資の増加が有効需要の原理により，総需要（GDP）を増加させます。このように物価と総需要は負の関係であり，**AD 曲線**は右下がりとなります。以上のことを次のように要約することができます。

$$P\downarrow \Rightarrow M/P\uparrow \Rightarrow r\downarrow \Rightarrow I\uparrow \Rightarrow Y\uparrow$$

　　　（貨幣供給）（貨幣市場）（投資関数）（有効需要の原理）

　AD 曲線は $IS\cdot LM$ 曲線を利用して導出されます。図12.1の上半分に $IS\cdot LM$ 曲線が描かれています。そして下半分には，横軸に総需要，縦軸に物価が

測られています。低い物価水準は高い実質貨幣残高となることから，物価の下落は LM 曲線を右にシフトさせます。図の LM 曲線は物価水準 P_e と P_1 に対応して描かれています（$P_1 < P_e$）。最初の均衡点 E は，物価水準 P_e に対応する LM 曲線 $LM(P_e)$ と IS 曲線の交点です。このときの均衡国民所得 Y_e は，物価水準 P_e の下で実現しています。したがって，P_e と Y_e の組合せが一国経済の物価水準と国民所得です。この組合せを図12.1の下半分にプロットした均衡点が E' 点です。次に，物価 P_e より低い P_1 の場合の均衡点は，LM 曲線 $LM(P_1)$ と IS 曲線の交点 E_1 です。このときの均衡国民所得 Y_1 は，物価水準 P_1 の下で実現しています。したがって，P_1 と Y_1 の組合せが物価水準と国民所得です。この組合せを図12.1の下半分にプロットした均衡点が E'_1 点です。この E'_1 点は，物価 P_e のときの均衡点 E' 点よりも右下となります。そして E' 点と E'_1 点を結んだ曲線が AD 曲線であり，右下がりとなります。なお，第10章の（10.11）式は AD 曲線であり，右下がりであることが確認できます。

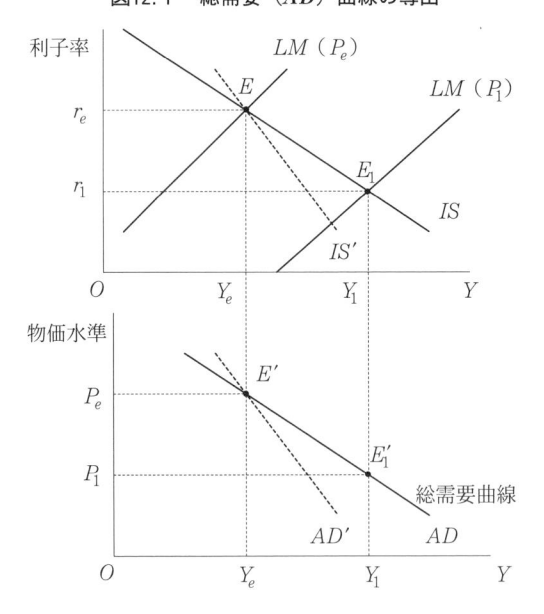

図12.1　総需要（AD）曲線の導出

AD曲線の勾配は，IS曲線とLM曲線の勾配に依存しており，IS曲線が急勾配であるほど，また，LM曲線が緩やかであるほど急勾配となります。投資が利子率に全く反応しないIS曲線が垂直な場合や流動性の罠のLM曲線が水平な場合には，AD曲線は垂直となります。図12.1の点線の急勾配のIS曲線の場合，AD曲線が急勾配となることが示されています。

また，IS曲線とLM曲線をシフトさせる諸要因のうち，物価以外のすべての諸要因がAD曲線をシフトさせます。たとえば，政府支出増加という財政政策がIS曲線を右にシフトさせるとともに，AD曲線も右にシフトします。また，貨幣供給量増加という金融緩和政策は，LM曲線が右にシフトするとともに，AD曲線も右にシフトします。

総供給曲線

一国経済全体の財・サービスの供給は企業（産業）が担っています。企業は技術的知識と市場条件の下で，利潤を最大化するように行動しています。この企業行動と**労働市場**の調整が，一国経済の**総供給曲線** aggregate supply curve：**AS曲線**に影響を与えています。AD曲線とは異なり，AS曲線はミクロ経済学の理論が密接に関連しています。

実質賃金が伸縮的で，労働市場の不均衡が即座に解消されるような場合，AS曲線は物価と独立であり，垂直となります。労働市場が超過供給，すなわち，失業が生じても賃金の下落により，需給均衡を瞬時に実現できるならば，労働市場は常に完全雇用（自然失業率）の状態となります。したがって，価格や賃金が伸縮的な経済では，供給主体は常に完全雇用GDPの生産と供給を行うことができることになり，総供給は潜在生産力を実現しています。

長期的に市場メカニズムが機能するという前提では，長期のAS曲線は垂直となります。しかし，企業は需給の不均衡に対して価格調整を行わず，在庫調整という数量調整も行っています。このような場合，物価は下方硬直的となります。もし，失業が存在しても実質賃金が下落しないならば，完全雇用に達するまで，現在の実質賃金で労働者の利用が可能となるのです。すなわち，AS

曲線は水平となります。この水平のAS曲線が物価水準一定のAS曲線です。

物価が下方硬直的である経済の水平なAS曲線と実質賃金が伸縮的な経済の垂直なAS曲線が存在しています。この2つの両極端のAS曲線の中間的なAS曲線が考えられます。賃金は短期的には変化せず，労働市場の不均衡の調整には時間を要します。とくに，賃金は年間または複数年契約が一般的であり，労働市場の不均衡の調整は賃金ではなく，労働投入量による調整がなされています。もし，名目賃金が一定であるならば，AS曲線は右上がりとなります。

ミクロ経済学における企業の行動仮説から，競争企業は限界費用＝限界収入の利潤最大化条件を満たすように雇用量および生産量を決定しています。すなわち，企業は次式を満たすように行動しているのです。

(12.1)　名目賃金＝価格×労働の限界生産物

左辺は労働1単位の追加費用である**限界費用**，右辺は労働1単位の追加による価値限界生産物の**限界収入**です。この条件下では，名目賃金が一定のとき，物価の上昇は労働の限界生産物の逓減から，雇用の増加と生産増加が生じます。したがって，物価と総供給は正の関係となり，AS曲線は右上がりとなります。この命題は新古典派経済学から導出されることから，ケインズは**古典派の第一公準**と呼びました。また，労働供給は，家計の合理的行動から，実質賃金の増加関数となります。これは**古典派の第二公準**です。

しかし，右上がりのAS曲線は，実質賃金が下落し，かつ雇用が増加するという前提が必要です。このような前提が成り立つのは，失業が存在している場合や労働者が実質賃金の下落に気がつかない短期的な場合に限られます。

AS曲線は市場調整や短期・長期および経済主体の行動によって，価格に対する供給の反応が異なります。これを要約すると次のようになります。

1．垂直のAS曲線：古典派モデル（価格伸縮的で市場が完全，長期経済）
2．水平のAS曲線：極端なケインズモデル（価格が固定的で市場調整が不完全，数量調整経済，短期経済）
3．右上がりAS曲線：ケインズモデル（名目賃金が固定，契約社会，短期経済，労働者の錯覚）

一時均衡と失業の原因

価格や賃金が固定されている経済の均衡は**一時均衡**といいます。それは何らかの調整が起こり、その均衡が変化することが予想されるからです。一時均衡は市場メカニズムにより、固定された価格や賃金が変化し、価格調整が生じる可能性が存在しています。そこで、AS曲線が水平である経済を考えましょう。

図12.2には、固定価格の水平のAS曲線と右下がりのAD曲線が描かれています。総供給は完全雇用GDPを超えることはできないので、AS曲線は、完全雇用GDPまでは水平で、完全雇用GDP水準で垂直に描かれています。

いま、物価がP_0のときのAS曲線とAD曲線の交点Eが短期の均衡点です。このときの均衡国民所得Y_eは、完全雇用GDP(Y_f)よりも少なくなっています。経済は不況であり、**失業**が存在しています。市場機構が完全ではないことが失業の原因となっています。価格調整による完全雇用が実現できないならば、AD曲線を右に移動させる政策が求められます。これが財政金融政策です。

政府支出の増加、減税、貨幣供給量の増加という財政金融政策は、AD曲線を右にシフトさせます。図12.2のように、AD曲線がADからAD'に右にシフトするならば、総需要不足が解消され、完全雇用を実現することができます。

図12.2 水平な供給曲線

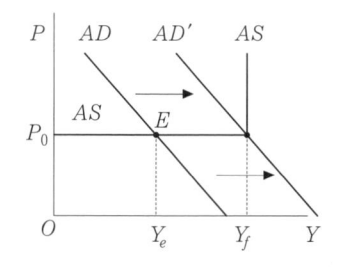

図12.3 伸縮的価格とピグー効果

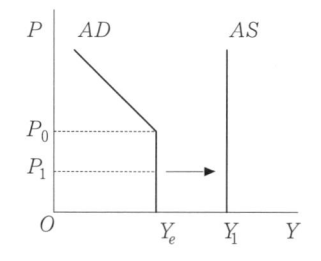

図12.3には、価格が伸縮的な経済の垂直なAS曲線と垂直な部分をもつAD曲線が描かれています。投資が利子率に全く反応しない経済や**流動性の罠**となっている経済は、このような垂直なAD曲線となっています。

AD 曲線と AS 曲線がともに垂直な場合，均衡が存在せず，財市場は常に超過供給です。したがって，物価が下落することが予想されます。しかし，初期の物価 P_0 が P_1 に下落したとき，総需要は増加せず，超過供給は解消されません。この経済は市場調整によって完全雇用を実現することが不可能であり，AD 曲線を右にシフトさせる財政金融政策が必要となります。

しかし，市場調整により AD 曲線が右にシフトする可能性があります。物価 P_0 が P_1 に下落すると，実質貨幣残高が増加し，人々の消費を刺激することが考えられます。すなわち，実質貨幣残高増加という資産の増加が消費を増加させるならば，AD 曲線は右にシフトし，Y_f の完全雇用 GDP が実現します。このような物価下落による資産増加が消費を増加させることを**資産効果**またはピグー A. C. Pigou による貢献から**ピグー効果**ともいいます。もし，資産効果が存在するならば，市場メカニズムにより完全雇用を実現することができます。

第2節　短期の総供給曲線と物価水準

物価水準と GDP の決定

実際の短期の AS 曲線は，垂直と水平の中間である右上がりであると考えられます。賃金・雇用契約から短期的に賃金は，市場の変化に即座に反応せず，固定的であると考えられます。また，労働者は企業に比べて市場情報の把握には時間が必要であり，両者の間には**情報の非対称性**が存在しています。労働者は実質賃金に変化がない場合でも，物価上昇が名目賃金の上昇よりも小さいと判断する可能性があります。したがって，労働者が労働供給を増加させることにより，雇用増加と生産増加が起こります。一方，企業にとっても物価情報の把握は完全ではなく，物価が予想物価を上回る状況は不自然なことではありません。このように物価の上昇は，企業の生産拡大誘因となっています。

図12.4 に短期の右上がりの AS 曲線と右下がりの AD 曲線が描かれています。AS と AD の交点 E が財市場の均衡点であり，物価 P_e と GDP の Y_e が決定されます。このように物価と GDP が同時に決定します。さらに，AS 曲線と AD

曲線の導出から理解できますように，この均衡点Eでは，財市場の均衡とともに貨幣市場も労働市場も均衡しています。ただし，Y_eのGDPは完全雇用GDPと必ずしも一致していません。図12.4ではY_eがY_fよりも小さくなっています。したがって，均衡点Eは長期的に維持される経済状態ではなく，

図12.4 物価水準の決定と市場調整

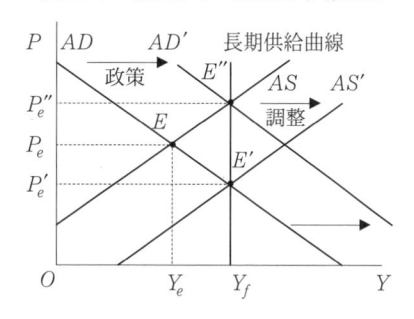

一時均衡となっています。この均衡の特徴は，**不完全雇用均衡**です。いわゆる失業を伴った均衡であり，**待機失業者**が存在する経済です。

市場の不完全性と市場の調整

図12.4の一時均衡がどのような調整によって新たな均衡に移動するかの問題があります。この点に関して4つの代表的議論があります。

第1は市場メカニズムが機能し，しかも市場調整は速く，常に経済は**長期均衡**であり，失業のない完全雇用経済であるという新古典派です。図の均衡E点に対応する労働市場は失業が存在していますが，賃金が下がり雇用増加となります。賃金の下落はAS曲線を右にシフトさせますので，物価の低下とGDPの増加が実現します。この調整は失業が存在する限り継続しますから，完全雇用GDPのY_fが実現するAS'までシフトし，均衡点E'となります。とくに，価格や賃金が伸縮的であるならば，不均衡が即座に一掃され，AS曲線は垂直となり，常に完全雇用の経済となります。このような経済は，総需要が変化しても，雇用や生産水準は変化せず，物価水準のみが変化します。まさに供給が需要を創出し，貨幣が物価水準を決定するという価格調整の経済です。

第2は**マネタリスト**と呼ばれる学派である。新古典派よりは調整速度は遅いが，市場調整は速く，短期均衡の長期均衡からの乖離は小さく，経済は長期均衡の近傍にあり，失業よりも物価の安定を重要し，市場メカニズムの調整力に信頼をおいており，**総需要政策**より**供給サイド**がより重要と考えています。

第3は**ケインジアン**という学派です。市場調整は速くはなく，しかも短期均衡は長期からの乖離が大きくなる可能性を否定していません。したがって，総需要政策の必要を強調します。この学派は，市場の調整メカニズムは不完全であり，上のメカニズムは長期的には可能であっても，賃金や価格は下方硬直的であり，短期的に AS 曲線が右にシフトするのは困難であり，失業を深刻な問題と考えています。完全雇用の実現は AD 曲線の AD' へのシフトによって均衡点 E'' が可能となります。これが政府による総需要管理の必要性を支持する根拠であり，AD 曲線をシフトさせる財政金融政策の有効を強調しています。

　第4は極端なケインジアンと呼ばれる学派です。市場調整は非常に遅く，短期均衡が現実の経済であり，つねに失業が存在します。したがって，短期均衡が長期均衡よりも重要であり，供給サイドよりも総需要が問題と考えます。

　財政金融政策の有効性は，市場調整すなわち AS 曲線の勾配と密接な関係にあります。市場調整が完全ならば AS 曲線は垂直であり，財政金融政策は物価を変化させるのみで，GDPを変化させることはできません。このような経済では財政金融政策は無効です。一方，市場調整が不完全ならば，AS 曲線は右上がりであり，緩やかな勾配の経済は，総需要の増加に対して，物価上昇は小さく，GDPの増加は大きく，財政金融政策が有効性であり，必要でもあります。

　また，石油危機による原油価格の上昇や労使紛争による賃金上昇という供給ショック，すなわち，短期 AS 曲線の上方へのシフトによる景気変動が引き起こされます。このような供給ショックへの対応も AS 曲線の勾配と密接です。AS 曲線の勾配が急勾配ならば，物価の上昇は小さく，GDPの減少は小さくなります。そして，完全雇用の復帰には市場調整力を利用することができます。しかし，AS 曲線の勾配が緩やかならば，物価の上昇は大きく，GDPの減少も大きくなります。そして，市場調整力による完全雇用の復帰には多くの時間を必要とします。このような経済では財政金融政策による完全雇用への回復が必要となりますが，物価の上昇は避けられないことになるのです。

第3節 インフレーションと失業

インフレーションと失業のトレードオフ

　前節の説明からAD曲線とAS曲線の移動が物価を上昇させることが，また，両曲線の勾配とシフトの大きさが物価上昇率を決定していることが理解できます。物価の継続的上昇である**インフレーション**はAD曲線シフトとAS曲線のシフトによって引き起こされることから，前者を**需要牽引型インフレーション** demand pull inflation，後者を**コスト圧力型インフレーション** cost push inflation といいます。

　AD曲線とAS曲線のシフトによるインフレーションの解明は複雑となります。インフレーションの解明に有効な分析方法は**フィリップス曲線**です。イギリスの経済学者であるフィリップス A. W. Phillips は，実証研究から賃金上昇率と失業率との間の負の関係が存在することを見いだしました。以後，インフレーションと失業に関する分析はフィリップス曲線にもとづいています。

　まず，フィリップス曲線が**供給サイド**を表していることを確認しましょう。図12.5には，労働市場の不均衡の尺度である超過供給率$\varepsilon=$（労働供給量－労働需要量）÷労働供給量と賃金上昇率$\dot{W}$が負の線形の関係として描かれています。εが大きいほど，$\dot{W}$が大きく，両者は負の関係となります。もし，賃金の調整が速いならば，図の直線は点線のように急勾配となります。

　図12.6にはεと失業率uが描かれています。情報の非対称性や労働の質や労働移動や経済構造の変化から，εがゼロであるとき，失業者が存在するために，両者の関係は失業率の横軸のc点を通る右上がりの曲線となります。

　図12.7は，図12.5と図12.6を利用して導出した賃金上昇率$\dot{W}$と失業率uの負の関係を表すフィリップス曲線です。賃金が伸縮的であるほど，フィリップス曲線は急勾配となります。労働市場の不均衡が短期間で解消される経済のフィリップス曲線は垂直となります。このようにフィリップス曲線は，市場経済の供給サイドの不完全性を測る尺度となっています。

216 第Ⅳ編 応用編

図12.6 超過供給率と失業率

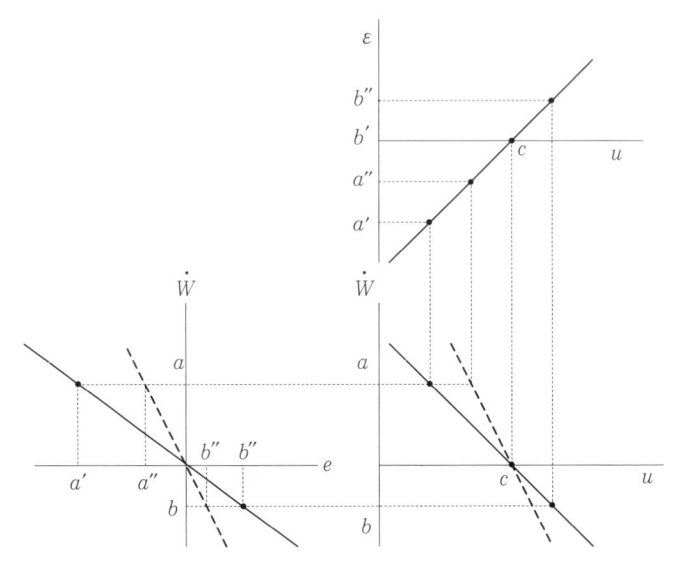

図12.5 超過供給率と賃金変化率　　図12.7 フィリップス曲線

　賃金は財・サービスの価格決定に与える重要な要因であり，賃金と物価は極めて高い相関関係にあります。したがって，フィリップス曲線は賃金上昇率ではなく物価上昇率を利用することについては大きな問題ではありません。フィリップス曲線は，経済が物価上昇を犠牲にするならば，雇用確保（失業率の減少）が可能であり，雇用確保を犠牲にするならば，物価上昇を抑えることができるという，経済のトレードオフ問題が存在していることを教えています。このことは図12.4のAD曲線をAS曲線に沿って右にシフトさせたとき，物価は上昇し，GDPは増加し，失業率は低下することが確認できます。逆に，AD曲線を左にシフトさせたとき，物価は低下し，GDPは減少し，失業率は増加します。したがって，経済が短期AS曲線に沿って移動すると失業率とインフレーションは逆の方向に動くのです。このことは，フィリップス曲線が短期AS曲線を反映していることを意味しており，供給サイドを表す有用な分析方法となっています。

供給サイドとフィリップス曲線

供給サイドを表す一般的方法は生産関数です。その生産関数を失業率とGDPの関係に拡張したのがオークンです。この失業率とGDP成長率の負の関係を**オークン法則**といいます。したがって，失業率とGDP成長率はマクロの生産関数を表しており，オークン法則も供給サイドを表す方法のひとつです。

オークン法則とフィリップス曲線はともに供給サイドを表しています。この2つからインフレ率とGDPの関係の**インフレ供給曲線**を導き出すことができます。また，オークン法則とインフレ供給曲線からフィリップス曲線を導き出すことができます。すなわち，フィリップス曲線とインフレ供給曲線は，コインの裏表の関係となっているのです。

フィリップス曲線は，賃金上昇率$\dot{W}$と失業率ギャップ(u_n-u)を利用して次式で表すことができます。

(12.2) $\dot{W} = \phi(u_n-u)$

(12.2)式は賃金上昇率の定義$(W-W_{-1})\div W_{-1}$から，賃金Wで表すと次式となります。なお，添え字の$-$は前期を示します。

(12.3) $W = -W_{-1}\phi(u-u_n)+W_{-1}$

また，オークン法則は，失業率ギャップ(u_n-u)とGDPギャップ$(Y-Y_n)$との間の相関関係を利用して次式で表します。

(12.4) $Y-Y_n = -\beta(u-u_n)$

βは**オークン係数**です。そして，物価Pと賃金Wとの間には次式の比例的関係が成立しているものと仮定します。

(12.5) $P = \mu W$

この式に(12.3)と(12.4)式を代入して整理する次式を得ます。

(12.6) $p = p_{-1}\phi/\beta(Y-Y_n)+p_{-1}$

さらに，$\pi = (P-P_{-1})\div P_{-1}$をインフレ率と定義し，整理すると次式を得ます。

(12.7) $\pi = \dfrac{\phi}{\beta}(Y-Y_n)$

この式はインフレ供給曲線とよばれ，インフレ率はGDPギャップ$(Y-Y_n)$

によって変化し，$Y = Y_n$ のとき物価は変化しません。また，$Y > Y_n$ のとき，インフレが生じ，$Y < Y_n$ のときデフレが生じることを示しています。そして，フィリップス曲線の勾配÷オークン係数がインフレ供給曲線の勾配となっており，フィリップス曲線の勾配が大きいほど，かつオークン係数が小さいほど，その勾配大きく，市場調整が弾力的であることを意味しています。このような経済は，インフレを抑えるための政策コストは小さいく，**犠牲率**は小さいといいます。この**犠牲率**とは，インフレ供給曲線の勾配の逆数です。

人々の期待形成と短期均衡と長期均衡

マクロ経済学に人々の期待形成を導入することによって，短期均衡と長期均衡を矛盾なく説明することができます。すなわち，市場が不完全な**固定価格経済**と市場が完全な**伸縮的価格経済**が同時に説明可能となったのです。ケインズの経済と**新古典派**の経済を統合する道を開いたのが期待形成の理論です。

期待インフレを導入したフィリップス曲線は次式となります。

(12.8)　　$\pi = \pi^e - \phi(u - u_n)$

π^e が期待インフレ率です。$\pi = \pi^e$ のとき失業率が $u = u_n$ です。すなわち，現実の物価上昇が期待物価上昇率と等しいとき，失業率は**自然失業率**となり，雇用は完全雇用であり，生産量は完全雇用 GDP となります。

$\pi > \pi^e$ のとき，$u < u_n$ であり，失業率は自然失業率以下となります。$\pi < \pi^e$ のとき，$u > u_n$ であり，失業率は自然失業率を超えています。失業はインフレが予想インフレと乖離したときのみ自然失業率から乖離することを示しています。すなわち，人々の期待形成が合理的であるならば，政策によって生産量（失業率）を恒久的に自然産出量以上（自然失業率以下）にすることは，不可能であることを示しています。このフィリップス曲線は，物価（名目変数）が失業や産出量（実質変数）に恒久的に影響を与えることはない，ということを述べています。すなわち，**長期のフィリップス曲線**が垂直となります。実物変数は名目変数からは独立である，という**古典派の二分法**の成立とそれが短期的には崩壊することを説明しています。**短期フィリップス曲線**は右下がりであ

り，インフレと失業とのトレードオフ関係が成立しています。フィリップス曲線の勾配がϕのとき，失業率1％の低下はϕ％の物価上昇を伴い，物価を1％低下させるためには，失業は$1/\phi$％上昇することになります。

図12.8は，期待インフレ率π^eを導入したフィリップス曲線です。2本のフィリップス曲線が描かれていますが，それは期待インフレ率π^eが2％と4％に対応するフィリップス曲線です。いま，人々の期待インフレ率が2％であるとき，初期の均衡点がA点であるものとします。総需要拡大政策によるAD曲線の右へのシフトが物価を上昇させ4％となった場合，企業は利潤最大化の条件から雇用を拡大します。物価上昇は賃金上昇を伴い，労働供給が増加します。したがって，$\pi^e = 2$％のとき，$\pi = 4$％ならば，失業率とインフレ率の組合せは，A点の左上のA'点となります。このように所与の$\pi^e = 2$％に対応して，右下がりのフィリップス曲線となります。これが短期のフィリップス曲線です。

しかし，経済主体は期待インフレ率を修正します。インフレ率が4％であるとき，期待インフレ率を2％に据え置くのは非現実的です。$\pi^e = 4$％であるならば，実質賃金は変化していませんから企業も労働者も，雇用や労働供給を以前に戻すことが，合理的選択となります。したがって，$\pi^e = 4$％と失業率の組合せはB点となります。

このように物価の上昇が一時的に失業率を減少させても，期待インフレ率と実際のインフレ率が一致する失業率に戻ってしまいます。この失業率は経済が長期的に変えることのできない自然失業率です。長期フィリップス曲線は，この自然失業率で垂直となります。長期的にはインフレと失業のトレードオフ関係は，存在しないことがわかります。この命題は幅広く受け入れられています。

図12.8　自然失業率とフィリップス曲線

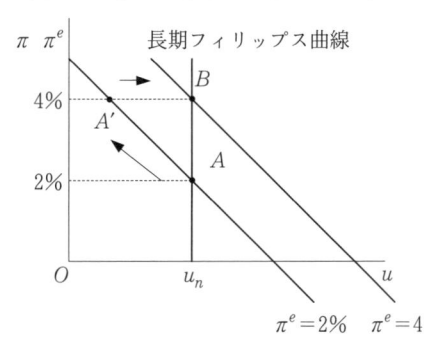

【要約】

1. 総需要曲線は物価と総需要の関係を記述しており，両者は負の関係です。
2. 総需要曲線の勾配は，IS 曲線と LM 曲線の勾配に依存し，IS 曲線が急勾配であるほど，LM 曲線の勾配が緩やかであるほど，急勾配となります。
4. 総需要曲線は G，I，M の増加や減税によって右にシフトします。
5. 総供給曲線は物価と総供給の関係を記述し，GDP とは独立な水平，物価とは独立な垂直，両者が正の関係の右上がりの曲線の 3 つに分類されます。
6. 待機失業が存在する一時均衡は，AS 曲線のシフトという市場調整が完全雇用を実現しますが，固定的価格経済や調整速度が遅いとき，財政金融政策により AD 曲線をシフトさせる必要があります。
7. オークン法則は失業率と GDP 成長率の関係，フィリップス曲線は失業率とインフレ率の関係，インフレ供給曲線はインフレ率と GDP の関係を表しています。いずれも，供給サイドを解明する有用な方法です。
8. 人々の期待形成が短期的には失業率とインフレ率のトレードオフ関係を生み出しますが，長期的にはトレードオフ関係を解消させます。名目変数と実物変数は長期的に独立ですが，短期的には崩壊してしまいます。

【練習問題】

1. 総需要曲線が右下がりとなる理由を説明せよ。
2. 総需要曲線を右にシフトさせる政策をあげよ。
3. 総供給曲線が右上がりとなる理由を説明せよ。
4. 待機失業（非自発的失業）が起こる理由を説明せよ。
5. ある経済のオークン係数が 3 であり，フィリップス曲線は次式で表されている。$\pi = \pi^e - 1.5(u - 4)$。π は物価上昇率，π^e は期待物価上昇率，u は失業率である（単位％）。
   (1) インフレ供給曲線を導出せよ。
   (2) 失業率 1％の低下のためには物価の上昇率はいくらか。
   (3) 物価上昇率の上昇 1％は，実質 GDP 成長率をいくら変化させるか。

第13章　国際経済学

　明治維新以前の日本には，約300近い藩が存在していました。輸送手段の未発達から物資をはじめとして労働や資金の藩間の移動は限られていました。戦後における輸送手段や通信技術の飛躍的発展，さらには自由貿易思想の普及によって，国家間の人，財，資金や情報の移動は，国境の存在を形骸化させています。本章では，国家間の財や資金や所得の移動のメカニズムを説明します。

第1節　国際貿易

比較優位と絶対優位

　表13.1は，日本とアメリカのバスタオル1枚とビデオデッキ1台を生産するために必要な労働投入量を示しています。いずれの財も日本の労働投入量がアメリカよりも少なく，日本の労働生産性はアメリカよりも高くなっています。必要労働量あるいは労働生産費という絶対生産費（絶対価格）で測る2財の価格は，いずれも日本がアメリカよりも低くなっています。このことを日本は2財とも**絶対優位** absolute advantageであるといいます。逆に，アメリカは2財とも絶対劣位です。このような2国間の生産性格差は，日本の産業がアメリカの産業を席巻するということが考えられます。

　しかし，日本がすべての財を輸出し，アメリカがすべての財を輸入するという貿易は成立しません。リカードは，2国間2財モデルで，貿易は必要労働量という労働生産費ではなく，**相対生産費** comparative

表13.1　タオルとビデオの絶対価格
労働量(人)

財＼国	日　本	米　国
タオル	1	2
ビデオ	4	10

cost によって生じることを明らかにしました。いわゆる，絶対価格差ではなく，相対価格差が貿易を生じさせることを示したのです。

表13.2 は，表13.1 から，**相対価格**である実物単位の価格を求めたものです。この表は，第2章の(2.1)式と同様に，各財の価格を他の財の価格を1として測ったものです。タオルはビデオの必要労働量で測り，ビデオはタオルの必要労働量で測っています。日本のビデオの機会費用，すなわち，タオルで測るビデオ1台の相対価格を計算すると次式となります。

(13.1) ビデオの機会費用＝タオルで測るビデオの相対価格
$$= \frac{\text{ビデオの価格}}{\text{タオルの価格}} = \frac{4\text{人／ビデオ}1\text{台}}{1\text{人／タオル}1\text{枚}} = \frac{4\text{人}\times\text{タオル}1\text{枚}}{1\text{人}\times\text{ビデオ}1\text{台}} = \frac{\text{タオル}4\text{枚}}{\text{ビデオ}1\text{台}}$$

したがって，日本のビデオ1台はタオル4枚であり，ビデオ1台を生産するためにはタオル4枚が犠牲になります。また，アメリカのビデオ1台はタオル5枚であり，ビデオ1単位を生産するためにはタオル5枚が犠牲になります。タオルで測ったビデオの価格はアメリカが高く，日本が安くなっています。

表13.2　タオルとビデオの相対価格（機会費用）

財＼国	日本	アメリカ
タオルの相対価格	ビデオ0.25台	ビデオ0.2台
ビデオの相対価格	タオル4枚	タオル5枚

同様な手順によるタオルをビデオの必要労働量で測る日本のタオル1枚の機会費用はビデオ0.25台であり，アメリカのタオル1枚のそれはビデオ0.2台です。ビデオで測ったタオルの価格はアメリカが安く，日本は高くなっています。

以上の相対価格から日本は，ビデオが**比較優位** comparative advantage であり，タオルは**比較劣位**であるといいます。逆に，アメリカはビデオが比較劣位であり，タオルは比較優位です。

もし，日本が1台のビデオをアメリカに輸出するならば，タオル5枚が手に入ります（日本国内では4枚）。そのタオル5枚はビデオ1.25台となり，貿易の利益が発生しています。また，アメリカはビデオの輸入によって，タオル5枚

が生産できます。そしてアメリカは4枚のタオルを日本に輸出し、1台のビデオが手に入り、アメリカ国内ではビデオ1台で5枚のタオルが得られます。

日本はビデオの輸出により貿易前よりも多くのタオルが得られ、アメリカはタオルの輸出により貿易前よりも多くのビデオが得られます。これが**貿易の利益**です。このように2国は比較優位財を輸出し、比較劣位財の輸入によって、貿易前と同じ労働で多くの財が得られるのです。一国が輸出財のみを生産することを**完全特化** complete specialization、輸入財も国内で生産する場合を**不完全特化**といいます。

自由貿易の利益

自然条件や天然資源の賦存量などの特別な理由を除いて、一国が完全特化の貿易構造とはなりません。ここでは、閉鎖経済の国内均衡と貿易が行われている開放経済の国際均衡を比較して**貿易の利益**について説明します。

国内価格が国際価格より高いとき、自由貿易は輸入と国内生産の減少および価格が低下します。また、国内価格が国際価格より低いとき、自由貿易は輸出と国内生産の増加および価格が上昇します。

このように輸入は消費者の利益増加と生産者の利益減少が、輸出は生産者の利益増加と消費者の利益減少とが結びついているのです。このために貿易による相反する利害が自由貿易政策について根強い反対意見となります。

図13.1は自由貿易による輸入の利益を示したものです。D 曲線と S 曲線は当該財に対する国内需要と国内供給であり、貿易以前の均衡は E、価格は p_d で与えられています。国際価格が p_w であるとき、この国は小国でいくらでも輸入できるものと仮定します。もし、貿易が行われないならば、消費者余剰 $\triangle AEp_d$、生産者余剰 $\triangle BEp_d$、総余剰は $\triangle ABE$ の面積となります。

自由貿易の場合、国際価格が p_w であるときの需要量が G 点であり、国内生産量は p_wF、輸入量は FG となります。この結果、消費者余剰は $\triangle AGp_w$、生産者余剰は $\triangle BFp_w$ です。自由貿易による価格低下が国内生産量を減少させ、生産者余剰は a の面積だけ減少しています。しかし、価格低下と需要量の増加

図13.1　輸入と貿易の利益

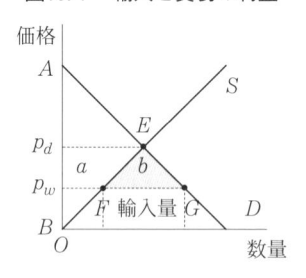

図13.2　輸出と貿易の利益

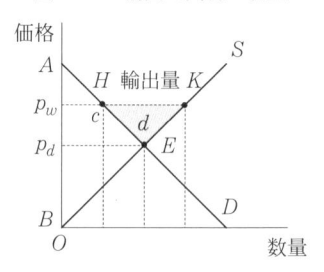

が $a+b$ の面積の消費者余剰が増加しています。結局，総余剰は b 増加しています。これが自由貿易の利益です。自由貿易による輸入は，生産者の犠牲を伴うが，消費者余剰の利益の増加は，生産者の犠牲よりも確実に大きいのです。

図13.2は自由貿易による輸出の利益を示したものです。D 曲線と S 曲線および貿易以前の均衡 E，価格 p_d，消費者余剰 $\triangle AEp_d$，生産者余剰 $\triangle BEp_d$，総余剰 $\triangle ABE$ は図13.1と同じです。

国際価格 p_w が国内価格 p_d よりも高い場合における自由貿易は，需要量が H 点までとなり，国内生産量は p_wK，輸出量は HK となります。この結果，消費者余剰は $\triangle AHp_w$，生産者余剰は $\triangle BKp_w$ です。自由貿易により価格が上昇，国内需要量が減少し，消費者余剰は c の面積だけ減少します。しかし，国内生産量が増加し，生産者余剰は $c+d$ の面積が増加しています。この生産者余剰の増加 d が自由貿易の利益です。自由貿易による輸出は，消費者を犠牲にしますが，生産者の利益の増加は，消費者の犠牲よりも確実に大きいのです。

貿 易 政 策

国内産業の保護や国際収支均衡の観点から，輸入関税や輸入数量割り当てなどの輸入規制がなされます。また，外貨獲得のために輸出補助金や対外政策から輸出数量割り当てなどの貿易政策が行われます。いずれの政策も，輸出入量だけでなく，国内需要量や国内生産量に影響を与えます。ここでは，輸入政策の経済に与える影響を検討します。

図13.3は政府が輸入数量1単位に t 円の関税を課税した効果を示したものです。

国際価格が p_w のとき，輸入関税を課税しない場合，国内生産量は q_s，国内需要量 q_d，輸入は $q_d - q_s$ です。政府が課税を課したとき，価格は $p_w + t$ となり，国内生産量は q'_s，国内需要量は q'_d，輸入量は $q'_d - q'_s$ となります。関税により輸入制限と国内生産量の増加が実現しています。また，政府は $(q'_d - q'_s) \times t$ の関税収入を得ます。もし，

図13.3　輸入関税

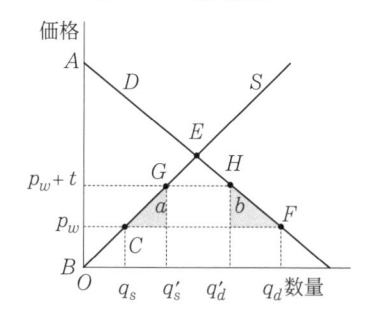

政府が関税ではなく，$q'_d - q'_s$ の輸入量を数量割り当てによる輸入制限した場合，価価や国内生産量や国内需要量は同じですが，関税収入 $(q'_d - q'_s) \times t$ は輸入業者の利益となります。

輸入規制が価格や輸入量だけでなく，総余剰に与える重要な影響が存在します。図13.3において，輸入規制によって，消費者余剰は ΔAFp_w から $\Delta AH(p_w + t)$ に減少し，生産者余剰は $\Delta p_w CB$ から $\Delta (p_w + t) GB$ に増加しています。この消費者余剰と生産者余剰と関税収入を加えた総余剰は，規制前の総余剰 $\Delta AFp_w + \Delta p_w CB$ よりも小さくなっています。図の斜線の領域 a と b が輸入規制によって失われた社会的便益です。これも政策によって社会が失った**死荷重**です。

貿 易 理 論

リカードの比較優位の貿易理論は，貿易のメカニズムは説明していますが，なぜ各国が比較優位となる生産費構造をもつかについては説明していません。農産物や天然資源は自然条件の差が，また，工業製品は技術格差が比較優位を決定しているものと予想されます。

ヘクシャー F. Heckscher オリーン B. G. Ohlin は，各国の労働，土地，資本の生産要素賦存量の格差が比較優位の重要な決定要因であるという貿易理論を展開し，「各国は，その国に豊富に存在する生産要素を集約的に利用する産業に比較優位をもつ」という**ヘクシャーとオリーンの定理**を導きました。

労働の豊富な国は賃金が相対的に安く，土地の豊富な国は地代が相対的に安

い。日本は国土が狭く，土地が希少ですから，地代が相対的に高くなります。一方，米国は国土が広く，地代は相対的に低くなります。日本は土地に対して労働は相対的に豊富であり，賃金は低くなります。また，米国は土地に対して労働は相対的に希少であり，賃金は日本より相対的に高くなります。

　土地を多く利用する農産物価格は，地代の安い国が相対的に低くなります。労働を多く利用する工業製品価格は，賃金が安い国が相対的に低くなります。このことは土地が相対的に豊富な国は，地代が安く，土地集約的産業が比較優位をもち，また，労働が相対的に豊富な国は，賃金が安く，労働集約的産業が比較優位をもつことになります。この定理によれば，日本は土地が相対的に希少ですから，農産物は比較劣位にあり，それを輸入し，相対的に豊富な労働を多く利用する工業製品は比較優位をもち，それを輸出することになるのです。

　ヘクシャー・オリーンの貿易理論は，さらに重要な定理を導き出しています。そのひとつは，資源の総量が増加したとき，その資源をより集約的に利用する財の生産量が増加し，他の財の生産量が減少します，というリプチンスキーRybczynskiが導出した**リプチンスキーの定理**です。この定理は，ある生産要素の存在量が増加したとき，その生産要素を集約的に利用している財の生産量が増加し，他の財の生産量は減少するというものです。

　完全競争市場における企業の最適選択の条件から，産業間において価格比率と限界生産物の比である**限界変形率**MRTが等しいという均衡条件が導かれます。また，最適消費選択の条件から，各消費者の限界代替率＝価格比率の均衡が成立しています。qは財，pは財の価格，MP_1とMP_2は第1と第2産業のある生産要素の限界生産物です。いわゆる，市場均衡の消費と生産の一般均衡条件であるMRS＝相対価格＝限界生産物の比＝MRTの次式が成立しています。

　　(13.2)　　$MRS = \Delta q_2/\Delta q_1 = p_1/p_2 = MP_2/MP_1 = MRT$

　もし，第1生産要素が増加した場合，第1生産要素を集約的に利用している第1産業のMP_1は低下します。第2産業のMP_2も低下しますが，$MP_1 < MP_2$です。このため第1産業の生産物の第2産業の生産物に対する限界変形率$\Delta q_2/\Delta q_1$は増加します。このとき，価格が一定のとき，限界変形率も一定に維

持する必要があります。そのためには第1財の希少性を低下させ，第2財の希少性を上昇させなければなりません。それは第1財を多く，第2財を少なくする産業調整によって実現します。すなわち，第1生産要素を集約的に利用している産業の生産物が増加し，他の産業の生産物が減少する必要があるのです。

リプチンスキーの定理は，価格が所与のとき，ある生産要素量の増加が生産量を増加させるという，生産可能曲線のシフト効果が，生産要素を集約的に利用している産業の生産物を偏向的に増加させることを意味しています。

ストルパーとサミュエルソン Stolper・Samuelson は，財の価格の上昇が，その財の生産により集約的に投入している生産要素の相対価格を上昇させる，という**ストルパー・サミュエルソンの定理**を導いています。

いま，労働集約的財である第1財の第2財に対する相対価格 p_1/p_2 が上昇したとき，第1財の生産量が増加し，第2財の生産量が減少したとします。生産可能曲線上の右への移動は $\Delta q_2/\Delta q_1 = RTS$ が大きくなります。したがって，MP_1/MP_2 と w_1/w_2 が大きくなります。すなわち，第1要素価格 w_1 は上昇します。資本集約的である財の相対価格が上昇すると資本価格が上昇し，労働集約的である財の相対価格が上昇すると賃金が上昇するというメカニズムが存在していることを示しています。

最後に，自由貿易はすべての国の要素価格を同じ値にするという，**要素価格均等化の定理** theorem of factor price equalization について説明します。

この命題の重要なことは，労働や資本や土地が国家間を移動することなく，各国の生産要素の価格が等しくなるということです。この命題の成立は，国が生産要素の移動を制限したとしても，自由貿易が各生産要素の限界生産力をすべての国について均等化させ，その結果として，世界が資源の最適配分を実現することを意味しているのです。

自由貿易は，つぎのようなメカニズムが作用します。ある生産要素が豊富な国は，その生産要素を集約的に利用する産業が比較優位をもつことから，その産業の輸出が増加します。この輸出による海外需要の増加が，その集約的に利用している生産要素の需要増加と価格を上昇させることになります。また，あ

る生産要素が相対的に希少な国は，その生産要素を集約的に利用する産業が比較劣位にあることから，その産業の輸入が増加します。この輸入増加がその国にとって希少な生産要素の需要減少と価格を低下させることになります。このようなメカニズムが貿易財価格の国際間均等化だけでなく，生産要素の移動を伴うことなく，賃金や地代をも国際的に均等化させるのです。

したがって，この命題によれば，自由貿易によって米国の数十倍という日本の地価を下げることができます。それは農産物の輸入によって，農業に利用されていた土地は，住宅や社会資本整備などに利用可能となります。土地の農地から他の用途への代替は土地供給を増加させ，地価を引き下げる効果があります。農産物の市場開放は，日本の農産物の価格低下や農家の所得低下という部分的な影響だけでなく，一国経済全体の資源配分と所得配分に影響を与えています。さらに，貿易は世界の資源配分と所得分配にも影響を与えているのです。

第2節　貿易と均衡国民所得の決定

GDPと国際収支の均衡

外国との貿易は財だけでなく資金や所得の国際間移動を伴っています。本節では，輸出や輸入という貿易とGDPとの関係について説明します。

第4章で説明したように，外国との経済関係を考慮した場合，一国の総需要は，消費支出C，投資支出I，政府支出Gと輸出EXの合計から，輸入IMを引いたものとなります。**輸出**は自国の生産物に対する外国の需要であり，自国の生産物と所得を生み出します。一方，**輸入**は外国の生産した生産物に対する自国の需要であり，自国の生産物や所得を形成しません。以上から開放経済では，輸出は総需要に加えられ，輸入は控除され，総需要は次式で表されます。

　　総需要$= C + I + G + EX - IM$

総需要が国内需要で吸収される$C+I+G$と外国によって吸収される$EX-IM$に分けられています。前者を**アブソープション** absorption と呼びます。$EX-IM$は輸出と輸入の差であり，**純輸出**または**経常収支**と呼びます。

総供給の付加価値の合計は，経済主体に分配した所得の合計であり，民間部門と政府部門の受け取る所得の合計となります。したがって，総供給である国民所得 Y は，消費 C と民間貯蓄 S と租税収入 T の和となります。

　　総供給 $= C+S+T$

以上から開放経済における，総需要＝総供給となる均衡国民所得の均衡条件は次式で表されます。

　(13.3)　$C+I+G+EX-IM = C+S+T \Leftrightarrow I+G+EX-IM = S+T$

この均衡条件は，GDPのうち国内需要で吸収される $C+I+G$ と外国によって吸収される $EX-IM$ の和が総供給に等しいことを示しています。GDPが国内需要と等しい場合をのぞき，経常収支 $EX-IM$ が均衡しないことを示しています。国内需要がGDPを超えるならば赤字，逆ならば黒字となります。また，投資と政府支出の和 $I+G$ が民間貯蓄と租税収入の和 $S+T$ に等しくなる場合を除き，経常収支 $EX-IM$ が均衡しないことを示しています。

さらに，上の均衡条件は，$C+S+T$ の和が国民所得 Y であることを利用して，次式のように表すことができます。

　(13.4)　$EX-IM = Y-C-G-I \Leftrightarrow EX-IM = (S-I)+(T-G)$

この均衡条件は，国内総生産 Y と国内需要 $C+I+G$ の差が経常収支であることを示しています。また，経常収支が**国民貯蓄** $Y-C-G$ と投資 I の差であることを示しています。国民貯蓄と投資が等しいとき，経常収支は均衡し，貯蓄超過のとき，国際収支は黒字，貯蓄不足のとき，経常収支は赤字となります。

また，(13.4)式は，経常収支 $EX-IM$ が民間収支 $S-I$ と財政収支 $T-G$ の和であることを表しています。このように経常収支は，民間収支と財政収支に依存しており，国民貯蓄と投資の IS バランスが重要な要因となっていることが理解できます。日本の貯蓄率が高く，民間投資が低い場合，民間収支 $S-I$ は大幅な黒字となります。この民間の貯蓄超過を十分に吸収するだけの政府支出が十分でないならば，日本の経常収支は黒字となります。

以上の開放経済におけるマクロ経済の均衡条件は，日本の経常収支の黒字となる背景要因が日本の関税率や輸入手続などの輸入障壁や市場の閉鎖性，さら

には**為替レート**の調整機能の欠如などではなく，日本の経済構造に帰せられることを示唆しています。日本の経済構造は日本の GDP の決定構造にあります。すなわち，民間投資が不足し貯蓄超過状態にあり，財政収支が大幅な赤字であっても，経常収支が黒字である経済と国内経済とは矛盾なく対応しているのです。経常収支は一国の投資と貯蓄という経済構造に依存しているのです。

経常収支と資本収支

国際間の資本移動がないならば，すなわち，国際間の資金の貸借がない場合には，輸出と輸入は為替レートによって調整され，輸出と輸入が等しいとき，国際収支は均衡すると説明されます。そして，資本移動が存在している場合，資本収支と経常収支の合計がゼロのとき，国際収支が均衡するといいます。GDP の均衡条件（13.4）式から，経常収支は国民貯蓄と投資の差となります。

　　経常収支＝国民貯蓄－投資

したがって，国際間の資金の貸借が可能な場合，経常収支が黒字のとき，国民貯蓄が国内投資を上回り，貯蓄の超過分（投資の不足分）は外国への貸付となり，資金は海外に流出し，資本収支は赤字となります。また，経常収支が赤字のとき，国民貯蓄が国内投資を下回っており，投資超過分（貯蓄不足分）は海外から資金調達がなされ，日本に資金が流入し，資本収支は黒字となります。

国民所得勘定の恒等式は，資本蓄積のための資金の国際的移動と財・サービスの国際的流れが表裏一体となっていることを示しています。財・サービスの国際的移動の経常収支と国際的資金移動の資本収支の和がゼロとなるのです。

　　経常収支＋資本収支＝0

経常収支の黒字は財を多く輸出し，世界への資金の貸し手となり，貯蓄は外国人に貸し付けられます。日本の貯蓄超過は貿易黒字となります。逆に，経常収支赤字は財を多く輸入し，外国から資金を借りなければなりません。投資が貯蓄を上回ると投資の超過分は外国からの借り入れとなります。

以上から，輸入と GDP とは正の関係から，経常収支は GDP の負の関数です。また，国際利子率が所与のとき，国内利子率の上昇は資本流入を増加させ

ますから，資本収支は国内利子率の正の関数となります。

均衡国民所得と輸出乗数

ここでは開放経済における均衡国民所得の決定と輸出が国民所得に与える効果ついて説明します。

輸出EXは外国の自国財に対する需要であり，日本の国際競争力や為替レートや物価水準などに依存して変化します。ここではこれらの要因を所与として，輸出は日本の経済活動水準とは独立に決定されるものと仮定します。したがって，輸出は，投資や政府支出と同様な経済効果を与えることが予想されます。

一方，輸入IMは外国の生産物に対する日本の需要ですから，日本の経済活動と密接な関係にあります。経済活動が活発になれば，海外から原材料の輸入は増加し，所得が増加するならば，外国製品に対する需要も増加し，輸入が増加します。このように輸入は，日本のGDPと正の関係にあります。ここでは簡単に，輸入とGDPとの正比例な関係を仮定し，次式の輸入関数を考えます。

(13.5) $\quad IM = mY$

mは**限界輸入性向** marginal propensity to importであり，国民所得の増加ΔYに対する輸入の増加ΔMの比です。なお，mはゼロより大きく1より小さい値です。

以上から，開放経済における均衡国民所得を求めることができます。ここで，消費関数$C = a + b(Y-T)$，租税関数$T = -t_0 + t_1 Y$として，投資支出I，政府支出G，輸出EXは外生変数とします。国民所得の均衡条件である総供給Yと総需要の均衡条件は次式となります。

(13.6) $\quad Y = a + b(Y + t_0 - t_1 Y) + I + G + EX - mY$

これをYについて解いた均衡国民所得は次式となります。

(13.7) $\quad Y = \dfrac{1}{1-b+bt_1+m}(a+bt_0+I+G+X)$

$1/(1-b+bt_1+m)$は，**輸出乗数** export multiplierであり，投資乗数，政府支出乗数でもあります。この乗数は限界消費性向bが大きいほど大きくなり

ます。また、限界税率 t_1 と限界輸入性向 m が小さいほど大きくなります。

m が小さい場合、国民所得の増加に対する輸入の増加が小さくなります。このため外生変数である投資や政府支出などの需要増加による国民所得の増加効果は海外に波及せず、国内需要を増加させる効果が大きくなります。逆に、m が大きい場合、国民所得の増加が輸入を大幅に増加させるために、投資や政府支出の需要増加の国内経済への効果は小さいが、海外への需要創出効果は大きくなります。このように限界輸入性向の大きい国や GDP が大きい国の景気変動は、輸出国や世界経済に甚大な影響を与えることになります。

需要の変化と経常収支の変化

輸出乗数を利用して、需要の変化と経常収支の変化との関係について説明します。輸出の増加は需要を増加させることから、国民所得を増加させ、さらに輸入を増加させます。この輸出増加による輸入増加は、最初の輸出増加が誘発される輸入増加よりも大きく、国際収支は改善します。それは m が 1 以下であり、輸出増加による輸入増加は、最初の輸出増加よりも小さくなるからです。

一方、輸出に変化がなく、投資または政府支出が増加したとき、国民所得の増加が輸入を増加させることから、経常収支は確実に悪化します。経常収支の変化 ΔB は、輸出変化 ΔEX と輸入変化 ΔIM の差として次式で表します。

(13.8) $\quad \Delta B = \Delta EX - \Delta IM$

最初に、輸出の増加について検討します。(13.7) 式の均衡国民所得から、輸出の増加 ΔEX は、輸出乗数倍の国民所得の増加 ΔY を生じます。この国民所得の増加 ΔY は、限界輸入性向分 $m\Delta Y$ の輸入を増加させます。すなわち、輸出の増加 ΔEX による輸入増加 ΔIM 次式となります。

(13.9) $\quad \Delta IM = m\Delta Y = \dfrac{m}{1-b+bt_1+m}\Delta EX$

この輸入増加 ΔIM を経常収支の変化式の (13.8) 式に代入して整理すると、輸出増加による経常収支の変化の大きさが把握できます。

(13.10) $\quad \Delta B = \dfrac{1-b+bt_1}{1-b+bt_1+m}\Delta EX$

ΔEX の係数は正であり,かつ1以下です。したがって,輸出の増加は経常収支を改善します。いま,$b=0.75$。$t=0.2$,$m=0.1$のとき,10億円の輸出増加は,8億円の経常収支が改善されます。

また,輸出が一定であり($\Delta EX=0$),内需である投資 I または政府支出 G が増加したとき,輸入のみが増加するために経常収支は悪化します。内需が変化したときの経常収支の変化は,(13.8)式から次式となります。

$$(13.11) \quad \Delta B = \frac{m}{1-b+bt_1+m}\Delta I(\Delta G)$$

内需の拡大は経常収支を悪化させます。いま,$b=0.75$。$t=0.2$,$m=0.1$のとき,10億円の内需拡大は,経常収支を2億円悪化させます。

輸出と内需が同時に変化したとき,経常収支の変化は次式で表されます。

$$(13.12) \quad \Delta B = \frac{1-b+bt_1}{1-b+bt_1+m}\Delta X - \frac{m}{1-b+bt_1+m}\Delta I(\Delta G)$$

経常収支が変化しないのは,$(1-b+bt_1)\Delta X = m\Delta I$ のときです。

第3節　為替レートと均衡国民所得

グローバリゼーションと国際的相互依存関係

今日の経済はグローバル化が進展しており,世界経済は国家を意識しないボーダレスの時代となっています。このような世界経済の動向は,将来,人や財や資金や情報の世界のいかなる国への移動も自由となり,世界にひとつの国家(経済国家)が誕生することも予想されます。

経済的諸資源の国家間移動の促進は,各国の相互依存関係をますます深化させ,密接に結びつくことによって,お互いに影響を与えています。このような国家間の相互依存関係は,自国の政策目標を実現させるための自国独自の政策が他国に影響を与え,他国にとって好まざる結果を引き起こす可能性があります。逆に,自国独自の政策が他国の政策によって,自国の政策目標を実現することができないということも起こります。このように国際的相互依存関係の緊密化は,国家を前提とする限りにおいて利害対立を数多く生み出すことになり

ます。したがって，国際的相互依存関係は，必然的に国際的政策協調が議論となります。さらに，各国固有の制度を国際的に標準化することが不可欠となります。すなわち，世界各国は経済システムの普遍化が必然的なこととなります。そして，国家主権にもとづく制度の国際的標準化は，EU のように複数の国家や地域による経済圏の形成や経済統合・通貨統合へと展開しています。

国際収支均衡線

　開放経済モデルにおいて重要な部門は国際部門であり，国際収支の均衡を表す**国際収支均衡線** Balance of Payment curve（BP曲線という）です。図13.4は IS・LM 分析と同様に，縦軸が利子率，横軸が GDP です。国際収支を均衡させる利子率 r と GDP，Y の組合せである BP 曲線が描けます。図の E 点（Y_e, r_e）の GDP と国内利子率の組合せを国際収支の均衡点とします。いま，GDP が Y_1 に増加したしたとき，F 点（Y_1, r_e）では輸入が増加し経常収支は赤字となります。この国際収支の不均衡を解消するためには，資本収支が黒字とならなければなりません。そのためには国内利子率の上昇によって引き起こされる資本流入が必要となります。よって，国際収支が均衡する GDP と利子率の組合せは正の関係となります。この結果，BP 曲線は右上がりとなります。

　BP 曲線上では国際収支は均衡し，BP 曲線の上方の領域は，国際収支を均衡させる利子率よりも高い領域となりますので，資本収支が黒字となり，国際収支黒字，逆に，BP 曲線の下方の領域は国際収支赤字となります。

　国際間の資本移動が自由である場合，国際間の資金貸借は制約されていないので，世界利子率 r_e が国内利子率 r よりも高いならば，無限の資金流出が生じ，国内利子率 r が上昇します。逆に，$r_e < r$ であるならば，無限の資金流入が生じ，国内利子率 r が下落します。この結果，世界利子率 r_e ＝国内利子率 r が成立します。このことを資本移動が完全であるといいます。

　資本移動が完全であるならば，利子率が $r_e = r$ の水準では資本の流入量や流出量は定まりません。その資本の移動に見合う GDP も定まりません。したがって，資本移動の制度的制約がなく，内外資本が完全に代替関係にあるならば，

国際利子率と国内利子率は等しくなり，BP曲線は水平となります。逆に，資本移動がない場合には，BP曲線は垂直となります。このように資本移動が弾力的であるほど，また，輸入の所得に対する反応（輸入の所得弾力性や限界輸入性向）が小さいほどBP曲線は緩やかとなります。

図13.4　国際収支均衡線

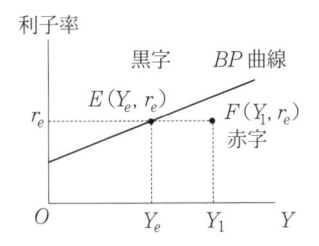

利子率・BP曲線・黒字・$E(Y_e, r_e)$・r_e・$F(Y_1, r_e)$・赤字・O・Y_e・Y_1・Y

金融政策の効果と国際的波及

　国際的相互依存関係の下での財政金融政策効果やその国際的波及効果に関する分析は，**マンデル・フレミングモデル**（MFモデルという）にもとづいています。このMFモデルは，第10章の財市場と貨幣市場の均衡を表すIS・LM曲線に，国際貿易と資本移動を追加したものです。したがって，このモデルは，自国経済と外国経済とともに実物部門（財市場）と金融部門の2つがリンクされており，お互いに影響する体系となっています。このようにMFモデルは，国際経済や国際金融問題を解明する最も基本的な分析枠組みです。

　図13.5は，資本移動が完全なBP曲線と右下がりのIS曲線と右上がりのLM曲線からなるMFモデルです。BP曲線が国際部門をIS曲線が実物部門をLM曲線が金融部門を表しており，外国との関係を考慮した開放経済モデルとなっています。3つの曲線の交点Eでは，国際収支の均衡と国内均衡（財と貨幣市場）が同時に成立しています。

　経済が均衡点Eであるとき，日本が景気刺激的な**金融政策**（貨幣供給量の増加）を実施したものとします。金融政策によりLM曲線は，LMからLM′にシフトし，国内均衡点はEからF点に移動します。この結果，国内利子率の低下とGDPの増加が実現します。しかし，このF点では国際収支は赤字となります。それは，利子率の低下が資本流出を引き起こすからです。

　この国際収支の不均衡は，資本流出により外国為替市場における自国通貨と外国通貨の需給関係を変化させます。資本流出は自国通貨の供給増加と外国通

貨の需要増加を生じさせ，自国通貨の減価（円安）と外国通貨の増価（ドル高）となります。この為替レートの変化は日本の輸出財の国際競争力を高くし，外国財の国際競争力を低下させます。この結果，日本の輸出は増加，輸入は減少という代替が起こります。この輸出増加はGDPを増加させます。このメカニズムは，国際収支が赤字である場合には継続します。このことは，IS曲線が国際収支の赤字が解消するまで右にシフトすることを意味しています。

図13.5　変動相場制と金融政策

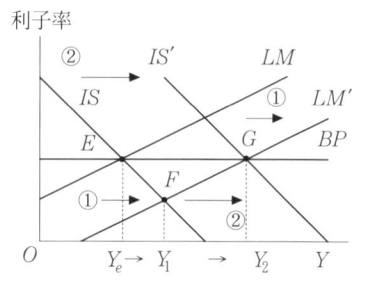

結局，金融政策の効果は，金融政策によりシフトしたLM′と輸出の増加によりシフトしたIS′曲線の交点Gとなります。したがって，自国の金融政策は自国のGDPを拡大させますが，それは外国為替市場を経由して，海外に負の波及効果（外国の失業増加）をもたらすことによって実現されているのです。

もし，固定為替制度であるならば，為替レートの変化による国際収支の不均衡は調整されないために，国際収支の天井による資本流出が貨幣量を減少させるというLM曲線の左へのシフトによって国際収支の均衡が実現します。固定為替制度の下では金融政策のGDPに与える効果は期待できないことになります。

財政政策の効果と国際的波及

図13.6は**財政政策**の効果を示したものです。経済が均衡点Eであるとき，日本が景気刺激的な財政政策（貨幣供給量の増加）を実施したものとします。財政政策によりIS曲線は，ISからIS′にシフトし，国内均衡点はEからF点に移動します。この結果，国内利子率の上昇とGDPの増加が実現します。しかし，このF点では利子率の上昇が資本流入を引き起こし，国際収支は黒字です。

この資本流入による国際収支の不均衡の調整は，資本流出の不均衡の調整とは逆のメカニズムが作用します。外国為替市場において，資本流入は自国通貨の需要増加と外国通貨の供給増加を生じ，自国通貨の増価（円高）と外国通貨の

増加減価（ドル安）が実現します。この為替レートの変化は，日本の輸出財の国際競争力を低下させ，外国財の国際競争力を高くします。この結果，日本の輸出減少，輸入増加という代替が起こります。この輸出減少は GDP を低下させます。以上のメカニズムは，国際収支が黒字である場合には継続します。このことは，

図13.6 変動相場制と財政政策

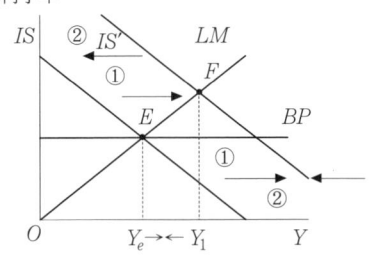

曲線が国際収支の黒字が解消するまで左にシフトすることを意味しています。

結局，財政政策の効果は，財政政策によりシフトした IS' が初期の IS 曲線まで戻り，その IS 曲線と LM 曲線の交点 E となります。したがって，自国の財政政策は，自国の GDP を拡大させることは不可能です。それは外国為替市場を経由して，海外に正の波及効果をもたらすことによって実現されています。

もし，固定為替制度であるならば，為替レートの変化による国際収支の不均衡は調整されないために，資本流入が貨幣量を増加させるという LM 曲線の右へのシフトによって国際収支の均衡が実現します。このような制度の下での財政政策の GDP に与える効果は大きいのです。

【要　約】

1　国際貿易は絶対価格差ではなく，相対価格差によって生まれます。
2　自由貿易による輸入は消費者の利益増加と生産者の利益減少が，輸出は生産者の利益増加と消費者の利益減少とが結びついています。しかし，利益減少よりも利益増加が確実に大きく，貿易利益が発生します。
3　その国に豊富に存在する生産要素を多く利用する産業が比較優位をもつ。
4　自由貿易は各国の要素価格を均等化するメカニズムを内包しています。
5　開放経済の GDP の均衡条件は，$C+I+G+EX-IM = C+S+T$ です。
6　経常収支が黒字のとき，国民貯蓄が投資を超過し，貯蓄の超過分（投資不足分）は外国に貸付され，資金は海外に流出し資本収支は赤字となります。

7 輸出乗数は，$1/(1-b+bt_1+m)$ であり，投資乗数，政府支出乗数でもあります。また，輸出や I や G が輸入に与える効果は，$m/(1-b+bt_1+m)$ であり，輸出が経常収支に与える効果は，$(1-b+bt_1)/(1-b+bt_1+m)$ です。

8 貨幣供給量の増加は一時的に利子率の低下と GDP の増加と国際収支赤字の経済となりますが，利子率は戻り，GDP は増加し，国際収支は均衡します。

9 政府支出の増加は一時的に利子率の上昇と GDP の増加と国際収支黒字の経済となりますが，利子率と GDP は前の水準に戻り国際収支は均衡します。

【練習問題】

1 自由貿易には多くのメリットが存在するが，その実現が困難な理由は何か。

2 表13.1の日本の労働総数が40人，アメリカが80人であるとき，貿易前と貿易後の生産可能曲線を図示し，貿易の利益を求めよ。

3 国内の需要曲線 $Q=120-p$，供給曲線が $S=2P$，国際価格50円のとき，輸出1単位当たり10円の補助金を課した場合，総余剰の変化はいくらか。

4 $C=300$，$I=120$，$T=80$，民間貯蓄 $=150$，$EX-IM=10$ のとき，国民貯蓄と財政赤字の正しい組合せを1つ選択せよ（国民貯蓄，財政赤字）である。
　　1．(160, 40)，　2．(130, 20)，　3．(120, 40)，　4．(100, 20)

5 ある経済が $b=0.75$，$t=0.2$，$m=0.1$ である。輸出が1兆円増加したとき，国際収支が均衡するためには，政府支出をいくら増加させればよいか。

6 マンデル・フレミングモデルもとづき，以下の表の空白に有効または無効を入れよ。

経済政策 資本移動	変動相場制		固定相場制	
	財政政策	金融政策	財政政策	金融政策
完　全				
伸縮的				
完全に硬直				

第14章　ゲームの理論

　寡占市場の特徴は，市場参加者の数にあるのではなく，お互いの行動が相互に依存する関係にあることを認識して，自己の利潤を最大化すように行動するという，戦略的相互依存関係です。この寡占市場の戦略的相互依存関係の多くが，ゲーム理論の分析道具を用いて研究されてきました。ゲーム理論 game theory は戦略的行動一般を分析対象としていることから，経済学や政治学や経営学をはじめとして，様々な分野で利用されています。本章では，ゲーム理論とその寡占市場への応用を紹介します。

第1節　合理的行動とナッシュ均衡

ゲームの戦略と利得

　消費選択する家計や生産量を決定する企業は経済主体と呼んできました。ゲーム理論では，意思決定の主体を**プレーヤー** player と呼び，プレーヤーの意思決定において，選択可能な対象を**戦略** strategies と呼んでいます。そして，個々のプレーヤーが，特定の戦略を選んだ場合の結果を**利得** payoff と呼んでいます。利得は生産量や利潤や効用です。

　2人のプレーヤーAとBがおり，戦略の数が有限個ある場合，利得行列 payoff matrix が作成できます。戦略が2つの場合には，2行2列の利得行列となります。表14.1はプレーヤーAとBのゲームを表しています。

　プレーヤーAがとる戦略はa_1とa_2であり，プレーヤーBがとる戦略はb_1とb_2です。Aがa_1，Bがb_1の戦略をとると，Aの利得が2，Bの利得が3となります。この利得の組を (2, 3) と表しています。

ゲームにおける均衡は、個々のプレーヤーのとる戦略の組として決まります。もし、Bが戦略b_1をとるならば、Aは戦略a_2をとることが最適です。なぜならば、戦略a_1の利得は2、戦略a_2の利得は3であるからです。また、Bが戦略b_2をとるならば、Aは戦略a_2をとることが最適です。それは、戦略a_1の利得が1、戦略a_2の利得が2であるからです。この場合、AのはBの戦略に関係なく、戦略a_2を選択することが最適です。このとき、a_2はa_1を支配するといい、Aにとっての**支配戦略** dominant strategy と呼ばれます。

また、Aが戦略a_1をとるとき、Bは戦略b_1をとることが最適です。なぜならば、戦略b_1の利得は3、戦略b_2の利得は2であるからです。また、Aが戦略a_2をとるとき、Bは戦略b_1をとることが最適です。

表14.1 ゲームの利得行列

A \ B	戦略b_1	戦略b_2
戦略a_1	2, 3	1, 2
戦略a_2	3, 2*	2, 1

戦略b_1の利得は2、戦略b_2の利得は1であるからです。この場合、Bの選択はAの戦略に関係なく、戦略b_1が最適です。このとき、b_1はb_2を支配しており、Bにとっての支配戦略となっています。このゲームのように戦略(a_2, b_1)の組は、AとBの両方が支配戦略をとる均衡であり、支配戦略均衡と呼びます。支配戦略均衡は、他のプレーヤーがどんな戦略をとろうとも、常に互いに最適な戦略となっています。

ナッシュ均衡

支配戦略均衡がゲームの一般的な均衡であるならば好都合です。しかし、この均衡は特殊であり、多くは観察されません。ゲーム理論におけるナッシュ均衡は、支配戦略均衡より一般的であり、かつ重要な概念です。

Bが戦略b_jをとるとき、Aは戦略a_iをとることが最適であり、かつ、Aが戦略a_iをとるとき、Bは戦略b_jをとることが最適であるならば、戦略(a_i, b_j)は**ナッシュ均衡** Nash equilibrium と呼ばれます。ナッシュ均衡は、相手の戦略についてお互いが期待形成しており、その期待の下では、自分の戦略を一方的に変更しようとはしない期待の組となっています。

表14.1は，Bが戦略b_1をとるとき，Aは戦略a_2をとることが最適であり，かつ，Aが戦略a_2をとるとき，Bは戦略b_1をとることが最適です。したがって，戦略(a_2, b_1)はナッシュ均衡です。支配戦略均衡は必ずナッシュ均衡となりますが，ナッシュ均衡は必ず支配戦略均衡とはなりません。

表14.2の戦略の組(a_1, b_1)はナッシュ均衡です。Bが戦略b_1をとるとき，Aは戦略a_1をとることが最適であり，かつ，Aが戦略a_1をとるとき，Bは戦略b_1をとることが最適であるからです。しかし，このナッシュ均衡は支配戦略均衡ではありません。Bが戦略b_2をとるとき，Aは戦略a_2をとることが最適であり，戦略a_1は最適ではないからです。

表14.2　2つのナッシュ均衡

A＼B	戦略b_1	戦略b_2
戦略a_1	3, 2*	1, 1
戦略a_2	1, 1	2, 3*

もし，Bが戦略b_2をとるならば，Aは戦略a_2をとることが最適です。そして，Aが戦略a_2をとるとき，Bは戦略b_2をとることが最適です。すなわち，戦略の組(a_2, b_2)もナッシュ均衡です。このゲームのように，ナッシュ均衡は複数存在することがあります。

ナッシュ均衡は，各プレーヤーが相手の戦略を所与として，最適戦略をとると仮定されています。クールノーの寡占モデルは，各企業が相手の産出量を所与として，自己の利潤が最大となる産出量を選択すると仮定しています。このクールノーモデルから導かれる均衡は，ナッシュ均衡の定義です。ナッシュ均衡は，クールノーの寡占モデルを一般化したものです。

ナッシュ均衡の特徴

まず，表14.2のように複数のナッシュ均衡が存在する可能性があります。第2に，表14.3のようにナッシュ均衡が存在しないゲームが予想されることです。

表14.3のゲームにおいて，Bが戦略b_1をとるとき，Aは戦略a_2をとります。そして，Aが戦略a_2をとるとき，Bは戦略b_2をとります。したがって，戦略の組(a_2, b_1)と(a_2, b_2)はナッシュ均衡ではありません。また，Bが戦略b_2

表14.3 ナッシュ均衡が存在しないゲーム

A \ B	戦略b_1	戦略b_2
戦略a_1	5, 5	3, 2
戦略a_2	6, 4	2, 5

表14.4 ナッシュ均衡が非パレート最適

A \ B	戦略b_1	戦略b_2
戦略a_1	6, 0	2, 1*
戦略a_2	5, 3	1, 5

をとるとき，Aは戦略a_1をとります。そして，Aが戦略a_1をとるとき，Bは戦略b_1をとります。やはり，戦略の組(a_1, b_2)と(a_1, b_1)はナッシュ均衡ではありません。

第3に，ナッシュ均衡は必ずパレート最適とはならないという特徴あります。表14.4をみて下さい。Bが戦略b_1をとるとき，Aは戦略a_1をとります。また，Bが戦略b_2をとるとき，Aは戦略a_1をとります。Aにとって，戦略a_1は支配戦略です。Aが戦略a_1をとるとき，Bは戦略b_2をとります。また，Aが戦略a_2をとるとき，Bは戦略b_2をとります。Bにとって，戦略b_2は支配戦略です。よって，戦略の組(a_1, b_2)は支配戦略均衡であり，かつナッシュ均衡です。

しかし，このナッシュ均衡(a_1, b_2)の利得$(2,1)$は，戦略(a_2, b_1)の利得$(5,3)$よりも劣ります。戦略の組(a_1, b_2)から(a_2, b_1)への移動は，他のプレーヤーを犠牲にすることなく，あるプレーヤーの利得を改善することができます。したがって，ナッシュ均衡(a_1, b_2)はパレート最適ではありません。表14.1と表14.2のナッシュ均衡は，他の戦略の組に移動する場合，他のプレーヤーの利得を犠牲にしなければならないので，いずれもパレート最適となっています。

囚人のジレンマ

このようにパレート最適と一致しないゲームは**囚人のジレンマ**（prisoner's dilemma）として知られています。2人の犯罪容疑者が互いに最適行動をとったにもかかわらず，2人の刑期が最善の結果と結びつかないことから，このような名称で呼ばれています。

表14.5は，共犯者として逮捕された2人の容疑者の行動とその刑罰である刑期（年数）が示されています。マイナスは刑期による負の効用を意味します。

Bが自白する場合，Aは自白することが最適です。また，Bが否認する場合，Aは自白することが最適です。Aにとって自白は否認を支配しています。一方，Aが自白する場合，Bは自白することが最適です。また，Aが否認する場合，Bは自白することが最適です。Bにとって自白は否認を支配しています。このように，この共犯者はお互いに，戦略の組（自白，自白）をとることが最適であり，支配戦略均衡かつナッシュ均衡となっています。

しかし，お互いに否認しつづけるならば，利得の組は（−1,−1）であり，刑期は軽くなり，ともに改善します。（否認，否認）がパレート最適であって，ナッシュ均衡の（自白，自白）ではないのです。

表14.5 囚人のジレンマ

A \ B	自白 b_1	否認 b_2
自白 a_1	−2, −2	−0.5, −5
否認 a_2	−5, −0.5	−1, −1

このような結果は，互いの行動を予想して自己の戦略をとったことにあります。もし，互いに連絡をとり協調するならば，（否認，否認）を選択することになります。また，互いに相手を信頼することができるならば，両者の厚生は改善されます。このようなゲームは多く観察可能です。カルテルや国際政治（軍備競争）や国際貿易などは好例です。

表14.5のAとBをA企業とB企業，自白をカルテル協定違反（裏切り），否認をカルテル協定順守として，数量割り当てカルテル協定の企業行動をみてみます。表14.5の利得の逆数に−1を乗じた数値を企業の利益とします。もし，他の企業がカルテル違反をするならば，同様にカルテル違反をして多く生産します。また，他の企業がカルテルを順守するならば，カルテル違反をして多く生産し，利益をあげるという行動をとるでしょう。カルテルが互いに信頼しているならば，（順守，順守）のパレート最適が実現します。しかし，（協定違反，協定違反）が均衡となり，（順守，順守）よりも双方の利益は減少します。

表14.5のAとBをA国とB国，自白は軍拡，否認は軍縮として，マイナスは国民が犠牲を負う費用とします。他国が軍縮をとるとき，自国が軍拡をとることが最適であるのは，他国の自国への攻撃の可能性が小さくなるからです。この軍拡と軍縮というゲームの均衡は，（軍拡，軍拡）という戦略の組です。こ

のように国際間の信頼や合意は、（軍縮，軍縮）の組を可能にしますが，信頼の欠如が両国の厚生水準を悪化させているのです。

　ナッシュ均衡は，経済主体が合理的に行動した場合でも，**厚生経済学の基本定理**が成立しないということを教えています。また，均衡はひとつではなく，複数の存在や逆に存在しないことも教えています。ナッシュは，市場（世界）には多様な均衡が存在していることを明らかにしたのです。

第2節　ゲーム理論の展開

繰り返しゲーム

　囚人のジレンマのゲームは1回限りでした。しかし，同じプレーヤーがゲームを繰り返して行う場合には，結果は異なります。第1回目に相手が，協定違反を選択すれば，第2回目にはこちらが，協定違反を選択することができます。これは，相手の悪い行動を罰する仕組みを導入することになるのです。繰り返すゲームの設定は，相手が信頼できるかを確かめる機会が生まれるのです。

　同じゲームが何回か繰り返すことができる場合，これを1つのゲームとみなし**繰り返しゲーム** repeated game といい，1回限りのゲームは**成分ゲーム** component game といいます。

　繰り返すゲームが可能な場合，パレート最適な戦略は，相手が前のゲームでとった戦略を，今回のゲームでは自分がその戦略をとるというものです。もし，相手が前のゲームで協定違反すると，今回のゲームで自分が協定違反をとります。また，相手が前のゲームで協定順守したならば，今回のゲームで自分が協定順守するというものです。これは**しっぺ返し戦略** tit for tat strategy と呼ばれるものであり，相手に罰を与える戦略です。また，それは許しの戦略となっています。このしっぺ返しという戦略は有効に機能します。それはしっぺ返しという罰が有効に機能し，以後は相手が協調するならば，許しの戦略も機能し，パレート最適が達成されるからです。

　寡占市場における価格カルテルは，このしっぺ返しという戦略が有効に機能

しているとが予想されています。ある企業の価格引下げという協定違反は，他のカルテルメンバーの価格引下げによって，カルテル違反者を罰することが可能であるからです。

また，トリガー戦略 trigger strategy と呼ばれる戦略があります。プレーヤーは，まず1回目は必ず協調します。しかし，以後1度でも相手が裏切るならば，自分は，それ以後は必ず裏切り続けます。この戦略は，相手の裏切りに対して，断固たる態度で報復するというものです。

Aがトリガー戦略をとれば，Bもトリガー戦略をとることが最適です。それは，もし，Bが1度でも裏切るならば，それ以後は，Aの裏切り，裏切りという戦略により少ない利得しか得られないからです。したがって，トリガー戦略の組はナッシュ均衡となり，パレート最適となります。

しかし，ゲームが有限回のときは，囚人のジレンマから逃れることはできません。最終回のゲームは，今後のゲームにおける影響を受けることはなくなっています。その結果，プレーヤーは1回限りのゲームと同じように行動するために，2人は自白という戦略をとります。次に，最終ゲームの前では，このゲームに関係なく，最終回では自白することが互いにわかっています。すると，2人は自白という戦略をとります。最終ゲームの前々回も同様な結果になります。したがって，有限回のゲームでは1回限りの結果と同じとなるのです。

2人ゼロ和ゲーム

2人のプレーヤーの利得の和がゼロであるゲームを**2人ゼロ和ゲーム** two person zero-sum game といいます。プレーヤーAとBの利得は $(a, -a)$ の形になるので，プレーヤーAの利得だけを利得行列に書き，ゲームの利得を表現できます。なお，表14.1〜表14.5のゲームは，非ゼロ和ゲームと呼ばれます。

2人ゼロ和ゲームでは，Aの利得が低いとき，Bの利得は高いことになります。Aの戦略 a_1 や a_2 に対し，BはAの利得を最も低くする戦略をとることになります。このBの戦略を前提として，Aは自己の最小利得が最大となる

戦略 a_1 や a_2 を選択します。これを**ミニマックス原理** minimax principle といいます。

同様に，B もミニマックス原理に従って行動します。B も自己の最小利得を最大化する行動をとります。利得行列が A の利得を示している場合，A の利得は B の損失を表していますから，B は最大損失を最小化するような戦略を選択するということと同じです。B の戦略 b_1 や b_2 に対して，A は B の損失を最も大きくする戦略をとることになります。この A の戦略を前提として，B は自己の最大損失が最小となる戦略 b_1 または b_2 を選択します。これを**マックスミニ原理** maxmin principle ミニといいます。

表14.6 は，A の利得行列で表した 2 人ゼロ和ゲームです。A の戦略 a_1 のとき，A の利得は10と 5 です（B の利得は−10と−5です）。この A の利得の最小利得は 5 です。また，A の戦略 a_2 のとき，A の利得は−5と 0 です（B の利得は 5 と 0 です）。このとき A の最小利得は，−5 です。したがって，A は最小利得を最大にすることから，利得が 5 の戦略 a_1 をとります。A が戦略 a_1 をとるならば，B は A の利得が最も小さい 5 の戦略 b_2 をとります。

B については，戦略 b_1 のとき，B の利得は−10と 5 です。この B の利得の最大損失は10です。また，B の戦略 b_2 のとき，B の利得は−5と 0 です。この B の利得の最大損失は 5 です。したがって，B は最大損失を最小にすることから損失が 5 の戦略 b_2 をとります。もし，B が戦略 b_2 をとるならば，A は B の損失を最も大きくする戦略 a_1 をとります。戦略の組は (a_1, b_2) ナッシュ均衡です。

このようにして得られた戦略の組 (a_1, b_2) では，A のミニマックス原理の利得（最大化された最小利得）と B のマックスミニ原理の利得（最小化された最大損失の値）が一致します。表14.6 の例では，この値がともに 5 となります。

表14.6　A の利得行列の 2 人ゼロ和ゲーム

A \ B	b_1	b_2	A の最小利得
a_1	10	5	5
a_2	−5	0	−5
B の最大損失	10	5	

このように (a_1, b_2) はナッシュ均衡です。2 人ゼロ和ゲームでナッシュ均衡が存在するなら，A のミニマックス原理の利得と B のマックスミニ原理の利

得が一致します。もし，A の最大化された最小利得と B の最小化された最大損失の値が一致しない場合，ナッシュ均衡は存在しません。

コイン合わせゲーム

一般のゲームにはナッシュ均衡が必ずしも存在しません。2 人ゼロ和ゲームにもナッシュ均衡は必ずしも存在しません。ここでは**コイン合わせゲーム** matching pennies game とよばれるコインが表か裏を同時に見せ合うゲームを考えます。

A と B が同時にコインを見せ合い，両者がともに表または裏で一致したとき，B が A に 100 円支払うというものです。2 人のコインの表裏が一致しないとき，A が B に 100 円支払います。このゲームの利得行列は，表14.7 となります。

表14.7 A の利得行列の 2 人ゼロ和ゲーム

A＼B	b_1（表）	b_2（裏）	A の最小利得
a_1（表）	100	−100	−100
a_2（裏）	−100	100	−100
B の最大損失	100	100	

先の 2 人ゼロ和ゲームと同様に，A の最小利得と B の最大損失が示されています。A の戦略は，A の最小利得を最大にすることです。A にとっては，表と裏のいずれもその利得は −100 円です。一方，B の戦略は，B の最大損失を最小にすることです。B にとっては，表と裏のいずれもその損失は 100 円です。したがって，ミニマックス原理による，A のミニマックスの利得と，B のマックスミニの損失は一致していません。このことはナッシュ均衡が存在しないことを意味しています。

第 3 節　ゲーム理論と寡占市場

展開ゲーム

いままでは，プレーヤーが同時に行動するものと仮定され，行動の順序を抽象化したプレーヤーの戦略と利得のみでゲームを記述してきました。このゲームを**標準型ゲーム** normal form game あるいは**戦略型ゲーム** strategic form game といいます．これに対して，プレーヤーの行動の順序を考慮したゲームを，**展開（逐次）ゲーム** extensive from game といいます．このゲームは，**ゲームの樹** game tree と利得によって表現されています．

ゲームの多くは，あるプレーヤーが行動したとき，他のプレーヤーがそれに反応して行動するように，選択の時間的パターンが存在しています．寡占市場におけるように，先導者と追随者が存在するシュタッケルベルグモデルです．

ここでは独占企業が存在し，その産業に新規参入の可能性のある企業が存在する場合を考えます．参入企業 A は，参入するか否かを決定します．それに対して既存の独占企業 B は，価格を引き下げるか否かを決定します．

既存の独占企業 B は，新規企業 A の行動を知ったうえで，価格を変更しない場合は協調，価格の引き下げは，対抗（抗戦）することを意味しています．

もし，参入がなければ，独占企業は独占利潤を確保できます．それを10とします．新規企業の参入があり，既存の独占企業 B が対抗せず協調した場合には，両者で独占利潤を分け合い，企業 A 3，企業 B 7 であるとします．そして，企業 B が価格引き下げで対抗するならば，企業 A －2，企業 B 2 の利潤を得ると仮定します．企業 A が参入した場合，企業 A の利得の大小は，企業 B の戦略に依存しています．また，企業 B は，企業 A に対抗手段を行使することを予告して（脅して），参入阻止できるならば，独占利潤10が確保できます．

この参入脱退のゲームは，いままでの標準型ゲームで表した場合，表14.8になります．このゲームは相手の行動を知らないままに，企業 A と B が戦略を決定します．このゲームでは，(参入，協調) と (参入せず，対抗) の組がナッシュ均衡となります．A が参入のとき，B は協調を選び，B が協調を選ぶとき，A は参入を選びます．また，A が参入しないとき，B は協調と対抗のいずれを選択しても利得は変わりません．B が対抗のとき，A は参入しないを選ぶことが最適となっています．

しかし，A と B に選択の順序が与えられるときの展開ゲームでは，(参入しな

表14.8　新規参入ゲーム（標準型）

A＼B	協調	対抗
参入する	(3, 7)＊	(－2, 2)
参入しない	(0, 10)	(0, 10)

い，対抗）の組は，均衡とはなりません。もし，A企業が参入しないとき，B企業が対抗を選ぶならば，均衡となりますが，A企業が参入しないを選ぶことは合理的ではないからです。

なぜなら，企業Aは自己の選択を決定する前に，自分の戦略とそれに対する企業Bの戦略のすべてを考慮することができるからです。もし，企業Aが参入した場合，企業Bは協調をとるのが最適です。Bの協調の利得は7，対抗の利得は2ですから，Bは協調をとります。そして，企業Aは，参入しない利得ゼロより，利得3の参入を選ぶことが合理的となります。

新規参入ゲーム

展開ゲームでは表14.8ではなく，図14.1のような**ゲームの樹**によって表現します。企業Aが何を選択したかを前提として，企業Bが行動することを表しています。企業Bは企業Aの行動の後に，自己の選択をすることになります。よって，企業Aが参入しなければ，Bは独占企業であり，独占利潤10が確保されます。企業Aが参入した場合，Bが協調するならば，7の利得，対抗するならば，2の利得が得られます。結局，企業Bは協調をとることになります。

しかし，企業Bは企業Aの参入を好ましい結果とは考えてはいません。参入がなければ，独占利潤10が確保されるからです。このような展開ゲームの場合，企業Bには，企業Aが参入を決定する以前になんらかの行動を起こす誘因が存在します。それは，企業Aが参入した場合には，対抗手段を行使することを予告し，企業Aの参入を阻止することです。この展開ゲームでは，この脅しは有効ではありません。なぜならば，Aが参入した場合，Bは協調を選ぶからです。脅しが有効に機能するのは，Aが参入した場合，Bが協調ではなく，対抗を選ぶ場合です。（参入，対抗）の組がBの最適であるならば，

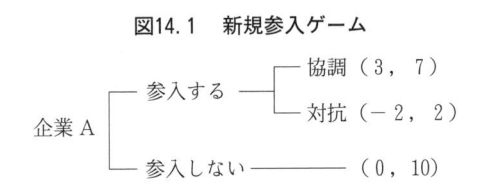

図14.1　新規参入ゲーム

```
              ┌─ 協調（3，7）
       ┌─ 参入する ─┤
企業A ─┤           └─ 対抗（-2，2）
       └─ 参入しない ──── （0，10）
```

企業Aは参入しないことが合理的選択となります。独占市場におけるこのような展開ゲームは，**新規参入ゲーム**や**参入阻止ゲーム**と呼ばれています。

【要　約】

1　支配戦略均衡は，各プレーヤーの戦略が，相手の戦略に関わらず最適となる戦略の組合せです。

2　ナッシュ均衡は，Bの戦略がb_jのとき，Aの戦略はa_iが最適であり，かつAの戦略がa_iのとき，Bの戦略はb_jが最適である戦略(a_i, b_j)です。

3　囚人のジレンマとは，各プレーヤーが最適な戦略をとった場合でも，パレート最適が実現されず，非効率な結果となってしまうことをいいます。

4　囚人のジレンマのゲームが不特定多数繰り返される場合，各プレーヤーが最適な戦略をとるならば，パレート最適を実現することが可能となります。

5　繰り返しゲームにおいて，前回の相手の行動をそのまま繰り返す戦略（しっぺ返し戦略）は，罰と許しの戦略であり，有効に機能します。

6　繰り返しゲームで，一度相手が裏切るならば，以後，必ず裏切りつづけるというトリガー戦略は，ナッシュ均衡となり，パレート最適となります。

7　2人ゼロ和ゲームでナッシュ均衡が存在するなら，Aのミニマックス原理の利得とBのマックスミニ原理の利得が一致します。

8　展開ゲームでは，選択の順序が重要となります。このゲームは，ある特定の戦略を前もって，他のプレーヤーに知らしめることが有利となります。

【練習問題】

1　以下のナッシュ均衡に関する記述のうち正しいものを1つ選択せよ。
　(1) ナッシュ均衡はパレート最適である。
　(2) ナッシュ均衡は必ず存在する。
　(3) クールノー均衡はナッシュ均衡である。
　(4) ナッシュ均衡は1つである。

2　A国とB国で貿易が行われている。各国は相手国の貿易政策を知っており、政策の変更がないものと考えている。右の表は2国の貿易政策

A国＼B国	自由貿易	保護貿易
自由貿易	(20, 20)	(5, 30)
保護貿易	(30, 5)	(10, 10)

と利得である。数値の左がA国の利得，右がB国の利得である。自国の利得が最大となるような政策を選択するとき，ナッシュ均衡となる政策の組合せはどれか。

3　表はプレーヤーAの利得行列で表した2人ゼロ和ゲームである。ミニマックス原理によると，AとBはそれぞれどの戦略を選ぶか。それはナッシュ均衡を実現するか。

A＼B	b_1	b_2
a_1	3	-1
a_2	2	5

4　以下の展開ゲームで，B企業は参入阻止が可能か。

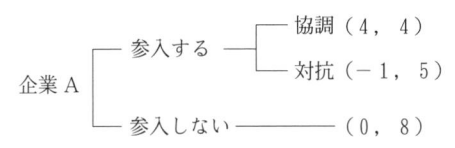

```
                    ┌─ 協調（4, 4）
         ┌─ 参入する ─┤
企業A ─┤           └─ 対抗（-1, 5）
         └─ 参入しない ────── （0, 8）
```

第Ⅳ編　参考文献

アクセルロッド，R. 著（1984），松田裕之訳（1998）『つきあい方の科学』ミネルヴァ書房

伊藤元重著（1992）『ミクロ経済学』日本評論社

伊藤元重著（2000）『入門経済学』第 2 版，日本評論社

井堀利宏著（2003）『入門マクロ経済学』第 2 版，新世社

井堀利宏著（2005）『ゼミナール公共経済学入門』日本経済新聞社

岡田章著（1997）『ゲーム理論』有斐閣

倉澤資成著（1988）『入門価格理論』第 2 版，日本評論社

坂井吉良著（2001）『ミクロ経済学入門』税務経理協会

スティグリッツ著，藪下史郎他訳（1993-4）『公共経済学』第 2 版上，下，東洋経済新報社

スティグリッツ著，藪下史郎他訳（1994）『スティグリッツ入門経済学』東洋経済新報社

西村和雄著（1995）『ミクロ経済学入門』第 2 版，岩波書店

西村和雄著（1996）『ミクロ経済学』東洋経済新報社

土居丈郎著（2002）『入門公共経済学』日本評論社

中谷巌著（2000）『入門マクロ経済学』第 4 版，日本評論社

Begg, David/S. Fischer/R. Dornbusch（2005）*Economics*, 7th, McGgraw-Hill.

細江・村田・西原編（2006）『ゲームと情報の経済学』有斐閣

マンキュー著，足立他訳（2000）『マンキュー経済学Ⅰミクロ編』東洋経済新報社

マンキュー，N.G.（2000），足立他訳（2004）『マクロ経済学（第 2 版）Ⅰ』，『マクロ経済学Ⅱ』第 2 版，東洋経済新報社

レスター・C・サロー，ロバート・L・ハイルブローナー，ジェームズ・K・ガルブレイス著，中村達也訳（1990）『現代経済学上・下』TBS ブリタニカ

ローマー，D. 著（1996），堀他訳（1998）『上級マクロ経済学』日本評論社

ヴァリアン，H.R. 著（1999），佐藤隆三監訳（2000）『入門ミクロ経済学』第 5 版，勁草書房

練習問題解答

第1章

1 資源配分の問題は，希少な資源をどのように生産する財・サービスに配分するかであり，所得分配の問題は，生産した財・サービスを社会の構成員にどのように分配するかです。
2 省略。
3 労働人口の増加，資本の増加，土地の増加，技術進歩，教育等。
4 0.75単位（X財1単位生産するために，Y財4分の3単位が犠牲となる）。
5 家計と企業，財（生産物）市場と生産要素市場。
6 経済主体の行動の指針（信号）と調整。
7 所得分配の不平等（課税制度と所得再分配政策），公共財の提供（命令・計画的な資源配分），競争の不完全性（参入規制や価格規制，競争環境の整備），外部経済（規制，間接税，補助金），生産や雇用や物価や国際収支などの経済変動（経済安定政策）。
8 実証経済学は現実経済のメカニズムや経済現象を解明し説明します。一方，規範経済学は社会的に望ましい経済状態を提示します。
9 省略。

第2章

1 限界効用，限界費用，限界収入，限界消費性向，限界代替率等。
　代表的モデルとして，2財による消費者行動モデル，1生産要素と1生産物という企業行動モデル，ケーキや米の価格決定における市場モデル（部分均衡モデル），マクロ経済学の消費財と投資財の2財によるGDPの決定モデル，国際経済学の2国間2財のリカードの比較優位のモデル等。
2 高卒の初任給15万円，ボーナス年5ヶ月と仮定し，4年間の総所得1,020万円と，大学に入学するための諸経費（予備校の授業料や大学受験料など）と大学の入学金・授業料・施設費や教科書代等の総合計金額が大学の機会費用です。この金額を卒業単位

の取得授業時間（卒業単位数×15週×1.5時間）で割った値が90分授業の価値となります。昇給考慮することが正しい。
3 　実質賃金＝（1,000円／1時間）÷（200円／食パン1斤）＝食パン5斤／1時間
4 　日本のX財1単位＝Y財0.5単位，日本のY財1単位＝X財2単位
　　米国のX財1単位＝Y財0.4単位，米国のY財1単位＝X財2.5単位
5 　(3)

第3章

1 　市場均衡とは，需要量と供給量が等しい状態です（需要曲線と供給曲線の交点です）。需要量＞供給量のとき，価格は上昇し，需要量＜供給量のとき，価格は下落し，需要量と供給量を調整し，かつ買い手と売り手の行動の指針となっています。
2 　需要曲線の左へのシフト要因は，所得の低下，代替財の価格の下落，補完財の価格の上昇，嗜好の変化など。均衡価格は低下，均衡数量は減少します。
3 　供給曲線の左へのシフト要因は，賃金の上昇，原材料価格の上昇，間接税の引き上げなど。均衡価格は上昇し，均衡数量は減少します。
4 　ハ．
5 　塩，麻薬
6 　土地，本日漁獲した魚
7 　(1)　均衡価格100円と均衡数量100個，
　　(2)　（イ）超過供給，（ロ）下落
　　(3)　60個
　　(4)　供給計画表と需要計画表および課税後の供給計画表は以下のとおりです。

価　　格	80	85	90	95	**100**	105	**110**	115	120
供　　給	60	70	80	90	**100**	110	120	130	140
課税後の供給		30	40	50	60	70	80	**90**	100	110
需　　要	120	115	110	105	**100**	95	**90**	85	80

解：均衡価格110円，均衡数量90，税収1,350円
課税後の供給関数：$Q_s = -100 + 2(p-15)$

第 4 章

1 (1) ×, (2) ×, (3) ○, (4) ×, (5) ×
2 イ
3 GDP デフレーター＝1.5, CPI＝1.6。このようにラスパイレス物価指数 (CPI) は，パーシェ物価指数 (GDP) よりも高く推定されます。

　　ラスパイレス物価指数 (CPI) は，物価の変化を過大推定する可能性があります。その理由は，ラスパイレス物価指数が基準年の財を利用しているために，価格変化に対する消費者の代替効果を無視しているためです。パーシェ物価指数 (GDP) は，物価の変化を過小推定する可能性があります。その理由は，ラスパイレス物価指数は比較年の財を利用しているために，財の消費者から得られる厚生水準の変化を無視しているためです。

第 5 章

1 財の消費から得られる満足度を効用といいます。財を1単位追加することによる効用の増加分を限界効用といい，この限界効用は，財の消費量が増加するにつれて減少します。これを限界効用逓減といいます。
2 (1) 第1財の横軸の切片が200，第2財の縦軸の切片が100の予算線
　(2) 第1財の横軸の切片が400，第2財の縦軸の切片が200の予算線
　(3) 第1財の横軸の切片が125，第2財の縦軸の切片が100の予算線
3 凸となるのは，財の数量の増加とともに財の希少性 (重要性) ＝MRS が低下するからです。無差別曲線が凹のとき，MRS が逓増します。2財を一緒に消費するより，1財ごとに消費した方が，効用が高くなる財の場合です。
4 予算線と無差別曲線が接する場合。すなわち，$-p_1/p_2 = MRS$ のときです。
5 所得変化と需要量の変化が同じ方向に変化する財が上級財，逆方向に変化する財が下級財です。
6 所得効果は，価格変化による実質所得の変化が需要量に与える効果です。代替効果は，価格変化による実質所得の変化を一定に保ち (効用水準を一手に保ち)，相対価格変化の需要量に与える効果です。

第6章

1 他の生産要素を一定として,ある生産要素の増加とともに限界生産物が次第に減少していくという法則です。このとき,限界費用は逓増します。
2 生産要素の投入量を定数倍に増加したとき,生産量が同じ比率で増加する場合を収穫一定,生産要素の増加以上の比率で生産量が増加する場合を収穫逓増,増加以下でしか生産量が増えない場合を収穫逓減といいます。
3 短期は,可変的生産要素と固定的生産要素が存在する場合をいい,長期は,すべての生産要素が可変となる場合をいいます。
4 利潤最大化条件:$P = MC$,損益分岐点:$P = MC = AC$,操業停止点:$P = MC = AVC$です。短期供給曲線はAVCの最小点の右上のMC曲線です。
5 長期費用曲線は,各生産水準を最低の費用で生産する点の軌跡のため,原点を通り短期費用曲線の包絡線になります。
6

労働投入量(人)	1	4	9	16	25	36	49	64
米の収穫量(トン)	1	2	3	4	5	6	7	8
平均生産物	1	1/2	1/3	1/4	1/5	1/6	1/7	1/8
限界生産物	1/2	1/4	1/6	1/8	1/10	1/12	1/14	1/16

図省略

7 ④

第7章

1 個別消費者の需要曲線を横方向に加えたものが,市場需要曲線であり,個別企業の供給曲線を,横方向に加えたものが,市場供給曲線である。
2 ワルラスの安定条件は,1/供給曲線の傾き>1/需要曲線の傾き。マーシャルの安定条件は供給曲線の傾き>需要曲線の傾き。蜘蛛の巣の調整過程は,供給曲線の傾きの絶対値>需要曲線の傾きの絶対値。
3 需要の価格弾力性とは,財の価格が変化したとき,需要量がどれだけ変化するかを,変化率を用いて表した指標です。また,供給の価格弾力性とは,財の価格が変化したとき,財の供給量がどれだけ変化するか変化率を用いて表した指標です。
4 1つの市場に1つの企業だけが存在する場合が独占,不完全競争で同一産業内の企業数が極めて多い市場が独占的競争市場です。
5 $p = 40$:弾力性4.0,$p = 10$:弾力性0.25

6　(1) 1　　(2) 1以上　　(3) 1以下　　(4) 1以上

7　①40　　②20　　③価格：30　生産量30　損失100

第8章

1　(5)

2　(3)

3　均衡国民所得＝540，消費＝460，限界消費性向＝0.75，乗数＝4，貯蓄＝80

4　貯蓄直線が上方にシフトするとともに，投資直線も上方にシフトする（図省略）。

5　3千億円の国民所得増加。

6　(1) 均衡国民所得＝500，消費＝330，限界消費性向＝0.6，乗数＝2.5，
　　　　税収＝80，民間貯蓄＝90，

　　(2) 140

第9章

1　100回，洋服50着。

2　(1)，(3)

3　(1) 上昇，(2) 低下，(3) 上昇，(4) 上昇

4　名目GDP成長率＝8％，物価上昇率＝3％，実質利子率＝4％

5　景気の悪化（GDPの低下），貨幣供給量の増加，物価の低下。
　　ゼロ金利は，貨幣保有コストゼロ，債券と貨幣の完全代替など。

第10章

1

	IS曲線（財市場の均衡）	LM曲線（貨幣市場の均衡）
シフト要因	財政政策 （支出政策と租税政策） 限界消費性向の変化 投資の変化	金融政策 （貨幣供給量の調整） 貨幣需要の変化 債券市場への期待の変化

2　国民所得の増加と利子率の上昇

3　国民所得の増加と利子率の低下

4　Gの増加が利子率を上昇させるために，民間投資が抑制されることです。

5　(2)

6　まず，①政府支出の増加が*IS*曲線を右にシフトさせます。次に，②国民の資産増加による消費増加が*IS*曲線を右にシフトさせます。そして，③貨幣需要の増加が*LM*曲

線を左にシフトさせます。①は政府支出の短期効果，②と③は長期効果です。①と②はGDPが増加しますが，③はGDPは低下します。したがって，政府支出の長期効果は，3つの効果の大きさに依存しています。

7　国債発行（減税）は現在の消費支出を増加させます。しかし，この国債発行は将来の増税を意味していますので，家計が期待する可処分所得は変化しません。よって，租税と国債発行は無差別な財源調達手段と考えられます。

8　利子率を一定に保つ政策は利子率が変化しません。それゆえに，この政策は，貨幣量を調整して，LM曲線を移動させなければなりません。一方，貨幣供給量を一定に保つ政策は，LM曲線が移動しません。したがって，IS曲線が移動したとき，利子率を一定に保つ政策は，貨幣量を一定に保つ政策よりもGDPの変動が大きくなります。

第11章

1　非排除性，非競合性をもつ財で，すべての人々が消費できる財を公共財といいます。

2　(4)

3　①自動車保険に加入したドライバーの運転，②当選後の政治家の行動，③公務員の予算の獲得行動など

4　(1)　均衡価格25　均衡数量75　総余剰3,750

　　(2)　消費者余剰1,800　生産者余剰600　税収1,200　余剰の変化150損失

5　②

6　①

第12章

1　物価の下落が実質貨幣残高を増加させ，より多くの需要が生じるからです。また，名目GDPが一定のとき，物価と実質GDPは負の関係となります。

2　政府支出の増加，減税，貨幣供給量の増加，貨幣の流通速度の上昇。

3　名目賃金の固定（錯覚，予期しない変化，期待物価と物価の乖離）。

4　名目賃金の下方硬直性（最低賃金法，賃金雇用契約，労働組合の交渉力や効率的賃金仮説＝高い賃金を支払い，高い生産性を維持する）。

5　(1)　$\pi = \pi^e + 0.5(\dot{Y} - Y_n)$，(2)　1.5％，(3)　2％。

第13章

1 輸入の利益は国民全体に，不利益は生産者に集中します。

2 日本の生産可能性曲線：ビデオ＝10＋0.25タオル⇒ビデオ＝10＋0.2タオル（図省略）
  米国の生産可能性曲線：ビデオ＝8＋0.2タオル⇒ビデオ＝10＋0.25タオル（図省略）
  貿易に特化したとき，日本の貿易利益はタオル10枚，米国はビデオ2台となります。

3 価格50のとき，$D=70$，$S=100$，$EX=30$　$CS=2,450$，$PS=2,500$
  価格60のとき，$D=60$，$S=120$，$EX=60$，$CS=1,800$，$PS=3,600$，
  補助金＝600，　　答え：4,950—(5,400−600)＝150の余剰減少となります。

4 2．(130，20)，

5 4兆円の政府支出の増加（1兆円の輸出増加は8,000億円の経常収支が改善します。8,000億円の輸入増加には4兆円の政府支出増加が必要です）。

6 マンデル・フレミングモデルの政策効果の要約

経済政策\資本移動	変動相場制		固定相場制	
	財政政策	金融政策	財政政策	金融政策
完　全	無効	有効	有効	無効
伸縮的	無効	有効	有効	無効
完全に硬直	有効	有効	無効	無効

第14章

1 (3)

2 ナッシュ均衡は(10, 10)です。パレート最適ではありません。

3

A＼B	b_1	b_2	Aの最小利得
a_1	3	−1	5
a_2	2	5	2
Bの最大損失	3	5	

答　(a_1, b_1)が2人が選ぶ戦略。ナッシュ均衡ではありません。

4 可能です。企業Aは参入しないことが合理的選択となります。
  Aが参入したならば，Bは対抗をとることが最適です。

索　引

【あ行】

- IS曲線 …………………………171, 173
- 預け金 ……………………………………158
- アブソープション ………………………228
- 安定性 ……………………………16, 111
- 安定政策 …………………………………153
- 一次均衡 …………………………………211
- 一掃 ………………………………………43
- 一般均衡分析 ……………………………30
- 移転支出 ……………………………64, 65
- インフレーション ……………133, 215
- インフレーション・ギャップ ………148
- インフレ供給曲線 ………………………217
- 売り手市場 ………………………………46
- AD曲線 …………………………………207
- AS曲線 …………………………………209
- LM曲線 …………………………174, 176
- M1 ………………………………………156
- M2 ………………………………………156
- M3 ………………………………………158
- S字型の生産関数 ………………………99
- エンゲル曲線 ……………………………81
- オークン係数 ……………………………217
- オークン法則 ……………………133, 217

【か行】

- 買いオペレーション ……………………157
- 外生変数 ……………………36, 49, 146
- 買い手市場 ………………………………44
- 外部経済 …………………………………201
- 外部効果 …………………………………201
- 外部不経済 ………………………………201
- 価格機構 …………………………………12
- 価格－消費曲線 …………………………83
- 価格先導企業 ……………………………124
- 下級財 ……………………………………82
- 家計 ………………………………………13
- 寡占 ………………………………………119
- 寡占市場 …………………………………124
- 価値尺度財 ………………………………155
- 価値貯蔵 …………………………………156
- 価値判断 …………………………………16
- 貨幣 ………………………………………155
- 貨幣供給量 ………………………………157
- 貨幣需要曲線 ……………………………166
- 貨幣乗数 …………………………159, 184
- 貨幣の所得速度 …………………………163
- 可変的生産要素 …………………………90
- 可変費用 …………………………………98
- 神の見えざる手 …………………………13
- 為替レート ………………………………230
- 間接税 ………………………………48, 197
- 完全雇用 ……………………………8, 132
- 完全雇用国民所得 ………………………147
- 完全代替財 ………………………………79
- 完全特化 …………………………………222
- 完全補完財 ………………………………79
- 機会費用 ……………………9, 29, 164, 193
- 企業 ………………………………………13
- 技術進歩 …………………………………49
- 技術的外部効果 …………………………201
- 技術的限界代替率 ………………………92
- 技術的制約 ………………………………89

基準財 …………………………………32
希少性 ………………………………3, 29
基数効用関数 …………………………76
犠牲率 …………………………………216
帰属価値（計算）………………………57
ギッフェン財 …………………………83
規範経済学 ……………………………15
規模に関して収穫一定 ………………93
規模に関して収穫逓減 ………………93
規模に関して収穫逓増 ………………93
基本的経済問題 ……………………5, 11, 51
逆選択 …………………………202, 203
客観性 …………………………………17
供給 ……………………………………42
供給曲線 ………………………45, 96, 103
供給計画表 ……………………………42
供給サイド …………………………213, 215
供給の価格弾力性 ……………………119
供給を増加（減少）…………………48
強調ゲーム ……………………………124
均衡 ……………………………………37
均衡価格 ……………………………43, 110
均衡国民所得 ……………141, 142, 145, 177
均衡条件 ………………………………142
均衡状態 ………………………37, 38, 141
均衡数量 ……………………………43, 110
均衡点 …………………………………38, 110
均衡分析 ………………………………37
均衡予算 ………………………………64
均衡予算乗数 …………………………151
均衡利子率 …………………………167, 177
金融市場 ………………………………54
金融資本 ………………………………4
金融政策 ……………………157, 180, 235

クールノー均衡 ………………………125
蜘蛛の巣の調整過程 …………………113
クラウディングアウト効果 …………182
繰り返しゲーム ………………………244
グレシャムの法則 ……………………203
経済主体 ………………………………13
経済循環 ……………………………13, 53
経済的自由 ……………………………16
経常収支 ………………………………228
計量経済学 ……………………………16
ケインジアン ………………………136, 214
ケインズ革命 ………………………23, 137
ゲームの樹 …………………………248, 249
限界 ……………………………………27
限界関数 ………………………………116
限界企業 ………………………………33
限界効用均等 …………………………81
限界効用逓減の法則 …………………76
限界収入 ………………27, 95, 101, 120, 210
限界消費者 ……………………………33
限界消費性向 …………………………138
限界生産物 …………………6, 27, 28, 91
限界生産物逓減の法則 ………………91
限界生産力 ……………………………91
限界代替率 ……………………………78
限界代替率逓減の法則 ………………78
限界貯蓄性向 ………………………27, 28, 139
限界費用 …………………9, 27, 95, 100, 102, 210
限界変形率 ……………………………226
限界輸入性向 …………………………231
現金通貨 ………………………………156
現金預金比率 …………………………159
検証 ……………………………………18
コイン合せゲーム ……………………247

公開市場操作 …………………………157
交換（数量）方程式 …………………162
交換手段 ………………………………155
公共経済学 ……………………………15
公共財 ……………………………11, 200
厚生経済学 ……………………………15
厚生経済学の基本定理 ………22, 192, 244
合成の誤謬 …………………………30, 145
公定歩合 ………………………………157
公平性 …………………………………16
効用 ……………………………………75
効用関数 ………………………………76
効用最大化仮説 ……………………35, 75
公理 ……………………………………75
効率 ……………………………………8
効率（性）…………………………8, 16
合理的期待仮説 ………………………136
合理的行動仮説 ………………………35
国際収支均衡線 ………………………234
国内総生産物 …………………………56
国富 ……………………………………56
国民所得 ……………………………59, 65
国民総生産物 …………………………56
国民貯蓄 ……………………………53, 229
個人可処分所得 ………………………65
個人所得 ………………………………65
個人貯蓄 ………………………………65
コスト圧力型インフレーション ………217
固定価格経済 ………………………135, 218
固定的生産要素 ………………………90
固定費用 ………………………………98
古典派の第一公準 ……………………210
古典派の第二公準 ……………………210
古典派（経済学）の二分法 …133, 163, 218

個別需要曲線 …………………………83
混合経済 ………………………………12

【さ行】

サービス ………………………………4
財・サービス …………………………3
在庫投資 ………………………………57
財市場 …………………………………13
財政政策 …………………………172, 178, 236
最終生産物 ……………………………57
最適化原理 ……………………………35
最適規模 ………………………………105
最適資源配分 …………………………189
最適消費選択 …………………………79
参入阻止ゲーム ………………………250
三面等価の原則 ……………………55, 62
ＧＤＰ …………………………54, 56, 142
死荷重 ……………………………198, 225
資源 ……………………………………3
資源配分 ………………………………5
資源配分の効率性 ……………………189
事後的 …………………………………62
資産 ……………………………………156
資産効果 ………………………………212
市場価格 ………………………………43
市場機構 ……………………………11, 12, 189
市場供給 ………………………………109
市場均衡 …………………………37, 43, 46, 192
市場需要 ………………………………109
市場の失敗 ……………………………199
市場評価 ………………………………57
指針 ………………………………12, 46
事前 ……………………………………62
自然失業率 ………………………132, 218

失業（者）……………9, 132, 133, 211
実質ＧＤＰ………………………60
実質貨幣供給曲線………………166
実証経済学………………………15
実物景気循環学派………………136
しっぺ返し戦略…………………244
私的限界費用……………………202
私的財……………………………200
自動安定化装置…………………153
支配戦略…………………………240
資本…………………………………3
資本形成…………………………63
社会的限界費用…………………202
収益率……………………………169
収穫逓減…………………………99
収穫逓減の法則……………6, 28, 91
収穫不変…………………………93
従価税……………………………197
収支分岐点………………………139
囚人のジレンマ…………………242
自由放任主義……………………12
従量税……………………………197
需要…………………………………41
需要曲線……………………45, 84
需要計画表………………………41
需要牽引型インフレーション……215
需要の価格弾力性………………115
需要法則…………………………83
需要を増加（減少）………………47
準貨幣……………………………156
純国民総生産……………………65
純公共財…………………………200
純輸出……………………63, 228
上級財……………………………81

消費（支出）……………55, 63, 137
消費可能領域……………………73
消費関数…………………………137
消費者余剰………………………190
情報の非対称性…………………212
序数効用関数……………………76
所得効果……………………85, 194
所得－消費曲線…………………81
所得分配……………………………5
新規参入ゲーム…………………250
新古典派……………………6, 218
新古典派総合……………………218
伸縮的価格（調整）経済…135, 218
信用制度…………………………160
推移性……………………………75
数量先導企業……………………124
数量調整…………………………140
数量調整経済……………………135
数量方程式………………………163
ストック……………………………59
ストルパー・サミュエルソンの定理…227
生産可能性曲線……………………7
生産関数……………………6, 90
生産者余剰………………………190
生産物市場………………………13
生産要素…………………………90
生産要素市場……………………13
生産要素の需要曲線……………97
税収………………………………149
正常財……………………………81
成長………………………………16
セイの法則……………………23, 134
製品差別化………………………122
政府支出……………………3, 148

索引 265

政府支出乗数 …………………150, 184
成分ゲーム ……………………………244
絶対価格 …………………………………32
絶対優位 ………………………………221
ゼロ金利政策 …………………………158
選好関係 …………………………………74
選好順序 …………………………………74
戦略 ……………………………………239
戦略型ゲーム …………………………247
戦略的相互依存関係 …………………124
総供給 ……………………………64, 137
総供給曲線 ……………………………209
操業停止点 ……………………………103
総効用 ……………………………………76
総支出 ……………………………………54
総支出額 ……………………………54, 55
総需要 ……………………………64, 137
総需要曲線 ……………………………207
総需要政策 ……………………………213
総所得 ……………………………………54
総生産額 …………………………………55
相対価格 …………………………32, 222
相対生産費 ……………………………221
総費用 ……………………………………98
総費用曲線 ………………………………98
総余剰 …………………………………191
租税 ………………………………………64
損益分岐点 ……………………………103

【た行】

待機失業（者）………………133, 195, 213
代替効果 …………………………85, 194
代替財 ……………………………………47
他の事情を一定 …………………………31

短期 ………………………………90, 135
短期のフィリップス曲線 ……………218
単調性 ……………………………………75
弾力的 …………………………………115
逐次ゲーム ……………………………124
中間財 ……………………………………57
超過供給 …………………………43, 111
超過需要 …………………………43, 111
長期 ………………………………90, 135
長期均衡（点）…………………123, 213
長期限界費用 …………………………105
長期平均費用曲線 ……………………104
長期のフィリップス曲線 ……………218
調整 ………………………………12, 46
直接税 …………………………………197
貯蓄 ………………………………55, 139
貯蓄のパラドックス …………………144
貯蓄率 ……………………………29, 139
強い期待 ………………………………165
定額税 …………………………………150
デフレーション ………………………133
デフレーション・ギャップ …………147
デフレーター ……………………………60
展開（逐次）ゲーム …………………250
投機的需要 ……………………………161
等（産出）量曲線 ………………………91
投資 ………………………………55, 63, 139
投資関数 ………………………………171
投資財市場 ………………………………54
投資乗数 ………………………………146
投資の限界効率 ………………………170
同時ゲーム ……………………………124
等利潤線 …………………………………94
独占 ……………………………………119

独占均衡 …………………………… 121
独占的競争 …………………… 119, 122
土地 …………………………………… 3
凸性 ………………………………… 75
取引需要 …………………………… 161

【な行】

内生変数 ……………………… 36, 146
ナッシュ均衡 ………………… 24, 240
2人ゼロ和ゲーム ………………… 247
ニューケインジアン ……………… 136
ニュメレール価格 ………………… 32

【は行】

パーシェの物価指数 ……………… 61
ハイパワードマネー ……………… 159
派生的預金 ………………………… 160
パレート最適 ……… 8, 132, 189, 192
反射性 ……………………………… 75
反証可能な命題 …………………… 18
反応関数 …………………………… 125
比較可能性 ………………………… 75
比較静学分析 ………………… 38, 49
比較優位（の理論） ………… 33, 222
比較劣位 …………………………… 222
非競合性 …………………………… 200
ピグー効果 ………………………… 212
ピグー税 …………………………… 212
非自発的失業 ……………………… 133
非弾力的 …………………………… 116
非排除性 …………………………… 200
非不胎化政策 ……………………… 158
費用関数 …………………………… 97
費用曲線 …………………………… 97

標準型ゲーム ……………………… 247
費用逓減産業 ……………………… 199
費用逓増 …………………………… 99
費用逓増の法則 …………………… 10
フィッシャー方程式 ……………… 164
フィリップス曲線 ………………… 215
付加価値 …………………………… 58
不換紙幣 …………………………… 156
不完全競争市場 …………………… 119
不完全雇用均衡 …………………… 213
不完全特化 ………………………… 223
複占 ………………………………… 119
不効率 ……………………………… 9
不胎化政策 ………………………… 158
物的資本 …………………………… 4
部分均衡分析 ………………… 31, 41
普遍性 ……………………………… 17
フリーライダー …………………… 201
プレーヤー ………………………… 239
フロー ……………………………… 56
平均 ………………………………… 27
平均可変費用 ……………………… 101
平均関数 …………………………… 116
平均消費性向 ……………………… 138
平均生産物（性） ………………… 91
平均貯蓄性向 ……………………… 139
平均費用 …………………………… 100
ベースマネー ……………………… 159
ヘクシャとオリーンの定理 ……… 225
貿易の利益 ………………………… 223
法定準備率 ………………………… 158
包絡線 ……………………………… 104
補完財 ……………………………… 47
本位貨幣 …………………………… 156

本源的預金 …………………… 160

【ま行】

マーシャルのk ………………… 163, 175
マーシャルの調整過程 …………… 113
マクロ経済学 ……………… 14, 131
マックスミニ原理 ………………… 246
マネタリスト ……………… 136, 213
マンデル・フレミングモデル ……… 235
ミクロ経済学 ……………………… 14
ミニマックス定理 ………………… 246
民間貯蓄 …………………………… 53
民間投資 …………………………… 53
無差別曲線 ………………………… 76
名目GDP ………………………… 60
メリット財 ……………………… 200
モデル ……………………………… 34
モラルハザード ………………… 203

【や行】

有効需要 ………………………… 140
有効需要の原理 ………… 23, 135, 142
輸出 ………………………… 63, 228
輸出乗数 ………………………… 221
輸入 ………………………… 63, 228
要求支払い可能な預金 …………… 156
要素価格均等化の定理 …………… 227
要素所得 …………………………… 55

索　引　267

預金（通貨）……………… 156, 159
予算制約 ………………………… 71
予算（制約）線 ………………… 72
余剰の損失 ……………………… 198
予備的需要 ……………………… 161
弱い期待 ………………………… 165

【ら行】

ラスパイレスの数量指数 ………… 61
利潤 ……………………………… 89
利潤最大化仮説 ………………… 35
利得 …………………………… 239
リプチンスキーの定理 ………… 226
流通速度 ……………………… 162
流動性 ……………………… 155, 165
流動性の罠 ……………… 165, 211
量的緩和政策 ………………… 158
履歴減少 ……………………… 136
ルーカス批判 …………………… 25
劣等財 …………………………… 82
レモン市場 …………………… 202
連続性 …………………………… 75
労働 ……………………………… 3
労働市場 ……………… 193, 209

【わ行】

ワルラス安定性 ………………… 112
ワルラスの調整過程 …………… 112

著者紹介

坂井 吉良（さかい よしなが）

- 1947年　長野県に生まれる
- 1979年　関東学院大学大学院経済学研究科博士課程単位取得退学
  　　　　元日本大学法学部教授
- 執筆担当　第Ⅰ部　第Ⅲ部　第Ⅳ部第12章〜14章
- 主要業績　『ミクロ経済学入門』（税務経理協会，2001年）
  　　　　『入門SASによる経済分析』（CAP出版，2011年）
  　　　　「日本における民主主義の経済成長効果に関する実証的試論」
  　　　　（共著，『政経研究』，2019年）

藪下 武司（やぶした たけし）

- 1957年　愛知県に生まれる
- 1990年　日本大学大学院政治経済学専攻博士後期課程単位取得退学
  　　　　元中部学院大学教授
- 現　在　岐阜薬科大学，中京大学，中部学院大学等講師
- 執筆担当　第Ⅱ部　第Ⅳ部第11章
- 主要業績　『新・財政学入門』（共著　八千代出版，2022年）
  　　　　「均等犠牲説による勤労所得税の公平性」（『政経研究』，2013年）
  　　　　「家計の消費支出に対する弾力性の推計
  　　　　　―教育関係費と保健医療費の推移―」（人間福祉学会，2024年）

入門 現代経済学

2007年5月25日	初版第1刷発行
2010年7月25日	初版第2刷発行
2013年5月25日	初版第3刷発行
2015年5月25日	初版第4刷発行
2017年5月25日	初版第5刷発行
2021年4月25日	初版第6刷発行
2025年4月25日	初版第7刷発行

著 者	坂 井 吉 良
	藪 下 武 司
発行者	大 坪 克 行
発行所	株式会社 税務経理協会

〒161-0033東京都新宿区下落合1丁目1番3号
http://www.zeikei.co.jp
03-6304-0505

整版所	ハピネス情報処理サービス
印刷所	株式会社技秀堂
製本所	牧製本印刷株式会社

本書についての
ご意見・ご感想はコチラ

http://www.zeikei.co.jp/contact/

本書の無断複製は著作権法上の例外を除き禁じられています。複製される場合は、そのつど事前に、出版者著作権管理機構（電話03-5244-5088、FAX03-5244-5089、e-mail: info@jcopy.or.jp）の許諾を得てください。

JCOPY ＜出版者著作権管理機構 委託出版物＞

ISBN 978-4-419-04868-6　C1033

© 坂井吉良・藪下武司 2007 Printed in Japan